LA PASSION DU FOOTBALL

サッカーの情念

サポーターとフーリガン

パトリック・ミニョン
［著］
堀田一陽
［訳］

社会評論社

サッカーの情念《パッション》——サポーターとフーリガン／目次

序章　土曜社会

サッカー（フットボール）はほとんど世界中でもっとも人気のあるスポーツとなった。一九九四年のワールドカップが開催され、アメリカンフットボールと区別するためにサッカーと呼ばれているアメリカ合衆国ですら、メジャーとは言えなくても、いまや観客数においても登録選手数においてもフランスを凌ぐほどに人気は高くなっている。サッカーは、どのようにして、このような情熱《パッション》の対象となったのだろうか。いったいどのようにして、数百万人の個人が毎週土曜の午後、あるいは土曜の夕べか日曜に、スタジアムに足を運び、またそれをはるかに上回る数の人々がひいきチームの試合結果をテレビや新聞で追うようになったのだろうか。なにゆえに、サッカーの感動はあれほど強く、注ぎ込まれる情動はあれほど大きくて、リヴァプールFCのマネージャー、ビル・シャンクリーが「生死の問題よりももっと重要」と言うように、サポーターの命すら懸けるまでになったのだろうか。

ワールドカップ・フランス大会のテレビ視聴者は数十億人にのぼると言われている。その効果から、サッカーは間違いなく、社会のスポーツ機構化と呼ばれるものを、すなわちチーム間の競技という形態の下に、社会的機能や国際関係の諸法則を読み取る傾向をもっともよく明示してくれるスポーツなのである。しかし、その揺り戻しとして、この社会のスポーツ機構化によって、サッカーはもはや一つの個別の世界としては考えられなくなっている。サッカーに言及するとは、金の支配、メディアの圧力、スポーツと政治の重なりあい、ドーピング、八百長、フーリガンの暴力について語ることである。ワールドカップのこのような文脈のなかで、それぞれの陣営が守りを固める。一方は、スペクタクルとしてのサッカー、大衆の麻薬としてのサッカー、ファシズムとしてのサッカーを暴きたて、もう一方は、至るところで共有される同じ感動のゆえに砲撃も止むと、サッカーによるグローバリゼーション（世界化）と穏健化を謳いあげる。

複雑で、当惑すら覚えることは率直に認めよう。しかし、サッカーが興味深いのは、サッカーが疎外の告発の歴史と、疎外と折りあわされた人間性の歴史を何度もくり返し演じてくれるからではなく、サッカーはサッカーの歴史とその現在の姿のなかに、社会はどのようにして社会に課せられている諸問題に向きあっているか、また向きあってきたかを見せてくれるからである。産業革命を通して、どのようにして労働者の共同体が形成されたのか。大都市を構成する市場《しじょう》をどのように利用したか。そして、スタジアムの群衆のあの「感動の共同体」をどのように解釈したらいいのか。その群衆をどのように管理し、統制したらいいのか。そして、グローバリゼーションとは何を意味するのか、地域のアイデンティティーや国家のアイデンティティーを形成する過程ではどのような位置が残されているのか。

それゆえサッカーは、社会のあらゆる様相に接点をもつ。つまりサッカーは社会的なものであり、文化的なものであり、経済的なものであり、政治的なものである。しかし、そのあらゆる局面を明るみに出すためには、主軸なり観点なりをしっかりと定めねばならない。すなわち公衆と観客とサポーターの問題、サッカーの人気の問題、見分けがつく集団的実体の純粋な表現、つまり文化が重要であるとする考えと、根本的に人工論的であるが、国家やメディアなどの「上部」によって実施される形成過程を見極めることこそ肝要であるとする考えとの、二つの推測のあいだにわたしたちのとるべき進路を探らせるあの観念に与えるべき意味の問題がある。

わたしたちはむしろ、「現実主義者の幻想」【原注1】のように、現代社会を構成している諸価値の中心にサッカーを据え、このサッカーを、想像の世界で物事を解決したり、民主主義社会に内在するさまざまな緊張を表象したりする方法と見なすアプローチを拠り所とする。イングランドという発祥の地と、そこから世界への伝播という形式を基点にするがゆえに、サッカーに対する情熱の普遍性とその情熱の激しさの多様性、その意味をも理解させてくれる相互の構成過程のなかに、サッカーの発展と社会的グループあるいは国家的な団体の形成とを結ぶつながりを想起することが重要なのである。イタリアやアルゼンチンの例、とくにアメリカの例を通しては、多様な社会におけるサッカーの目に見える存在が、集団や個人のアイデンティティーの形成様式や社会階級、ジャンル、年齢あるいは人種の間の関係に、すなわちこの過程における国家あるいは大衆文化によってなされた部分に、何を反映させているかが見られよう。よって、これらさまざまな例を通してみると、サッカーから、そしてこれらの文化から、社会やグループの社会やグループそれ自体に対する作用や既存の文化の特徴の純粋な表現を、あるいはそれが歴史の法則の悪戯であればその悪戯の結果を導き出すアプローチを特に重視する必要がある。

サッカーは、たいていいつも社会問題という存在様式をとってきた。すなわちサッカーは、ある意思表示が、いや特定の人々にとってはサッカーの存在さえもが、社会的つながりの性格やその状態をさらけだすもののように見え、それゆえに劇的な糾明や社会的災禍に対する動員のアピールの機会となる一現象なのである。こうして、サッカーにおける暴力の問題、つまりはフーリガンの問題に触れねばならなくなる。それは、理解しようと努めねばならない現実の問題（サポーター同士の乱闘があり、負傷者も死者も出る）であるが、またある特定のグループの、あるいは忌まわしき社会的進化の告発の形態でもあって、これに対する行動を呼びかけてもいるのである。この観点からすれば、フーリガニズム（フーリガン稼業）とは、古典的には道徳的パニック現象と呼ばれているものである。都市暴力の問題の一様相と見なされるこのフーリガニズムは、事の性格と非難される振舞いを通してその大きさと深刻さを評価しようとすると、さまざまな困難に行き当たる。フーリガニズム問題はそれゆえに、その客観的な局面においても主観的な局面においても、フーリガンがそこに足跡を残した、またそこで告発している過度の振舞いを通して社会に問いかけるという、もう一つの機会を作ってもいるのである。

前半の各章では、イギリス（英国）【訳注1】の問題を多く取り上げる。それにはいくつかの理由がある。まず第一に、サッカーはイングランド人の発明であるからだ。次に、フーリガニズムの問題、あるいは社会に対するサッカーの支配の問題を通して、フランスでは知られていないサッカーに対する情念《パッション》の典型が得られるからだ。イングランドに限らず、イタリアでも、ブラジル、アルゼンチンでも、一般的にはアフリカでもよき例が得られよう。イタリアについては、C・ブロンベルジェの『サッカーの試合』【原注2】が読者の好奇心を満足させてくれよう。アルゼンチンやブラジルについては、本書でわたしたちは何人かの著者のすぐれた分析をサンテーズ（総括）した。アフリカについては残念ながら、一般論以上のことを語るだけの充分な調査・研究がなされていない。しかし、イングランド、あるいはより一般的にはイギリスについては、実によく知られている。多種多様な研究がフランス社会とイギリス社会のあいだの振舞いや価値の類似関係を取り上げているが、サッカーにおいて、何がそれらの振舞いや価値を際立たせたり、近づけたりしているかを見定めるために若干の時間を割きたいと思う。イギリスやフランスの事例をより深く分析し、うまく展開できれば、この二つの社会におけるサッカーの位置を確実に理解していただけよう。そこではさまざまな集団的アイデンティティー、例えば社会階級などを一つの文化的な様式の上（ディズレイリの二つの国民）に築いている社会と、そのようなアイデンティティーを政治的獲得物（公民資格の獲得のための闘い）に基づいて築いている社会とを対比させてみよう。この二つの社会は結果として、二つのサッカー文化を、そして付随的には二つの過激なサポーター活動をもたらしたのだから。

イングランドの研究では、サッカーと政治との関係がかなりの部分を占めることになる。そのためにフーリガニズムの問題から始めるが、それは、フーリガニズムの問題が初期のイングランドにおいては、サッカーの深部における変形を促す触媒の役目を果たしたからである。クラブの株式市場への上場、ますます強くなったメディアへの依存、観客構成の変化、群衆の新たな統制システムの実施がそれである。社会問題のさまざまな規制様式が、警察によって、市場《しじょう》によって、さらには社会的介入によって連節してゆくあり様の好例である。そして、やはりイングランドの例を引きながら、そのようなことが、どのようにしてイングランド社会の最近の社会的、文化的変化に支えられた文明化の新たな過程と呼びうるものに反映されているかも見ていただけよう。こうして比較することで、フランス・ワールドカップが組織されること、この大会後への影響を予測すれば、警察による規制、市場による規制、社会的規制のこれまでとは違うタイプの均衡のなかから、何が生まれてくるかがわかるだろう。

本書はこのような文脈で書かれている。大衆文化がみなそうであるように、スポーツのたよりない正当性のために、サッカーの研究は数が限られてきた。だからこそ、わたしは本書のかなりの部分を構成している二つの研究【原注3】の実施を可能にしてくれた国内安全保障高等研究院（ＩＨＥＳＩ）に感謝しなければならない。それでも、ある出来事はどのようにして起きたのか、それらの出来事は互いにどのように繋がっているのかを、手元のさまざまな材料を基にして理解するためには、本書で展開した数々の論点は、未だ推論、構想の域を出ないと率直に認めなければならない。フランスでは、一般にはスポーツを、特殊にはサッカーを重視しすぎると非難した『ル・モンド』紙の公開書簡が示すように、サッカーはサーカスのような軽業ゲームだとする解釈がポール・ヴェイヌによって解釈し直される前は、サッカーやサポーターについての、ときに学術的な分析はあまり高くは評価されなかった。サッカーをそんな軽業ゲームと見なしている教養ある人々が、それほどまでに多いということである。それでも、わたしはわたしがこのテーマに興味を抱いた最初でただ一人の人であるとは思ってほしくはないのだ。スポーツ社会学は現に存在するし、多くの研究者がその主要なエネルギーを割いて、まさに興味の源泉であるあの複雑さを描いてきたのだから。クリスティアン・ブロンベルジェ、パスカル・デュレ、アラン・エランブール、ジャン＝ミシェル・フォール、ピエール・ランフランシ、アルフレッド・ウォールがその一翼である。本書は、これらの人々の分析に少なからず、その想を得ている。またわたしとのあいだに保たれている協力関係と友情に満ちた議論にも支えられている。

第 1 部

サッカーの情念

第一章　感動と認識

現実主義者の幻想

まずはサッカーを告発するような分析は避けて、サッカーの人気について考察してみよう。それには二つの立場が可能である。一つは、サッカーはそのルール、その明確な特性によっても、日常生活との断絶というその性格によっても、感動と強烈な快感を生むものであるという言明にとどめようとする分析である。この立場をとるのが、作家マリオ・ベルガス・リョサである。リョサにとってサッカーは「その原因もその影響も同時に消え失せてしまう」【原注1】つかの間の経験である。これは、どう考えてもさして面白味もない行動に、無理に意味を求めずにおこうとする立場である。もう一つの立場は、わたしたちの立場でもあるが、より深みのあるアプローチをしようとするもので、たとえ取るに足りない闘鶏にしろ、サッカーのゲームにしろ、それが身を置く社会について何か本質に関わることを表わしていて、ゲームそのものの枠を超えて賭けられているものを示しているとする立場である。

では、この二つの分析は相互に対立するのだろうか。サッカーの影響力を理解するためにさまざまなアプローチの方法を組みあわせてはいけないのだろうか。社会史学か人類学から借用したアプローチの方法によれば、サッカーは現代社会を構成する諸価値の中心に位置しているとも、民主主義社会に固有の緊張を表象したり、解消したりする方法と見なされているとも推測できる。サッカーをしたり観戦したりすることによって引き起こされる感動とその管理の問題を取り上げれば、社会の社会そのものに対する行動形態が焦点となる。しかし、競技はそれ自体ひとつの価値であり、共通する信条と情念《パッション》に一線を画すものこそ行動規範であると考えることも極めて現代的ではないのだろうか。

スポーツと習俗の文明化

近代スポーツ（今日伝統的スポーツと言われ、十九世紀にルールが成文化されたスポーツ）がすべてそうであるように、サッカーとは個人の感動と衝動の管理と規制、つまり「規則化された暴力行使」にほかならない。さらにはより包括的には、サッカーとは容認すべからざる暴力と許容されうる暴力のあいだに社会が施す区分を表明する場の一つである。それは、ある経験から生じる感動の統制とその感動を表現する行為とが個人の人格の不可欠の一部となってゆく習俗の文明化過程の一環である。習俗の文明化過程で人は身体的、あるいは精神的完全性に対する攻撃にそれ相応の暴力で応じなくなる。なぜかといえば、暴力で報いれば精神的、法的処罰を受けるので、それを恐れたからだけでなく、個人、分業、さまざまな所属枠（家族から人類まで）の重なり、学校のような社会化装置、そして行動の決まりを伝授するさまざまな場と活動が組み込まれている十重二十重の社会的な組織網を考慮して、自己に対する規制が一面では自動的におこなわれるようになったからでもある【原注2】。

こうして一八四〇年頃には、イングランドに起源をもつサッカーは、名門カレッジの生徒、つまり支配階級の若者たちに向けた戦略として採用された。若者の反抗心と「至極当然な」暴力を、組織された遊びの形態へ導こうとの観点からである。その後、数十年の間にフェアプレー精神として磨きあげられて教育プロジェクトとなったこのスポーツができるという資質は、大英帝国の建設、指導者としての能力、民主主義社会の諸規則の受容というより高度な利益に奉仕させられるようになった。さらにイギリス同様にフランスでもサッカーは、戦争をにらんでの身体強化法と見なされるようになった【原注3】。イギリスにボーア戦争があり、フランスはドイツと対峙していた。

パブリックスクール（名門私立中等学校）のマスター（教師）たちのこの教育計画は、十八世紀以来のスポーツ活動の発展の延長線上にある。そこには幾世紀にもわたる国家による暴力の規制と占有化の意図と政治的関係の穏健化の動きが見てとれる。スポーツを利用した教育計画が練りあげられる以前ですら、近代スポーツは実際、スール【訳注1】のように、古代からの遊びの古い形態の文明化過程の結果として生まれている。一つの革袋を自分の村へ運ぶ競技であるために、サッカーやラグビーの先祖と考えられている、このスールという伝統的な遊技は、二つの村の代表たちが互いに競いあい、勝利を得るためにはどんな手段をとってもかまわないというものだった。競技はいつも流血をともなった。ルールというものが革袋を村に運び込んだほうが勝ちという以外にはまったくなく、村対村、町対町の、あるいは既婚の男たち対独身者たちというような組分けで、以前からのいさかいのケリをつけるチャンスでもあったからだ。中世に入ると、これらの競技は参加者の興奮によって起こされる社会的混乱や道徳上の乱れを抑えようとする王や教会の介入の対象となった。「競技者たち」の激烈な暴力で顔を腫れ上がらせ、手足を骨折するのを見て、観衆が大喜びしたからである。近代スポーツは、たとえ伝統的競技の原理に想を得ているといっても、ルールの整備・成文化を通した競技内容の穏健化、規律正しい競争の組織化、フェアプレー精神の確立という特徴をもっている。それゆえ、近代スポーツは初期においては、荒々しい力や直接対決といった価値や過激な行為、作法破りが主体の各地の田舎の競技形態と、王宮（エチケット、宮廷競技、決闘の禁止）やブルジョワ社会（テーブルマナー、子弟教育）における行儀作法の明文化に象徴される、気晴らしの都会での文明化された形態との妥協の産物だった【原注4】。

N・エリアス【訳注2】によれば、イギリスにおけるスポーツの誕生は、合法的権威の唯一の代表者ではなくなった王に対する議会の重要性が増すにつれて、国家による暴力の占有化の傾向がますます強まったという事実に関連している。王権と貴族とブルジョワとの間の紛争のくり返しにつづいて、十八世紀以降はジェントリー（地主階級・郷紳）と貴族が自らの内にセルフ・ガバメント（自治）の能力を見いださなければならない時代が訪れる。議会制の政治生活、すなわち規則化された政治活動は、小党派間の直接的な紛争を政党間の交渉と議会における議論の効用に置き換える。

それでも貴族のエートス（気風）の構成要素でありつづけている価値観、つまり自らの勇気や力を示す必要性は、そんな力を測ってくれる競争と対立から成り、それでいて暴力の行使が排除されるかルール化された娯楽活動の発展があってこそ増すものである。スポーツの発展はまた、同時代のフランスとは異なり、支配階級の財産がすでに産業活動や商取引にイニシアティブを発揮し、投資したりリスクを負ったりする能力に基礎を置いている社会の成果とも考えられる。財産が個人の巧妙さに依っている社会は、賭社会、リスクや敵対者に備える訓練を施す社会でもある【原注5】。さらには、どんな階級も個人もまったき正当性を保持してはいない社会においては、支配階級は政治的、社会的支持をしてくれるあらゆるグループと妥協しなければならない。イギリスにおいてはピューリタン（清教徒）革命と君主制の衰退が、教会と国家による民衆の文化と娯楽に対する統制力を弱めた。メリーイングランド（楽しきイングランド）の言葉で書き記される田園部および都市部の庶民階級の生活は、庶民の祭りやその行き過ぎも含めて伝統的な決まりを尊重し、国家あるいは他の村落共同体による侵害と直面しても、その権利を防衛することによって維持されてきた下層民の激しい興奮を明かしてくれる。それでも習俗の穏健化の推進者である上流階級の代表たちは、都市でも、田舎でも、下層民たちと妥協し、そのような行き過ぎに対して寛容であるところを見せなければならなかった【原注6】。スポーツの発展は小都市のジェントリーあるいはブルジョワにとっては自分たちの権威を安定させる一つの手段であった。彼らは、競争相手に財政上の便宜を図ったり、民衆の娯楽を組織することによって、上流階級に自分たちの文化的ヘゲモニー（主導権）を見せつけたりできる祭りや競技会（ボクシング、競馬）を自ら主催したのである。

近代社会においては労働とは感動を内に隠す、もっとも完成された統制形態である。すなわち時間の統制、同じ仕草のくり返しかノウ・ハウの技術的な習得、組織原則および諸個人の相互依存は警察をつかった禁止あるいは宗教的勧めよりも効果的なのである。しかし、このような自己規律は感動の自由な表現の喜びを禁圧するのではなく、ただ表現の場を変えさせるだけである。スポーツとは、N・エリアスによれば、禁止によって、教会、国家あるいは労働の組織化や感激の表現によって引き起こされる感動の統制と、娯楽活動を通した感動の刺激との、現代社会における平衡と緊張として描かれるものである。すなわちスポーツとは社会的統制の相対的弛緩形態が現れうる場なのである。

規則化された遊技や文明化という狙いは、規制と統制をする機関を必要とする。それが遊技の規則化、競技形態、ゲームの倫理、さらには定められたルールとその改革を保証する全国的な、あるいは国際的な連盟（一九〇四年の国際サッカー連盟、ＦＩＦＡの創設）によって受け継がれる活動を協議する委員会である。人間の活動がみなそうであるように、サッカーは特殊な規則の存在に支えられた自律化過程の一環を成している。例えば、規則を守り、サッカーを発展させることは、文明化に資するという美徳を際立たせるあまり、目的そのものともなる。しかし、それは成功を手に入れるという観点から、規則を最大限利用できるようにサッカーを検討の対象と捉えることでもある。つまりはサッカーを、十九世紀後半の都市人口の急増にともなう大きな娯楽市場のなかに見据え、プロの選手集団の発展を基にしたスペクタクル（見世物）とする方向を定めることである。

興奮の探求

サッカーはそれゆえ、十九世紀後半の西欧社会に出現し、日常生活との断絶をもたらし、新たな感激を味わわせてくれるダンス、ポピュラー・ミュージック、さまざまな遊技と並ぶ娯楽産業の一つである。R・ケイロスの提唱する分類学【原注7】を援用すれば、サッカーの大きな人気は、その他のスポーツや活動と違って、サッカーは人間社会の変わることのない縮図を映し出すあらゆる様相をゲームのなかで実際に見せてくれるという事実によって説明できる。こうして競技（アゴン）は競技者にとっては競技相手との対決であるが、同時に丸いボールをある仕草、ある目的のもとに支配することでもある。観客にとっては他の観客との対決、あるいは競技を象徴する参加行為となる。考慮に入れるべき第二の様相は、ボールをはじくクロスバー、一方のチームに味方してゲームの局面を変えてしまうレフェリー、イレギュラーバウンドを生むピッチ状態など、ゲームの結果に決定的な作用をする武運（アレア）である。さらにはレフェリーを欺く演出や演技（擬態）に、たなびくクラブのチームカラー、誇示されるエンブレム（紋章）、顔の化粧に変装。観衆にとっては、まさに眩暈《げんうん》である。ゲームをアシストし、もたらされる至福感を十倍にするために酒を飲む、あるいは単に群衆のなかに紛れ込んでいる快感を味わう。社会的交流《ソシアビリティ》、つまりゲームの前後に友人を見つけて議論したり、知らない人々と観戦の一時間半を共有する楽しみもある。そして観戦する者の想像力をはたらかせるというサッカーの能力も挙げておかなければならない。サッカーはまた、人を旅させる。栄光の夢、もっとも偉大なチームを見いだす観戦旅行、遠征先でのチームの別の顔の発見がある。そこには間違いなく、彼方に自分たちの価値を守っていた一九〇〇年（世紀の変わり目）の極めて強烈な飛躍が新しさとともにあったのである。

ここでサッカー・ゲームの明確な特性についてしばし考えてみると、サッカーが全地球的に拡がった訳がいくつか見えてくる。定期的な競技の組織化とゲームのルール整備といったサッカーの成文化はかつてない国際化に寄与した。この成文化のおかげで、サッカーはその他の団体競技同様に、ピッチ上に見るドラマティックな資質、つまり一方のチームを応援すればするほどいや増す緊張感を保証する時間と場所と行為の統一性を共有できたのである。また、サッカーのルールはサッカーを、ラグビーやクリケットなどの集団スポーツよりも易々とほとんどすぐにわかるという利点をもったスポーツにしている。唯一、難しい点と言えば、愛好者のあいだでずっと議論のつづいていることでもあるが、オフサイドのルールとその解釈である。これらサッカーのルールの不変性は（統一直後にわずかに変わっただけで）、世代から世代へのサッカーの継承に資してきた。そしてサッカーは、誰にでもできるスポーツである。ラグビーやバスケットボールのように特別な肉体的資質を必要としない。背が低いことは決定的なハンディとはならない。個人のあらゆる肉体的精神的特質に訴えればよい、つまり力（「尊敬されるバックス」）、優雅さ（美しいプレイができる）、反射能力（ゴールキーパー）、耐久力（「チームのダイナモ」）、ゲーム展開を読み解く知的さ、体を張る勇気や敵と勝負できる能力のような精神力、さらには相手のプレイヤーやレフェリーたちを欺く知略と狡猾さである【原注8】。サッカーグラウンドを実際に作るときの簡便さ、施設のための投資額が少なくてすむ（都市のスタジアム建設費がますます高くなった最近までは）という利点のために、あらゆる村、町、都市の街区、工場、教会ごとのチーム作りが可能となり、校庭、公共の空き地、果てはリオデジャネイロやラゴスの貧民街にまで「サッカー場」が急ごしらえでできた。また、サッカークラブの組織者の目からすればサッカー場はとても大きいので、そこに大群衆を集め、集会場としても使えたのである。

カレッジの学生たちのあいだに生まれ、当初は有閑階級に広まったサッカーは、新たな賃金労働者階層が次第に増やしていった余暇時間を占めるようになり、ウィークエンドの誕生（土曜半ドン）を大いに利用した。通常、ゲームは労働時間外におこなわれたので、社会の規律から解き放たれたひとときを生み出した。

こうしてサッカーは大衆のスペクタクルとなった。サッカーのゲームは日常生活を一定のリズムで刻み（週ごとのゲーム、チャンピオンシップは一定の間隔をおいておこなわれるのでシーズンごとに）、アマチュアのプレイヤーであれ観客であれ、労働の型にはまった行為と普通の生活の枠内では説明がつかない素質の発揮という快楽との分離の基礎となった。それゆえスタジアムは群衆と騒音と行き過ぎの場、あらゆる形態の興奮を探求する娯楽の場なのである。

伝統的に、一九八〇年代まではという意味だが、観衆はゲームの前にも最中にも、その後にも酒を飲み、大騒ぎをし、発煙筒をたき、幟《のぼり》をたてて応援した。相手をさんざん罵倒し、からかい（ミスったプレイヤーには、「工場へ帰れ！」）、究極の宣告を下す（「死んじまえ！」）。多くの国でフーリガニズム（フーリガン活動）として集束する前から、サポーターは酔っ払い、熱狂し、ゲームに積極的に参加することで日々の生活の憂さを晴らそうとする庶民の男の軽蔑されし原型《プロトタイプ》で、対象に対して距離を保つ、文明化された観客の対極にあった。基本的に男ばかりの世界で痛罵する言葉は、「腰抜け」や「おかま」のような相手を性的にやじり倒す言葉となる。両者が対立することが競技の条件そのものである世界においては、相手を悪しざまに言うためにはなんでも利用される。「イタリアへようこそ！」ナポリのチームが来ると、ミラノのサポーターはそんな横断幕を掲げる。このような人の尊厳を傷つけるやり方は、世界が性によっても、民族的《エスニック》な帰属あるいは地域への所属によっても区分され、決定的な位階制度に組織されているとの記憶に想を得ている。それはまた、数々のからかいや悪口が自分や負けたときの味方チームに返ってくるとしたら、深刻なことでもあろうが【原注9】。

こうしてざっと眺めてみただけでも、サッカーから得られる快楽はやはり、少しは単なる感覚による快楽以上のものであることがはっきりする。つまりサッカーが生み出す感動は、社会生活全体の構造的に不確かな特徴の表現であり、この不確かさを支配しようとする試みから生じている。

現代の、そして人間の諸価値を読み解く

N・エリアスの定義をもう一度借りれば、サッカーとは擬態活動、すなわち「現実へ」と移ってゆくものに似た活動である。サッカーによって得られる快楽は、人間の作るさまざまな価値を駆り集め、社会を構成している緊張を表現する感動を引き起こす快楽である。

「マクベスの劇を見にゆくのはスコットランドの歴史を学ぶためではない。王国を手に入れはしたものの魂を失ってしまった話題の人とはどんな人物なのかを知りたくて、マクベスを見にゆくのである」とノースロップ・フライ【原注10】は言う。サッカーについても同じことが言える。サッカーのルールの適用と解釈を通して、権利において平等でも、事実において不平等な社会における個人間の、そして集団間の関係を規定しているものは何かを知り【原注11】、どのようにして勝ったり、敗けたり、人と人とのあいだで振舞ったりしているのかを理解し、普遍と特殊との関係とは何かについて考えさせてくれるのである。

サッカーは、サッカーのルールを介して、サッカー自らが生まれた産業社会の諸原則を実際に演じてみせる。その組織化（チームプレイ、ゲームの戦術）によって、サッカーは分業（プレイヤーとポジションの専門化）と集団としての規律と連帯の必要性を象徴している。しかし、個人と平等を信じる社会においては、ゲームの結末はプレイヤーの誰それの「天才的な一蹴《け》り」に懸かることもあるので、サッカーは集団でおこなう事業における個人のイニシアティブの部分をも際立たせる。競技システムを通して、現代の民主主義社会における個人の価値の認知は対等の競技の結果であるとする方法が示される。こうしてサッカーはサッカーなりの方法で、権利における平等と事実における不平等とのあいだの、これらの社会に固有の緊張を解消する。例えば、毎年おこなわれるランク付けや上下リーグへの昇格・降格の原則によって、サッカーは既定のものは何ひとつなく、どんな地位も確実でなく、ゲームや労働の理解力といった長所も、ほとんどランキングという位階制度への位置づけに還元されてしまうことを明らかにする。実際、ゲームにおいては皆、同一レベルから出発し、それぞれにチャンスがあると見なされている。確かに、金があり、才能にあふれたプレイヤーを保有しているために難局を乗りきれたクラブもあるにはあるが、上位にランクされていたチームが降格することもある。カップ戦の予選の直接対決では、郊外の小さなアマチュア・クラブが優勝候補を「蹴落とし」て、あっと言わせることがよくある。チームの条件がよく整っているだけでは充分ではない。ラッキーもアンラッキーもある（ポストにはじかれる）、精神力が勝っている（「オレたちは勝負できる」）、機転あるいはいかさま（マラドーナやヴァータのハンド【訳注3】）もものを言う。個人の運命もまた、儚《はかな》いものである。トップに立っているはずの選手が、「ゲームを落とした」から、まるで運がなかったから、ベンチを温めることもある。しかし、ペレのような選手であれば、「家族であっても、相棒であっても、また大統領令をもってしても、誰かを〝フュットボル（サッカー）〟の大スターに引き上げるなんてことはできない。すべてが決まってしまっているブラジル社会、〝優れている者は生まれながらに仕上がっている〟社会では、滅多にないこととはいえ、やはり自分の真価を発揮せねばならない」【原注12】と言ってのけることができる。

サッカーの試合とゲーム全体の動きあるいはプレイヤーたちの活躍は、敵と正面から対峙するとはどんなことかを具体的な姿として見せてくれる。その点で、サッカーというスポーツは、運とチャンスと結果を出す個人の能力のそれぞれの力を秤にかける【原注13】。さらには成功と失敗の解釈においても個人の能力が測られる。これらすべての要因を働かせてサッカーは、人間ドラマを上演する。人生の有為転変をどのように理解し、正当に評価したらいいのだろうか、チャンス、能力、いかさまあるいは狡賢《ずるがしこ》さ、受け継いだ遺産は、それぞれどれくらいなのだろうか、あらゆることが、プレイヤーあるいはチーム全体の運命に読み取れる。

この点でこそ、スポーツは、ことに競技スポーツは民主主義社会、つまり人の資質と対等の競争を称揚する社会で発展しているという、N・エリアスの、イギリス社会のスポーツ機構化と議会偏重化との関係と、産業革命とフランス革命を経た社会におけるスポーツの普及に関する、よりつっこんだ論証を取り上げねばならない。スポーツは民主主義的な価値が世界に拡がり、伝統の価値と拮抗するようになるにつれて、ますます広く普及した。ブラジルでもアルゼンチンでもアフリカでも、庶民の子どもが貧しさから抜け出すことができる唯一の空間が、スポーツである。サッカーのようなスポーツの人気は、「誰だって偉い人になれる」【原注14】という民主主義社会の理念を受肉するスポーツの能力にある。と同時にサッカーは、クラブの歴史が語っているようなチャンス（あるいは不運）や運命に弄《もてあそ》ばれた、現実の生活についてのそれなりにもっともな説明をしてくれる。この点で、サッカーはまさに庶民の表象たりうるのである。C・ブロンベルジェが言うように、サッカーは人が人として考えうる世界を見せてくれる。「個人であれ集団であれ、各自が常に成功を求められる社会にあっては、敗北や不成功は、それが他者の悪意、不正あるいは宿命のせいでないかぎり、心理的に許されない。純粋な資質に基づいた疑うべくもない秩序に、サッカーは疑念や本質的な不確かさという申し立てを対置する。では、合理的かつ確実に、各自がその地位を当然のこととして得る、完全に透明な社会あるいは世界とは、いったいどのようなものなのだろうか」【原注15】。

　サッカーは個人の社会的地位の不確かさとうつろいやすさを見せ、考えさせてくれる。こうして、人の人生を語るスポーツ、サッカーに対する諸個人の心酔が理解できるのであり、またサッカーで発揮される資質をもっともうまく表現できたプレイヤーであるヒーローたちが紡ぎだす情熱は、認知された精神的な価値に一致した、あるいは逆にその価値に反した、まさしく人間的な資質でもある。つまり、身体的な障害を力に変えたガリンシャ【訳注4】はピッチ上の芸術家であったが、悲惨な生涯を閉じた。グラウンドで王様であったペレは公的な生活でも王様になった。ボビー・ムーアやスタリレー・マシューズは勇気と素晴らしい働きと誠実さのおかげで成功を納めた典型的な例である。マラドーナは路上《ストリート》の申し子であると同時に、天才であり、狡猾な子どもである。

　サッカーの情念《パッション》はまた、さまざまなゲームスタイルとチームを応援する理由との対立のなかでも燃え立つ。ゲームスタイルとはどう勝つかどう負けるかの流儀であり、実にさまざまである。ブラジルの舞踊のようなプレイよりもドイツの油の効いたメカを好むのもよし、フランスの繊細さに比較してウルグアイの荒々しさを批判するのもよし、スコットランドの寛容さに対照させてイタリアの現実主義を高く評価するのもよい。いずれにせよ、チームという集団は空中戦であろうと地上戦であろうと、つまりイギリス流のプレイスタイルであろうと南米流のプレイスタイルであろうと、一つの明確な資質に結びついていることが見てとれる。

確かに、人は個人それぞれとその所属に応じて少しは異なる物語を語るものであるが、精神性は往々にして同じである。サッカーのチームを見るときは、パリ、リヴァプールあるいはブエノスアイレスのボカの町などの住民が自らのものと認める資質とともに見なければならない。

フィアットのオーナー、アニェリ家によって創設されたトリノのユヴェントスは「うまく作られている物はさらにうまく作りうる」をモットーとする企業のイメージを備えている。よってそのゲームもプレイヤーも（もう一つのモットーに掲げるように）、「シンプル、まじめ、控え目」でなければならない。その事業の管理にスキャンダルはなく、ゲームはスペクタクルでなくとも効果的で、必ず勝利をものにする。このコンセプトは、セリエAを低迷し、永遠の危機に見舞われている貧しい都市のチーム、それでもマラドーナを獲得すると二度のイタリアチャンピオンに輝いたナポリのコンセプトとは正反対である。チーム戦略はメセナ（財政援助者）と企業家に属する事柄であるが、彼らの管理と彼らが公にその価値を説明するそのやり方を通して、自らを庶民と定義しようとする二つの方法が対立する。つまり、一方ではトリノの庶民は倹約と狡猾さという農民の徳性（ユヴェントスのサポーターは

「フィアットで」働くために出てきた農村住民である）と、フィアットの成功が象徴する産業界に参加することで社会的安定を得ている現代の都市住民の徳性との素晴らしき総合をもって自任するのに対して、他方、ナポリの庶民は幻想と、苦難に耐えて必要とあれば決めてみせる「一発」で生きている【原注16】。リヴァプールＦＣとその他のイングランドのクラブとのあいだにある対立は、これと少々似ている。リヴァプールは十九世紀以来、どんな産業も支えきれなくなるにつれて危機に陥っていった都市である。リヴァプールのプロレタリアートは、大工業都市でクラブの中心的な観衆が雇われているような鉱山や大規模加工業に組織された労働者ではない。せいぜい港湾労働者で、大多数は非熟練労働者で、収入を確保するためにちょっとした仕事、しかもときには非合法ぎりぎりのちょっとした仕事をしている人々である。リヴァプールは周縁に追いやられた都市である。産業の新たな誘致はなく、大西洋航路の衰退、失業、そこへブリュッセル、ヘイゼル・スタジアムの悲劇、マーガレット・サッチャーとシェフィールド市（ヒルズボロ・スタジアム）の軋轢と、ここ二、三十年間は逆境に向かいあわなければならなかった都市である。そのなかにあってリヴァプールＦＣのサッカーは、ビートルズと並ぶ唯一の成功の印《シーニュ》、辛酸に対する真の返答である。しかもこの返答は、イングランドで一般に採用されているプレイスタイルとは断絶したゲームスタイル、より「大陸的な」、つまりヨーロッパに想を得たゲームスタイルを介して成された。全般的にスピードと力をあまり基軸とせず、ショートパスをつなぎ、高い個人的テクニックに恵まれたプレイヤーを使った。この意味で、チームのプレイは観衆の目、ゲームを見に来たリヴァプールの人々と、イングランド的でないと書きたてるその他の人々の目には、リヴァプールの庶民が日常的にやっているサッカーと同じいんちきサッカーと映ったのである【原注17】。

その結果は、当然ながら集団の宿命にふさわしい方法で知らされる。常に成功を納めたクラブがあれば、破局に直面したクラブ（選手たちが飛行機事故で非業の死をとげたトリノとマンチェスター・ユナイテッド）も、狂喜乱舞のつけを（経営者が成功を得ようとあまりに高額の資金を注いだために）払わされたクラブ、そしてサポーターから愛想を尽かされた（パリのサッカークラブはほとんどがフランスの至るところで嫌われた）クラブなどもあった。

それはやはり、集団としての社会的地位の不確かさとうつろいやすさの問題が大きいからである。サッカーや団体競技の特性は、個人の宿命を、チーム、クラブ、町、都市あるいは国家という一つの集団の成功に委ねるところにある。それゆえサッカーは常に、所属の問題、つまり国家的な団体さらにはヨーロッパあるいは世界を構成しているさまざまなグループの資質を規定しているものは何なのかという問題を呈示する。

サッカーの人気はまた、サッカーが攻めあいや競いあいを社会生活の正常な形態と認めるという事実にある。つまりサッカーはグループ間の関係の中立化のあらゆる形態、あるいはさまざまな社会の決定的な平穏化への信頼のあらゆる形態と対立する。サッカーはいつも他者との関係の問題は避けられないと考えている。近代社会のさまざまな進化の分析のなかで、N・エリアスは、暴力の占有化という自らの論理を駆使して、すべての社会的機能を掌握し、それを相対立する様相に導こうとする国家と、所属の重しから解き放たれてはいるものの、自己規制の重しをつけられた個人への、この分極傾向を他の物とならべて明らかにしている。「ある意味では、戦場は男の心の奥底に移し置かれてしまった。そうであるからこそ、男たちが直に対決する体と体のぶつけあいとして最近まで表に出していた緊張と情熱をもって闘わねばならないのである。他者との関係が自らに及ぼす穏やかな制約は、多少なりとも重要なものめごと、男の一部が他の一部に対して起こす反抗をともなうのである」【原注18】。

サッカーに対する愛情は、反抗は他の男たちや他の世界観との対立においてなお意義があるとする世界観に結びついている。勝利はコンセンサス（合意）や妥協の対象とはなりえないからだ。勝者は一人しかいないのだ。サッカーの世界では、世界は無限で、それゆえ世界はみんなのためにあるなどとは信じられていない。富と名誉は数字で数えられ、誰かの幸せは必然的にその他の人々の不幸を招くのだから【原注19】。

現代社会を統治している諸価値を目に見えるように演出するという観点からすれば、確かにサッカーの試合は一幕の演劇とみなすことはできる。あまり瞑想的ではない、あるいはあまりその遺産的な価値を強調しない演劇観に立ち返り、反対にサッカーの試合はグループと国家との境界線の確定に寄与すると想定するのであれば、であるが。

もちろん、フェアプレーの精神はサッカーは一つの競技にすぎないとしている。しかし大衆の道徳は大事なものはチームの勝利、町村や街区《まち》の名誉であるとする。そして国民国家はこの勝利は競技に参加した国民の精神的美点を満天下に示していると言い足すことができる。

第二章　サッカー社会におけるサッカー

作られた伝統と想像上の共同体

いくつかの国民国家と社会階級を参照すれば、サッカー人気のさらなる理由にたどりつく。それが、集団つまり想像上の共同体【原注1】と呼び得るものを実在たらしめるサッカーの能力である。よく知られているように、諸個人が自らを社会階級、都市の住民、国家の一員など集団的実体と考えるためには（とりわけこの実体が現実に出会うチャンスのほとんどない人々で構成されているときには特に）、共通の客観的状況を共有しているだけでは充分ではない。想像上の共同体とは、社会的地位の違いや相互理解を妨げるさまざまな障害をこえて、ある同一の集団の一員と認知しあうことにほかならない。もちろん、そのための理論家も必要であるし、場合によっては実際に出会い、互いの経験を交換したり、解釈したりできるように、理念の伝播活動や、動員と組織化の活動も必要であるが、しかし、より現実的には、この所属感の発達は別の水路に入る。つまり、同一の言語、同一の状況、同一の嗜好を共有していることを知ることによって結局は、自らをプロレタリアートとか、コクニー（本物のロンドンっ子）とか、アルゼンチン人と認めるのである。

このことに、サッカーの行事やサッカーの作られた伝統【原注2】と呼ばれるものが寄与している。なぜ、作られた伝統なのか。サッカーとそのルールは、社会のある種の理念や社会に対するある種の行動様式となって現れるある決定の結実であるからである。つまり、作られた、新たなるものなのである。ところが、この作られたものは時を置かずに、商業化あるいはごく普通の社会的交流への統合を介してしきたりとなり、一つの集団の、不可欠の一部を成すアイデンティティーとしての役目を果たすようになった（サッカーは芸術の一部とも大衆の伝統ともなった）。そして通常の、土曜日の試合（リーグ戦）という行事と、特別の、国内の全クラブが参加して競技を毎年くり広げ、その機能と統一性を同時代に見せつけるサッカーの世界が現に存在することを意味するカップ戦という行事とを保有するまでになった。サッカーは作られた伝統、五月一日（メーデー）、赤旗、スコットランドのキルト（タータンチェックの男性用巻きスカート）、国歌、一八七一年に創成されたイングランドのFAカップ（フットボール・アソシエイション・カップ）など、十九世紀の数々の被造物の一つである。これらの新たなる伝統は、新たなる集団の実在に何をもって貢献したのだろうか。それが、スタジアムやチーム内における近さである。この近さが、人をそれぞれブルジョワ、プロレタリアート、あるいは同じ都市の市民と感じさせている近さと距離というものを可視的なものにすることによって、同じ社会的地位の人々や異なる社会的地位の人々を結びつけたのである。同様に、それがナショナルチームであろうと、地域のチームであろうと、チームやそのエンブレム、特質を通したその集団のはっきりした性格によっても人々を結びつけた。さらにはある集団の、とりわけ国家の歴史を、政治分野にのみ関わるのではない事柄を通して語る可能性によっても人々を結びつけた。しかし、国家という共同体に所属していると確信できるのは、競技の組織化（同じ時間に、一定の日程で、決められた地域の至るところでおこなわれる）、共有する時間、新聞・雑誌による批評と結果の報道、スタジアムでの見どころの解説（ゲーム内容とチームの特質、観衆の行儀、その振舞いの意味）のおかげでもある。それも国家元首が列席するカップ戦の決勝や国際試合などのビッグゲームとなればなおさらである。

サッカーが築き上げるのに貢献しているさまざまな「想像上の共同体」を列挙してもよい。これらの共同体は現代の個人が所属し、そこに自らのアイデンティティーが認められると感じられるさまざまなレベルの社会同化をも表象しており、多かれ少なかれ想像上の、言い換えれば共有された実践行動よりもイデオロギーや虚構に基づいて成り立っている共同体も、多少なりとも確固とした互いに競合する共同体もあるからである。

こうしてサッカーのルールはまさしく、国民国家のシステムの、町村や都市のアイデンティティーなど以前からの所属網あるいは階級への所属感のように、十九世紀を通して形成される所属網の一環を成す。サッカーには対抗者、つまり敵と味方がいるのであるから、サッカーとは集団対集団の、別の方法をもってなされる戦争の継続、つまり敵対関係を生む基本的な問題のバリエーションである。しかし地域レベルのあるいは国際的な競技の組織化は、集団が互いにその力を試しあうための共通ルールを必要とする。サッカーの国際組織（ＦＩＦＡそしてＵＥＦＡ）がこれらの集団間の関係の穏健化に寄与する。国際組織は、対戦するのは町や村でも地域の共同体全体でもなく、ゲームのルールに従うスポーツチームであることを担保するからである。

現代的で庶民的

サッカーが世界の至るところに根づくころ、すなわち一八九〇年から一九一四年にかけて、サッカーはさまざまな形で現代性の体験に、つまり変化の真っ最中にある世界に所属しているとの観念に単純に結びついていたという事実を見逃すことはできない。サッカーは新しい、それゆえに興味深い。新しいルールと独特の装束でおこなう新しい競技、新しい出会いの場だった。それはまた、イギリスびいきの新たな都市エリートたちによって、ヨーロッパの大都市の変貌著しい風景のなかに、あるいは新世界（南北アメリカ大陸とその周辺の島々）の新しい都市にもたらされる流行《モード》でもあった。流行というものがすべてそうであるように、この流行は時代の社会的交流の形態をとっていた。一九〇〇年頃、サッカーの試合は人がそこに出向き、出会い、時代の価値への参加を表明する社交界の出来事だった。初めのころは競技する者にとっても観衆にとっても、何か新しいことを一緒におこない、思い思いに自由な時をすごす娯楽にすぎず、仲間たちとの、つまり世界に向かっても、起業精神にも革新にも競争にも開かれている世界観を共有するこの新しい階級の成員たちとの懇親を深めるというものだった。名門カレッジで数年をすごした後にサッカーチームを創成した企業主は、富の創造者としても、自分の企業や自分のチームへのエネルギーの供給者その上に扇動者としても、一人の革新家と見られた。しかし、ウィーンでは、この場合まれなケースであろうが、この都市のクラブは「ブルジョワ」と「労働者」と「自由業者」が一緒になった。知識人、とりわけ文学カフェに集まった知識人に、あるいはプレイヤーや観客としてこの旧帝国（ハプスブルグ帝国）の首都の中産階級の自由主義的なユダヤ人社会、つまりヨーロッパの現代性の特徴と見なされている社会【原注3】に根を下ろした人々に支えられたのである。スポーツを特殊な社会と見なすと、往々にして、そのスポーツがもつ都会の別の娯楽とのつながりや、あるいはこの時代に都会の新たな生活様式に対する楽天主義、現代世界の征服感を表わしていたラグタイム【訳注1】のような音楽の流行に比肩しうるような意義を見落としてしまう。というのは、カレッジの貴族階級の枠を越え、イングランドの枠をも越えて、新たなブルジョワ階層へ、やがては庶民階級へというサッカーの広まりは、都市交通と試合結果を（賭のためにも）伝える通信（電報）の発達と、さらには大規模な移民、鉄道輸送や大西洋航路の躍進、主要都市の増大、大学の増加、知識や技術の進歩、新聞・雑誌の成長や観光旅行の普及など世界的な交易の発展に結びついていたからだ。ヨーロッパやアジア、南北アメリカ大陸へサッカーを伝えたのはほとんどがイングランド人であったが、スイス人もドイツ人もいた。いずれにせよ彼らはみな、イングランドか、イングランドの息吹を吸った技術学校や商業学校で勉学中にこのスポーツに出会っていたのである。そしてヨーロッパ大陸や中・南米大陸（ラテン・アメリカ）へ働きに行くと、イングランド流のサークルを作り、スポーツをした。サッカーはこうしてまずイギリスの工業地帯に根づき、次に世界各地の港町（ハンブルグ、ジェノヴァ、バルセロナ、リオデジャネイロ、ブエノスアイレスなど）、各国の首都や経済の中心都市（パリ、ミラノ、ウィーン）を通して、また鉄道建設地帯にも広まっていった【原注4】。サッカーは庶民的であると同時に、「異国情緒」があるとも受け取られ、水夫にも、アルゼンチンやバルカン半島の鉄道建設現場の労働者や幹部たちの間にも広まったが、サッカーは常に現代性というオーラを帯びていた。つまり鉄道建設現場のイングランド人熟練労働者はランカシャー地方の鉱山とは別の世界に所属していたのであり、鉄道建設現場で働く「ローカル（地元民）」も地域の伝統的な環境とは断絶していたのである。

こうしてスポーツ組織は世界的規模の機構の創設にも力を貸す。一九〇四年に創設されたFIFA（国際サッカー連盟）は現実に政治的な重みをもたなかったが、FIFAの創設に重要な役割を演じた価値は、より強力なオリンピック運動の価値につながった。スポーツの教育的徳性つまりアマチュアリズム、フェアプレー、ワールドカップのような国際競技大会の組織理念（ワールドカップは一九三〇年に日の目をみるが、サッカーはずっと以前からオリンピック種目に入っていた）は、スポーツと同一の規則によって取り仕切られる国際的共同体というイメージを映し出す。これらの価値は理想主義的で、きわめてヨーロッパ中心主義的な見方に起因するものであり、そこに潜在的という以上の植民地主義か人々を枠で囲もうとする意志を見るのはもっともなことである。同様に、新たな中・上流階級の社会は帝国主義的な見方、つまり西洋的価値の優越性と新資源を開発する権利、野蛮なままの地域と人々を文明化するとの観念に基づいていた。さらには、このような見方で競争の精神が国から国へと易々と移されてゆくので、国際試合となれば、サッカーは狂信的愛国主義を煽るわけである。しかし、そもそもサッカーに興味がもたれるのは、それがイングランドの経済的、文化的支配の果実であるからである。サッカーが意味をもつのは、サッカーはまさにこのような支配と闘い、ゲームのスタイルを通して国のアイデンティティーを確立してくれるからである。同様に初めは貴族のスポーツ、次いでブルジョワのスポーツだったサッカーは、労働者の特異性という意識を構成する手段ともなった。ようやくサッカーは全地球的な人類像の分野に組み込まれたのである。ゲームが自律化し、テクニックのある選手や審美的な観点から精神的な観点まで目の肥えた愛好家がさまざまに出現することによって、サッカーは、人の資質がそれ自体として評価され、人種や国籍の特殊な性格は消滅するか少なくともほとんど相対化されるという世界観を内包する。ペレこそが、その疑問の余地のない典型である。

それゆえに、サッカーをこれほどまでに魅力的で、関心を払うに足る、それでいて大衆的な人気のあるスポーツとしているのは、サッカーは人間が秘めているどんな資質をも決して見逃さないからである。人間は常に、人間が象《かたど》るあらゆる形態（民族、階級、文化）の下に、他者との関係の問題とともに、さらには人間の普遍性に到達させてくれるものとともに見つめるべきものである。おそらくはある人たちにとっては不可能に思えようが、サッカーは、さまざまに異なった人々という個別の実体にとっては、その人々のあらゆる構造化様式を介した、普遍に寄与する方法の一つなのである。例を挙げれば、一九三〇年代のアルゼンチン、一九五四年のハンガリー、一九七〇年のブラジルのスタイル、一九八二年のセヴィリヤでのフランスのゲーム、一九八六年のフランスのブラジルとの試合である。これらのチームはすべて、そして並外れた選手たちはすべて、どこかサッカーを芸術と観るところがあった。それはもちろん、イタリアの現実主義とも、アルゼンチンやウルグアイの低い給料とも、ドイツのメカニズムとも、それゆえその他の集団的実体とも対照をなす。国家としての誇りは、ほかの国の国家としての誇りと対立して初めて機能する。しかしこのような見方は、サッカーを効能だけからつまり現実主義から定義しようとする、どこの国でもよく見られる誘惑とも対立する。それこそが、人間として、またある特定の民族の一員として、人は何を誇りに思うかという問題なのである。

最後にもう一点つけ加えれば、サッカーは国家や社会階級がそうであるように、近代のものである。そして、サッカーと同じく、社会的つながりの特性に関する疑問も、闘争関係にある諸個人や社会的集団からなる社会の結束を固める手段に関する疑問もまた、近代のものである。少なくともパブリックスクールを出ればすぐに、社会的に異なり、互いに知らない他者と共有する感動に関わる問題があること、同じ熱情をともにする瞬間があること、個人を超える何かがあることに気づくものだ。だが、それは何なのか。まるで戦争について語るかのように、宗教的な類推に等しい言説が、さまざまなタイプの解説者、ゲームを形成する者、スポーツ記者やそうでない記者、サッカー関係者あるいはこの問題に答えようとする知識人によってなされる。サッカーに対するこのイデオロギー的充当《カセクシス》（入れ込み）【訳注2】、つまり教訓じみた計画や政治的戦略への入れ込みは、この証明であり、社会に影響を及ぼすためにこの問題を支配しようとする意志から出ている。次第に進むサッカーの制度化（制度としての定着）とますます強くなる人気は二十世紀を通して、そのような入れ込みのためのさまざまな興味深い戦略の対象とも、その原因ともなってきた。社会に影響を及ぼしたいとき、どんな社会であれ見いだすのが制度と意義の世界である。こうして人は「作られた伝統」の概念とそれが可能とするもの、すなわち標識であることと、「解釈作用と図式化作用、つまり社会的世界の表象作用と様式化作用が働いた」【原注5】別格の存在である場所と、制度と市場と動員可能なグループを見いだす空間を構成していることを理解することができる。

社会のアイデンティティー

十九世紀におけるサッカーの創生は、教育家たちが未来のエリートたちがその証しとすべき徳目と庶民にたたき込むべき徳目の問題に取り組んでいる時期であった。サッカーは産業革命の最中に、つまり集団が田舎から都市へ、共同体から社会へと再構成される時期に生まれている。パブリックスクールの教育計画は、支配階級の若者たちに経済競争や国家間競争の新たな基礎知識を教え込むこと、つまりはエリートを養成することが目的だった。この教育計画は初めは企業家の援助のもとに生まれた多くのクラブや上流社会の若者たちを集めたサークルのためのものだった。これらのスポーツクラブを通して、どんなスポーツかにかかわらず、新たな政治エリートや産業エリート、さらには地方のエリートが競争とチームワークの精神を中心にして集まる社会的交流のネットワークが形成されたのである。

一八七〇年（スポーツのプロ化がはじまり、イギリスでサッカーが大衆的成功を収めはじめた年）から一九五〇年代までのこの時代、サッカーはそれが組み込まれている産業界に専有されると同時に、産業界にさまざまな集団を構成することに貢献した。サッカーは価値を称揚し、社会的交流のさまざまな形態を生み、（競技者にとっては）社会的昇進を約束し、指導者やメセナ（財政援助者）にとっては名声を高めるのに役立った。

支配階級のエリートたちの側では、サッカーの占有は重大事となった。多くの場合、とくにイタリアやイングランドでは、サッカーチームは教会によって結成された。また多くのチームが庶民の余暇に枠をはめるか、大衆の健康問題を改善しようとする事業主のイニシアティブに基づいていた。フランスのプジョー、ドイツのバイエル、イタリアのフィアットのような企業によって結成されたサッカーチーム、さらにはイングランドに作られた数々のクラブがその好例である。例えば、一九二九年にプジョーがプロチームを結成したソショー【原注6】では、その公式認定の数年前から、「位階制や社会的身分の区別なく、スポーツの気高さを評価するすべての人々をチームに結集できるのは、もはやこのチームしかない」と位階制度を超えるチームスピリットと、よい結果を得るために必要な原則が強調された。「スポーツの社会は二十世紀のわれわれの民主主義社会に似通ったものではないし、似通ったものであってはならない。(中略)スポーツ社会と比べうる身近にある組織といえば、わたしには二つの社会しか思い浮かばない、つまり軍人生活か、艦船上の厳格な制度である」。支配階級のエリートたちのなかには労働者の実生活や精神生活を改善しようとする者もいれば、企業主が議員になろうとするなど政治的野心をもつ者もいた。

ドイツやオーストリアではサッカーチームは、ブルジョワのクラブに少し遅れて、あるいは少し間があってから、労働者階級の連帯の維持と労働者文化の高揚を目的に労働組合によって結成された。間があったというのは、啓蒙時代からのある種の伝統から、サッカーはブルジョワ階級に由来するので、消極性を生むだけのスペクタクル(見世物)ではないか、やたら騒ぎ立てるばかりの競技ではないかと疑いの目を向けられたからである。イギリスでは一八七〇年から一八八〇年のあいだに、そして一九〇〇年から一九一〇年にかけてはその他の国々でも、数多くのクラブが街区《まち》、カフェ、パブごとに、その所有者や客仲間のサークルによって作られた。これらのクラブは隣人同士の絆を強め、球技を楽しみ、観戦することで地域の連帯を深めた【原注7】。そしてたとえクラブが企業家や教会によって作られてはいても、こうしてクラブは労働者や都市の下層民が娯楽を通して集い、他の集団と出会うことで、地域や社会のアイデンティティーを形成するのに役立った。ドイツのルール地方ではシャルケ04のようなクラブが労働者の連帯からゲルセンキルヒェンの町に生まれたが、一九二四年から一九三四年までの十年間では、クラブのメンバーはその四分の三が労働者か職人の範疇にあった【原注8】。

サッカーは労働者共同体が生まれた原因でもなければ、その結果でもない。おそらく、経験という言葉をもってサッカーを考えるべきなのだろう。つまり、個人あるいは集団の生活の一環を成し【原注9】、消極的な受け入れの対象ではなく、過去に関するあるいは起こりうるものに関する社会同化作用の対象である何ものか、という経験である。ヨーロッパの工業地帯におけるサッカーのごく普通の経験は、個人またはグループが味わうものに関連するこのスポーツに一つの方向を与えた。サッカーを創出したのは北部イングランドの労働者共同体ではないが、最初の試合観戦がすでにある娯楽の枠と、ある共同体に所属しているとの感覚と、またある者にとってはその共同体を出て行けるとの夢と、どのように折りあいがつけられたかは理解できる。またそのようにして、サッカーがカレッジの生徒に受け入れられたことも、あるいはどのようにしてサッカーが、体制あるいは後に見るように政党が与えようとしている推進中の国家の理念の物語のなかに組み込まれていたかも想像できる。

またそこに階級闘争、「奴ら」と「オレたち」に分けられた深い溝を見ることもできる。この場合、階級間の対立はいつも同じルールを守って競技をしてはいないことに由来している。貴族階級のあいだに生まれたサッカーは優れて労働者のスポーツとなったが、未来の中産階級の成員が別のスポーツに向かったとき、サッカーは労働者と上流階級を対立させた。それはイギリスにおいては優れてジェントルマンのスポーツとなったラグビーとやくざ者のスポーツ、サッカーとの分岐となった。しかし、この分岐以前にイギリスにおける普及過程で、とりわけそのプロ化過程でこの対立はゲームの技術をめぐって現れた。イングランド南部の、貴族的なアマチュアチームに典型的な七人のアタッカーを配したゲームは、北部イングランドの労働者のプロクラブではアタッカーとディフェンダーの役割が分離され、より訓練されたパス・ゲームへと変貌した。すでにこの頃から、いまもそうだが、空中戦の優位を保った、ロングパスと一斉のかけ上がり、つまりキックアンドラッシュが見られた。しかし、このゲームの理解の違いは、結果の良さゆえに「プロフェッショナリズム」の勝利に終わった。一八八二年以降、南部のジェントルマンチームは、一チームもイングランドカップを獲得できなかったからだ。このサッカーの重心の変化はアマチュアリズムかプロフェッショナリズムかという対立として現れ、無報酬か金儲け主義かというモラルの問題となった。しかし、これはまた一つの排除の論理でもあった。ディレッタンティズム（愛好家の道楽）と自由な余暇時間という倫理を守ることで、このスポーツから、時間やお金が自由にならない、それゆえ技を磨く余暇に恵まれず、それにふさわしい見た目の気品に欠ける人々を締め出しているからだ。娯楽としてのスポーツは、社会的昇進の道具としてのスポーツに対立する。ドイツではサッカーにおけるこの階級闘争は、一九一九年以降、ドイツサッカー協会による昇格・降格のシステムの凍結を招いた。あまりに激しくなりすぎたゲームのモラル向上の名の下に、サッカーの興隆の源でもあった懸賞金の禁止さえ提案された。サッカーが正統的に普及し、もっともよく組織されたクラブは押しなべて中産階級を代表するクラブであったドイツのこのような流れのなかで、真っ先に影響を受けたのはもちろん、上昇著しいシャルケのような労働者のクラブだった。

国としてのゲームスタイル

人は何を誇りに思うか、人は何によって自らを定義するか、サッカーはこのような疑問に答えてくれる。例えば、アルゼンチン人にとっては、牛肉や小麦を世界中に輸出しているというだけで充分なのだろうか。オランダ人にとっては世界第二位のチーズの国、木靴やチューリップの球根の国というだけで充分なのだろうか。サッカーが一八九〇年から一九一四年にかけて世界に広まったとき、あるいはサッカーが本物の価値をもっていることを知らない地域に伝わったとき、サッカーは、国々がその経済的な富は無論のこと、特殊が普遍に寄与するようなやり方による普遍的な文化への貢献によっても輝く世界の構成に加わったのだった。アルゼンチン人はポロを、タンゴを、そしてサッカーを誇りに思い、一九七〇年代のオランダ人はアムステルダムのアヤックスのクライフを、そして二度のワールドカップ決勝【訳注3】を誇りに思うのだろう。

それゆえ、国としてのゲームスタイルは、国家のアイデンティティーとイングランドモデルとの決別とを具象化することにおいて、殊更に重要となる。一九一八年まではオーストリア、ハンガリー、チェコスロバキアを除いては、国独自のゲームスタイルを発展させる国はほとんどなかった。唯一のスタイル、イギリス人が見せてくれるものだけが、ゲームスタイルだった。アルゼンチンで、アルゼンチン・フットボール・アソシエイション（アルゼンチンサッカー協会）に加盟し、レーシング・クラブ、フットボール・クラブ、ハイスクールチームなどと名づけられたクラブでプレイする、そのほとんどがイングランド人のサッカー選手たちが採用していたのも、このゲームスタイルだった。第一次大戦まではイングランドの影響はあらゆる形態に強く残っていた。アルゼンチンの政治エリートや知識エリートたちの脳裡を離れなかった問題は、どのようにしたらイギリスの影響を薄め、基本的には南ヨーロッパから大挙して押し寄せている移民を社会同化させ、それでいて隣国との違いを際立たせられるかであった。政治的議論の中心にあるのは、ガウチョ【訳注4】と世界中からやってくる《コスモポリタンな》移民という二つの極端な絵姿として描かれるアルゼンチン国家とは何かという定義だった。スペインやイタリア出身の新たなエリートたちのあいだに、そして移民たちのあいだにもサッカーが広まると、サッカーのクレオル化（混成化）が生じた。一九一三年にはアルゼンチンのチャンピオンシップを獲得したチームにはイングランド出身の選手が一人もいなかった。この事実は、アルゼンチンがまったく独自の国家になりつつあることの証しと認められた。なぜなら、勝つためにはゲームのなかで技術的にも精神的にも独特の資質、イギリス的でない資質が証明され、移民が国家の価値の体現者でありうることが示される必要があったからだ。サッカーにおけるこのイギリスに対するクレオルの勝利は、イギリススタイルとは対照的なゲームスタイル、ショートパスとドリブルとダッシュからなる「地上の」もっとゆったりとしたゲームを見せるオーストリアやハンガリーのチームがアルゼンチンを訪問した後に、アルゼンチンチームがそのスタイルのなかに自己の姿を見いだし、その原則を意欲的に取り入れたときに、すでに達成されていたと言ってよい。このゲームスタイルは一九二〇年代以降、アルゼンチンサポーターが言う「ファンタジィ」と「貴族のような優美さ」と「想像力」が作るアルゼンチンスタイルとなり、ウルグアイの「インデアン風の」荒々しいゲームスタイルやヨーロッパのチームの一般的にかなり粗野なゲームと好対照をなした。ただ、アルゼンチンのナショナルチームは一九五一年まではイングランドのナショナルチームと対戦したことがなかったので、それが果たしてイギリス流のゲームスタイルに対する優位によるものなのかはわからなかったが。このスタイル上の独立は、一九一六年の選挙で勝利した急進党の権威によって推進された。急進党は至高の権威としての国家という政治理念をもち、政治的権利の拡大と移民の政治的な取り込みを基礎にした国家の結束を図った。だが、スタイルはアイデンティティーの一つの可能な形象にすぎない。よってスポーツで敗退すれば、また政治的な紛争となれば、スタイルは練り直され、変換される。一九六〇年代には、アルゼンチンの国家のアイデンティティーはたっぷりの現実主義、言い換えれば徹底した戦術重視、それゆえの激しさ、さらには獰猛さで飾られた。その好対照ぶりは今日、二人の代表監督、美しいゲームの信奉者にして左翼思想をもった知識人メノッティと、現実主義を絵にかいたような人物ビラルドの姿【訳注5】に象徴される【原注10】。

イタリアは、また別の典型を見せてくれる。イタリアもまたクラブはイギリスの市民によって直接に、あるいはイギリスモデルにならって設立された。一九〇九年にはすでにイタリアのサッカー協会はその名を、カルチョ・フロランタンその他中世以来イタリアでおこなわれていた球技を参照してイタリアサッカー協会（イタリア・デ・ギィーコ・カルチョ協会）と変えた。ファシズムの到来（ムッソリーニの政権掌握）とともに、サッカーにおけるイタリアのアイデンティティーをどう表現するかという問題が、新しい人間【原注11】の創造を目指したスポーツ政策の一環として生じた。サッカーは、他のスポーツもそうだが、ファシスト党の権威の下にイタリア人種の優れた資質の証明のために動員された。それが、国際試合で勝ち抜くことができる強烈なクラブを作ろうとする政策への支持であった。こうしてファシズム体制下でアニェリ家はユヴェントスをその傘下に収めると、世界でもっとも優れていると見なす選手、つまりイタリア出身のブラジル人やアルゼンチン人を買い求め、イタリアサッカーを（公式には国際試合からは追放されていたが）プロフェッショナリズム時代へと導いた。イタリアは、イタリア出身や大イタリアの名の下に帰化させられたアルゼンチン人名選手を含んだチームで、二度のワールドカップ（一九三四年と一九三八年）を制覇した。そして、このような政治的流れのなかでイタリアスタイルが編み出された。イギリスの「民主主義的」スタイルにやがてイル・メトドと呼ばれるファシストスタイルを対置させる必要があったのだ。これには国際関係が作用した。イタリアは、第一次大戦の敗戦国としてスポーツの国際交流から締め出され、それゆえに外交戦略上、ムッソリーニの同盟国となっていたハンガリーとは特別の関係にあった。こうしてイタリアにやってきた多くのハンガリー人監督は、すでにアルゼンチン選手たちが身につけていた技術と知識をイタリア人選手や田舎から大工業都市に働きに来ていた若者たちに広め、磨きぬかれた戦術眼と逆襲の技をもった倹約と農民らしい荒々しさのセンス、つまりシンプルという「イタリア的な」徳目に結びついたゲームスタイル【原注12】を編み出した。

サッカーのこの歴史のなかに、政治との、とりわけ独裁政治との強烈なつながりを看て取ることができる。ここに、サッカーをすることで得られる快楽の意味、あるいはサッカー観戦時の昂揚や一体感の意味に対する疑問への回答が見つかる。そこでは国家、人民、あるいはプロレタリア階級が、その国家、人民、あるいはプロレタリア階級を具体的存在として称賛し、保持する狙いをもって表現されているのである。フランコも、ペロン【訳注6】やその他アルゼンチンの独裁者たちも、ムッソリーニも、さらにはかつての東側諸国も、ときに記念碑的な壮大なスタジアムを建設し、サッカー協会やクラブを統制し、サッカーを至高の利益に奉仕させた。今日、アフリカではサッカーは国事でもある。ナイジェリアの将軍たちやカメルーンの大臣たちは、サッカーチームの戦績や監督・コーチの働きから目を離さない。しかし、サッカーが一九二〇年代、三〇年代にもっとも大衆の人気を得ていた国は、とても全体主義国家とは言い難い国、イギリスである。一九三〇年代、イングランドの一大行事、イングランドカップは、一九三〇年のローマのオリンピック・スタジアムでの試合とも、その数年後のベルリンのオリンピック・スタジアムでの試合とも、似ても似つかないものだった。イングランドカップにも間違いなく、権力の介在も実力者の介入もあったが、そこに映し出される人間模様はローマともベルリンともまったく異なるものだった。それはとりもなおさず、人間社会のあらゆる属性は、たとえそれが参加者の流行《モード》、服装の違い、あるいは劇的に異なる二つの世界を接触させる至高の権威者へのチームの紹介《ショー》であれ、ウェンブリーでは紛争となって目に見えるかたちで現れるからである。ファシストや共産主義者の記念行事ではこうはならない。それにまた、サッカーと政治との関係を効果とか有機的なつながりという言葉で評価することは極めて難しいこともわかる。独裁国家に植え付けられたハンガリーのスタイルはイタリアの「ファシストの」ゲームを育んだが、それはアルゼンチンの国民性のむしろ現代的な像、そしてその後のソ連モデルに対する一つの抵抗様式をも育んだ。この観点からすれば、左翼の知識人にして、ゲームの純粋性と本質的に脆弱なものとしての国家のアイデンティティーという概念の名の下に現実主義を拒否するサッカーの擁護者、しかしアルゼンチンの代表監督にしてヴィデラ将軍の独裁下【訳注7】、一九七八年ワールドカップの優勝監督メノッティが置かれた状況よりも人の心をゆさぶる状況があるだろうか【原注13】。

サッカーと政治——アルゼンチンの場合

よく言われることだが、アルゼンチンはイングランドとともに、サッカーがらみで殺された人の数が非常に多い国である。その数は一九五八年以降だけで百十六人にのぼる。アルゼンチンはまた、サッカーと政治とのつながりが非常に強い国であるが、それは単に歴代の独裁政権がサッカーを活用して国家の統一感を維持したり、人々を「楽しませ」たからだけではない。一九三〇年代以来アルゼンチンのサッカークラブは、ビジネスに強く結びつき、政治システムの基礎をなしていた。実際、民主主義的な政体ができたばかり（一九一六年）で、その基盤が脆弱なこの国では、サッカークラブは政界に乗り出す一つの手段であった。サポーターはサッカーを観戦に行くだけでもクラブが好成績を収めるだけでも報酬がもらえ、またクラブの会長やその側近が所有している地方の企業などに突然雇ってもらえたりもするので、クラブの会長は選挙に際してそんなサポーターをあてにできたのだ。しかし、この相互依存システムはスペクタクルに適した異化作用や、家族や町の連帯を離れた客観視【原

注14】にはあまり好都合ではない。そのうえ、愛国的な感情が非常に根強い国なので、ペロンが政権に就いてからは特にそうだが、国際試合ともなると、日ごろは目に見えない問題が一気に吹き出し、尋常でない観客動員と興奮の絶好機となってしまう。こうしてブエノスアイレスのイギリス大使館は一九五〇年、イングランドチームのアルゼンチン訪問の中止を強く勧告した。イングランド流の男の競技は、アルゼンチン選手と観衆をまきこんだ騒ぎを引き起こしかねないとの理由だった。大使館は戦闘行為すら起きかねないとさえ言った。それはもちろん、ラテン的な荒っぽさに対する極めてイングランド的なエリート特有の見方ではあるが、アルゼンチンの観衆が試合に特別の思い入れをもっているのはまぎれもない事実である。スタンドで「砲弾」を飛ばし、レフェリーが誤った笛を吹いたとみるとフィールドに乱入する。サポーターたちは、まだ一九五〇年代の、いわゆるフーリガニズム（フーリガン活動）という言葉が珍重される以前から、互いに激しく対立した。

一九六〇年代に入ると、ヨーロッパと同じように状況は目に見えて深刻化する。各クラブのレベルで、サポーターたちは客、つまり会長の客として、さらにはクラブに出資金を納め（株を持ち）、会長が選挙に出たときに協力するソシオ（クラブ会員）として重要な役割を果たすようになった。クラブ側はサポーターの力を借りて戦績を上げようとし、サポーター側はクラブがサポーターを必要としていることをいいことにその活動をエスカレートさせるという、相互依存システムの根幹はますます強くなった。近年のアルゼンチンサッカーにおける暴力についても、古典的なライバル関係、若者のグループ間でけりをつけようとする名誉の問題、サッカービジネスの隆盛のなかで何がなんでも勝利を得ることで、プレイヤーや監督・コーチとのクラブの内部問題を決着させようとするクラブによるサポーターの利用（つまり威嚇）、それらの準制度化と言える「バラス・ブラバス（フーリガン）」グループの軍事化、などの要因が指摘されている。選挙キャンペーンをくり広げる上で決定的な役割を果たすサポーターのリーダーたちは、クラブの会長の許可一つで捻出される資金（何よりもチケットの転売、国内外の遠征費用）を受け取ったり、会長の使い走り程度のなんらかの名目をつけた職に就いたりして本物の専従職員になることもできる。それはともかく、これもよく指摘されることであるが、アルゼンチンのサッカーに結びついた暴力による犠牲者の三分の二は警察との衝突の際に生じているので、犠牲者の数の増大はサッカーがらみと言うよりは警察がらみと言うべきである。ここには、独裁国家にあっては複数政党が存在しないので、政治化はサポーターグループを含めたあらゆる形態の社会組織の充当《カセクシス》（入れ込み）として現れるというアルゼンチン独自の状況がある。一九七八年のワールドカップ（地元アルゼンチンの開催）に向けて、権力を掌握した軍事革命評議会（ジュンタ）はバラス・ブラバスとの休戦を交渉していた。時の指導者たちが映し出そうとしているイメージが暴力に汚されはしないかと恐れたからである。バラス・ブラバスは軍事革命評議会に反対する反革命ではなかったろうが、公共の秩序を乱す扇動者であるとともに、ペロン主義者、急進主義者、民族主義者などによる政治の激化の一翼を担っていた。バラス・ブラバスが総じて処罰の対象とされないのは、彼らはサポーターとして各クラブの会長の客であり、政体を支持するとともにクラブの勝利による大衆的、経済的成功をも支えていることに由来していた。警察とサポーターとの対立は、抗争を清算するための政治的意味こそもつが、非政治的な手段と見ることもできる。そしてこのような状況はそれ以来、本質的には変化していない。一九九七年がサポーター間の深刻な事件のピークを示した。カルロス・メネム政府は衝突事件の責任者を取り締り、処罰する、つまり死刑に処すよう通達した。現在のところ、人を死に至らしめた実行行為者に対する死刑判決は、果たして現在の六%を超えるかどうか定かではない。

国家と多民族

実際、サッカー問題は、サッカーが地域の社会的交流の一部をなしていたり、そのような交流を生み出していたりするので、大きいか小さいかは別にしてあらゆる違いを浮き彫りにする力をもっている。闘いで決着をつけるというサッカーの性格は偽りの友好関係を許さない、つまりファシズム体制下のイタリアチームとドイツチームの試合がどのようなものだったか、互いに何を考えていたか、公式の報告書以上のことはわからない。しかし、ポーランドとソ連の試合が少なくともポーランドのサポーターの心の底に何をもたらしたかはわかる。そのこと自体は必ずしもよいことではないが、わたしたちはつい忘れ去られた違いに注意を向けるのを避けようとするものだ。

パリとベルリンを除けば、世界中の大都市に多数のクラブが集中しているが、このことは都市の住民階級におけるアイデンティティーの多様性の反映である。カトリックでアイルランド人の労働者、プロテスタントでスコットランド人の労働者、グラスゴーのクラブ（セルティックとレンジャーズ）かリヴァプールのクラブ（リヴァプールFCとエヴァートン）の周りに集まるイングランド人、ミラノのクラブ（ACミラノとインテル）かトリノのクラブ（ユヴェントスとトリノ）の場合の田舎出身の労働者や古い都会人といった具合である。マンチェスターでは、市のクラブとしてのマンチェスターシティと、より国際性豊か《コスモポリタン》でサッカーのショービジネスに流れすぎているとみられているチーム、マンチェスター・ユナイテッドとが対抗している。至るところで都市に、さらには街区、中心部—周縁関係に自己のアイデンティティーを求める現象が見られ、クラブへの愛着を組織している。北ロンドン—南ロンドンと（コクニーが住む）東ロンドンに区分されるロンドンには十を越えるクラブ、リヴァプールには二つのクラブがあり、庶民的な街区にスタジアムが建つボカジュニオール（ブエノスアイレスのジェノヴァ人のクラブ）、バスコダガマ（リオのポルトガル人のクラブ）、あるいはフラミンゴは今日、人種にとらわれない、もっと若い観衆を引きつけるクラブとなっている。

クラブと都市をむすぶ強烈な感情的絆はトポフィリィ（場所恋着）【原注15】【訳注8】と呼ばれるものとなって表われる。スタジアム、そのスタジアムに抱く感動、座った席、それらが決して消えぬ記憶となって残る。スタジアムは共同体というテリトリー（領分）の一部であり、今日のイギリスのように経済的な変化によって脅かされていると感じれば感じるほどより愛しくなるグループが定期的にその存在を祝う場所なのである。スタジアムが近代化のための改築の対象となるか、取り壊されようとすると、皆が足を運ぶのもそのためである。スタジアムはこうして真の聖化の対象となる。サポーターは自分が死んだら、その灰をピッチに撒いてほしいとたのみ、解体されるスタジアムの破片でもほしいと言う。このような愛着はヒルズボロの悲劇【訳注9】のときにも見られた。この惨劇の翌日、リヴァプールの二つのクラブのサポーターとその家族は、リヴァプールFCのスタジアム、アンフィールド・ロードにつめかけ、花束、マフラー、ろうそく、サッカーの思い出の品々を供えた。同様の光景はシェフィールドでも見られた。

しかし、国家のなかに多民族が存在すると、話は違ってくる。イギリスでは、スコットランドとイングランドの試合が「生粋の」スコットランド人にとっては非常に重要な出来事となるが、その試合もアイルランドチームを応援したいと思っているアイルランド出のカトリックのスコットランド人には見向きもされない。カタロニア（スペイン北東部）地方やバスク地方では、クラブはカスティリヤ（州）の中央集権主義と対峙する民族としてのアイデンティティーという一面がある。しかし、バルセロナでは、エスパニョール（あるいはエスパニョル）が、バルセロナに暮らすアンダルシア人やカスティリヤ人の移住者か民族主義にさして敏感でないカタロニア人を代表し、バルサ（FCバルセロナ）はカタロニア自治権論者のパイロット・クラブである。もっとも、各クラブの選手採用を見ると、さまざまな所属基準を備えていて、民族のアイデンティティーはまちまちである。例えば、バスク地方の場合、一種の血の掟がある。アスレティック・ビルバオのようなクラブはバスク出身であることを証明できる選手しか採用しない。カタロニアの場合は、外国人である選手や監督・コーチと契約したいという意志による同意である（外国人もカタロニア語を学べば、カタロニア人になれるのと同じである）【原注16】。チェコのクラブとスロバキアのクラブのあいだに対立があるチェコスロバキアも同様である。またザグレブのクロアチア人のクラブとベオグラードのセルビア人のクラブとの対立があった旧ユーゴスラヴィア連邦の例は、周知のとおりの結果を生んだ。ベオグラードのクラブのフーリガンたちは民族浄化《エスニック・クリンジング》を働く民兵となった。

イタリアは、中央の権力が弱いために、旧来の市町村の力や労働も娯楽も一手に仕切っている大家族の影響を排除できないでいる【原注17】ので、サッカーは地域のアイデンティティーを育み、再確認する手段となっている。つまりサッカーにおいても富においても、南部に対する北部の優越とロンバルディア同盟（北部同盟）の分離主義者の誘惑をともなった田舎主義や地域主義を醸成している。

また別の文脈で見れば、「町や村」のサッカーは町村間の違いや同じ町や村の内部における政治的要素の違い、例えば第三共和政のフランスにおける「赤」と「白」【訳注10】、あるいは政教分離派の人々と教会の影響を受けている住民との違いを、スポーツを通した対立のなかに際立たせるようになっている。宗教の後援をうけたバスケットボールと共和主義者のサッカーというスポーツ同士の対立も起きているが、サッカーはときに政教分離主義者のラグビー【原注18】に反対するカトリックの後ろ盾を得ているときもある。実際、このような対立はフランス南西部およびウェールズでも、さらに後に取り上げるアメリカ合衆国でも見られる。サッカーを分析した結果を見ると、あるスポーツとあるグループを結びつけている本質的な特質をあまりに強調しすぎるアプローチは、やはり信用できない。

この町村のサッカーのあり様とサッカーの主要都市の列からパリが抜け落ちていることを見ると、わたしたちはサッカーの人気と影響力に関するもう一つ別の仮説に目を向けたくなる。サッカー文化と、社会に応じてアイデンティティーと所属が定義される際の方法との間につながりがあるという仮説である。一方では、社会階級であれ国家であれ集団は文化として定義され、個人はこの文化を、しかもこの場合豊かなサッカー文化を構成する一員として定義される。その一方で、集団や諸個人は普遍的な権利への足掛かりに対して政治的に自らを定義しようとする。そこでサッカーの意味は強烈に相対化される。ときに様相は一変する。この点については、後ほどフランスとイギリスを比較するところで触れよう。

アメリカという例外

周知のとおり、ＦＩＦＡ（国際サッカー連盟）は国連よりも多くの加盟国を抱えた組織である。ＦＩＦＡは新しい国家にとって国際関係を築く手段でもある。とは言ってもサッカーはどこの国でも同じ重みをもっているわけではない。これも周知のことであるが、スタジアムの観客数を見れば、今日そして昔からもイタリアやイギリスに比べてその情熱がずっと穏やかとみなされるフランスは、むしろ例外である。そして例外と言えば、「もう一つのアメリカという例外主義」【原注19】がある。

アメリカが例外となったいくつかの要素を挙げてみよう。まず何よりも、アメリカのサッカーの拒否は植民地という過去の拒否である。アメリカにとって、その他の国々とは逆に、イングランドは近代性の見本ではなく、そこから自らを解放することができた圧制の見本である。このため、サッカーは世界の隅々まで広まるとき、すでに形式・ルールが整えられ、アメリカ社会に影響力をもっていて、同様の教育的効果が期待されていたいろいろなスポーツとの競合にさらされた。余談ながら、サッカーの人気を生み出しているものは何かを理解しようとするとき、すでに非常に大衆的人気のあるスポーツは、それが習慣となっているからか、教育課程に組み込まれているからか、経済の一部門になっていてあらゆるメディアの注目を浴びているからかはともかく、それ以外のスポーツにあまり余地を残さないものであることを認めざるを得ない。同様に、サッカーのルールがシンプルであるとの主張も検討を要する。確かにベースボールはルールが複雑ではあるが、ベースボールやサッカーに要するグラウンドはそう簡単には作れないからだ。ルールを説明するには平明であると同時に練り上げられてもいなければならないのだ。

かくして、フットボール・アソシエイション（つまり、サッカー）が世界中に広まってゆくとき、アメリカにはアメリカンフットボールがすでに存在した。それゆえ、フットボール（と呼ばれるサッカー）は「サッカー」と呼ばざるを得なかったのだ。そして事実、サッカーとラグビーはすでに排除されていた。サッカーもラグビーも十九世紀中頃のアメリカの初期の大学でおこなわれていたが、一八九六年にルールが整備・成文化された、（その支持者たちの言によれば）よりエキサイティングでもっと男っぽい、（歴史家や社会学者によれば【原注20】）アメリカのアイデンティティーの非常に強烈な特徴を表わすように見える一スポーツ、アメリカンフットボールのために姿を消してしまった。このスポーツは、さまざまなポジションの徹底した専門化、競技の各局面ごとに強調される数量化、したがってプレイヤー一人ひとりを評価する可能性をもったテーラー・システム【訳注11】によって組み立てられているスポーツである。これはまた、一九二〇年代までは基本的に大学生のスポーツとして、エリートを養成するための社会進化論の原則、つまり世紀転換期の支配的なイデオロギーの安易な解読でもあった。プロ化以降は、そしてプロ化によってアメリカ中西部や西部に広まってからは、肉体的挑戦がアメリカの個人の特性たるフロンティア（開拓者）精神をより良く表明できるスポーツとなった。そして、アメリカのアイデンティティーの希求は、ベースボールが錬成されてゆくなかでよりはっきりと目に見えるようになる。初めからプロ化されていたクリケット【訳注12】に対抗して、アメリカンフットボールと同じテーラー流の原則を用いて一八四〇年頃に整備されたベースボールは、イギリス的な過去と移民の殺到を警戒する国家のアイデンティティーの構成要素である。ここにはネイティヴィズム（土着文化保護主義）、つまりアメリカの特殊性を証明しようとする意志が、もう一つのアメリカという例外、つまり労働運動の欠如と社会の基礎を壊しはしないかという恐れに対する警戒心に結びついている。実際、世紀転換期および一九二〇―三〇年代には、スポーツが大きな地位を占めている社会における労働運動の活動家たちは、自らがヨーロッパ出身であるために、またイデオロギー的な原則のために、イタリアやアイルランドの移民同様に、サッカーをその他のアメリカのスポーツと対抗させようとする傾向があった。そのため、ベースボールやアメリカンフットボールのような非常に組織化されたプロのスポーツが移民たちに自らの誠実さを示し、アメリカの夢を手に入れるための手段を提供してくれる限りにおいて、サッカーの非アメリカ的な性格【原注21】、つまり安易な勝利に対する「闘争」の様相を帯びていたのである。リオデジャネイロやラゴスやリヴァプールではサッカーを通して貧民街から抜け出そうとするが、アメリカではアメリカンフットボールを、あるいは今日ではバスケットボールを通して貧民街を抜け出そうとするのだ。

それでも、もしサッカーが一九七〇年代までメキシコ系かヨーロッパ系の大衆のあいだに細々とでも存在していたら、当時、メジャーなスポーツに比肩しうるサッカーリーグを作る試みは、さまざまな資金協力も得て、またその後一九九四年のワールドカップ・アメリカ大会での観客動員も見込まれたのであるから、別の展開を映し出していたはずである。そこには、アメリカ国内のメディア市場をめぐる、あるいはアメリカの各スポンサーの世界的な巨大市場をめぐる闘いのお定まりの一面もあった。しかし、ここ二十年間に関しては、アメリカのサッカーの社会的特徴を強調しておく必要がある。それは、一九九五年には【原注22】サッカーが十二歳未満の子どもの第二のスポーツとなったこと（その数はバスケットボールの九七〇万人に対し、サッカーの七七〇万人）である。サッカー競技人口は一八〇〇万人で、そのうち七〇％が十八歳未満である。さらに注目すべきは、サッカー競技人口の四〇％は女性で、この数はアメリカンフットボールの女性競技人口の記録を凌いだこと、そしてサッカー競技人口の八〇％が「白人」であることである。つまりサッカーは、他のメジャーなスポーツと同じと思われているが、数字だけで言えば、中・高校生や大学生の新しいスポーツで、これらの社会的特徴が普及を力ないものにしているのである。よく言われるように、アメリカサッカーは少数の人たちのスポーツではあるが、決して少数集団《マイノリティ》のスポーツではない。イタリア人もポーランド人もハイチ人もサッカーをするが、アフリカ系アメリカ人はあまりやらない。サッカーをもっとも多くするのは大都市近郊の新中流階層で、彼らにとってサッカーとは、解説者がよく指摘するように、トスカーナのヴァージン・オリーブオイルとともに、社会的地位の一つの要素なのである。実際、サッカーはアメリカの都市の新たな社会地理学とぴったり合っている。危険なインナー・シティ（スラム化した都心部）とは対照的な、新たな社会的交流を発展させている郊外のスポーツである。皆がより共生的な、商業主義的でない形で参加できる家族的なスポーツである（郊外にはサッカー場が作られている）。サッカーはより経済的なスポーツで、さして暴力的でなく専門的でないために、またより健全で、豊かな生活と健康の維持にも役に立つので、より教育的と見られているスポーツである。アメリカにおける都市の発展を特徴づけている空間的な、それゆえに社会的で文化的な隔離を極めて強烈に表わしているサッカーの伝播は、問題を孕みながらも、今のところはサッカーの主要な愛好者たちは問題があるとは見ていない。

人種問題なのか

こうしてアメリカの例を取り上げてみると、サッカーと文化的な特殊性の明確化過程とのつながり、と同時に社会への同化過程とのつながりに関する先の疑問のいくつかに、もう一度立ち返る必要が生じてくる。一方では、あるジャンルへの所属と、サッカーを観戦したり実際にサッカーをしたりする趣味とのあいだにあるつながりについて考えてみる必要がある。アメリカのサッカーは女性競技者が特に増えているだけでなく、アメリカの女子代表チームは世界最強の代表チームの一つであるからだ【訳注13】。他方、アメリカサッカーの例は、サッカーにおける人種関係の問題を真正面から呈示している。問題は複雑で、いくつかの見方に整理できる【原注23】が、まずはこの点から始めよう。

サッカーと人種問題とのあいだには強いつながりが存在する。十九世紀におけるサッカーの誕生は、人種に関する言説がプレグナント（一定の型があって単純）で、スポーツの目的は人種の改良にあるとされ、やがてファシズム体制下ではドイツやイタリアの人種が盛んに称揚されるという歴史的な流れに洗われている。南アフリカ共和国では、体制化された人種差別主義の影響で、アフリカーナー（南アフリカ共和国のオランダ系白人）がラグビーを国技としたため、サッカーが黒人や混血に残された。人種差別主義者の言説の表明の一つが、それぞれの人種には人種特有の資質が植え付けられているというものだ。イギリスでは、イギリス人監督が黒人選手は肉体的にも（「冬はすごせない」）、精神的にも（「粘り強さがない」）、技術的にも（「あまりに個人主義的すぎる」）、本物のプロになるために必要な特質に欠けると普段から考えていると発言する事件が何件も起こった。反対に、つい何年か前からはハンガリーの選手、今日ではアフリカの選手の遺伝子に住みついている機略とファンタジィの特質が言われている。しかし、アフリカ人やジャマイカ人の選手たち、さらにはアジア人の選手たちが、フランスにおけるその重要さに比べれば、イングランドのチャンピオンシップや各国の代表チームのなかで占めている弱い立場はどう説明したらいいのだろうか。やはり人種差別主義や偏見があるという見方は脇に退けておくわけにはゆかない。高いレベルでプレイをするとき、アフリカやマグレブ（北西アフリカ）の選手には間違いなく越えなければならない障害以上のものがある。いわゆる人種の特質は参照しないという、国のゲームスタイルに応じた選手選考の論理では、キックアンドラッシュのサッカーをするのに、キングストン（ジャマイカの首都）やアクラ（ガーナ共和国の首都）の急ごしらえの荒れたグラウンドで培った能力はなかなか認められない。しかし社会的昇進の足掛かりにされているという一面もある。イギリスではインド人やパキスタン人のなかには、さまざまな免状を取得したり、クリケットのようなブルジョワのスポーツを身につけたりすることを目的としている選手もいる。同様に、社会的、文化的所属によっては各種の免状に与えられる価値はサッカーにますます力を注がせたり、サッカーを避けさせたりもする。フランスのクラブチームにおけるポーランド人、イタリア人、スペイン人の移民の子どもたちの存在は、フランス共和国への社会統合（同化）という徳目をもって、あるいは一般的には労働市場が（有意義な仕事はどこにあるのか、その仕事はどれほどの代価を得られるのか）、ここではスポーツ労働市場が介在するより巧妙な仕組みをもって、果たして説明がつくのだろうか。そして雇ってくれるサッカークラブはどこにあるのか。外国人の選手枠がすでにあるではないか。選手の養成計画の中身はどんなだろうか……。

ブラジルがこれらの疑問の格好の例証を、やはり回答は得られないのだが【原注24】、示してくれる。当初、ブラジルサッカーは白人のスポーツだった。つまり上流社会のスポーツ、基本的にはリオデジャネイロのスポーツで、アルゼンチンでもそうであるようにイギリス的なスポーツだった。黒人のプレイヤーたちは、まだプロ化という言葉もないのに「プロ化」されたサッカーチームが結成されると、企業に雇われるか、ねぐらと食べ物が与えられてサッカー選手となった。一九三〇年以前、黒人選手問題とはまず何よりも黒人であること、つまりクラブへの出入りを禁じるクラブがあったこと、さらには「感情的に不安定」と見なされ、いずれにせよほとんどプロだと見なされたことである。そしてクラブに買われた白人のブラジル人選手がイタリアへ行くようになると、ブラジルの状況は一変した。クラブと代表チームは黒人選手にも混血の選手にも門戸を開いた。ペレやガリンシャのような選手を擁したブラジルスタイル、つまりフットボル・アルト（芸術サッカー）と言われる新しいスタイルを事実上認めさせたわけである。このスタイルはファベラ（スラム街）の荒れたグラウンドでの遊びの産物なのか。ダンスかカポエイラ【訳注14】のような極めて舞踊に近い格闘技を通したアフリカ文化の産物なのか。それとも一九三〇年代にはイングランドモデルに取って代わったアルゼンチンモデルとは異なるゲームスタイルを編み出そうとする意志の産物なのか。確かなことは、一九三〇年代以降、多人種のブラジルチームは有色人種の社会進出に寄与し、人種差別の存在しないブラジルというイメージ作りに貢献したことである。しかし、社会の動きは反転することもある。アルゼンチンでもそうであったように、あまりに職人的でそれゆえあまりに黒人が多いチームによる敗北は型どおりの揺れ戻しを招き、ヨーロッパ的な価値を重視することでしか得られない結果重視のサッカー《フットボル・デ・レジュルタドス》が求められた。黒人や混血の選手たちがそんな現実主義的なサッカーを完璧に黙々とこなすなか、ジーコのような白人選手がフットボル・アルトを完璧にやってのけることは人種に基づく推論の安易さを示していた。

男の事柄か

アメリカのような例外はさておき、サッカーは男性のするものである。しかし、スタジアムに足を運ぶ女性観客も、サッカーをする女性もごくわずかであるが、いる。イギリスでは女性のサッカー競技人口はサッカーに熱中する大人の三%である。フランスではスタジアムに占める女性観客はまれに一〇%を越え、イタリアでは一〇〜一五%、イギリスではしばしば一〇%以下という数字が上がる。ということはサッカーは、男性の領域と女性の領域とに分割されているわけである。

どこの国でも、初めてサッカーを見に行くことは、小学校の校庭で初めてサッカーをするのとまったく同様に、男の世界への登場を意味する。サッカーをすることは、カフェやパブに通ったり、路上の遊びに顔を出したりするのと同様に、そしてより一般的には公共の場でのあらゆる形態の社会的交流も含めて、若い男たちの教育の一部をなしている。サッカーはそこで男の社会的地位が試される絵模様の一つである。そこで男は、人から一目《いちもく》置かれる術を学び【原注25】、苦痛に身をさらし、努力を重ね、ゲームや他のサポーターと対面するときには挑戦を受けて立つ。しかし、それは単に女性たちを離れて「男だけで」いるからでもある。敵をやじり倒す言葉は女らしさや子どもっぽさをめぐるものが多い。アルゼンチンではサン・ロレンツォのチームのサポーターに向かって、こう歌う。「サン・ロレンツォの有名なチームに／スタジアムもない／降格だ／今じゃ、スーパーしかない／日曜ごとに買い物に行くしかない」【原注26】。

日曜日に買い物に行くのは女か子どもだからだ。同様に、へたなプレイヤーには「帰って、ビー玉で遊んでなー」とやじが飛ぶ。反対に応援しているチームの選手を讃える歌は選手たちの男らしさを強調する。数年前、ビルバオではアスレティック・ビルバオのゴールキーパーへの賛辞をこう歌った、「イカスぜ、イリバル／イカスぜ、イリバル／イリバルなら、たまらないぞ」。あるいはまた、敵の選手やサポーターを同性愛者とからかう。性的側面をやたらと軽蔑するのは南アメリカで非常に顕著になっている。イギリスやフランスでは「ホモ」とか「おかま」とか月並みな言葉ですんでいる。また、もっと婉曲な言い方で、さまざまな国のゲームスタイルが際立たせられる。「アルゼンチンでは、確かにダイレクトな技や接触が好まれる。そう、いささか飽き飽きするね。しかし少なくとも、イングランドの選手たちはピッチを駆けずり回る地上戦ばかりではないし、イタリア人やフランス人のように芝居がかったまねばかりしてはいない」とイングランドの観客なら言うだろう。サッカー選手は、未来の労働者と同様に、男性の名誉と名声を守ってくれ、それによって暴力的でなければならない状況を回避してくれる男性的な価値を明示しなければならない【原注27】。

このような男文化の顕示は、十九世紀に農村の文明から都市の文明へと移ってゆく社会で見られた。つまり、男らしさを証明してくれる伝統的な娯楽はサッカーへと、あるいはラグビーへと変わり、また村や町の広場から都市の街角へと移っていったのである。庶民のあいだでは、若い男たちは街角文化の決まりを習う。すこし年長ともなると、娘たちが買い物に行ったり、家事の手伝いをしたりするのを横目に、男たちはパブやカフェに足繁く通い、毎週土曜の午後と日曜日にはサッカーグラウンドへ向かう。そこで男たちは人生で成功する術を教えてくれる学校よりも、自分たちの肉体的な力やグループの「なんとかする」方策や連帯にたよることを学び、敵対するグループとの対決となれば、けんかやスポーツでの勝負で自らの男らしさを示すのである。中産階級では、街角は正常な教育の場ではなく、感動に対する抑制もより強いために、男と女の役割分担は動かしがたい決まりで、家族の名誉も男の社会的成功に基礎を置いている。サッカーは確かに、社会的成功を思わせるなんらかの良いイメージを提供してくれはするが、N・エリアスが言うように、試合ともなると「感動の抑制されてはいても暴発を呼ぶ」競技なのである。この観点から、あらゆる社会階級はサッカーのなかに社会における自らの位置の表象を見いだし、その位置を保持したり社会的位階制度の階梯を昇ったりする方法についての教訓を引き出すことができる。この伝統的な男性教育はサッカーにおいてなされる受容と、サッカーを男性性の価値の表現の場、つまり攻撃性と勝負、ときには暴力までもが日常的に発生する場と見る方法を手ほどきしてくれる。それゆえ、継続的かつ反転不能に断片化されているような女性の宿命とは異なり、「男性の宿命は、永久に完遂されないものと見なされており、定期的に証明され試練にかけられなければならない」【原注28】と認めるとすれば、サッカーの試合に出ることなど、男の数々の活動のなかに常に稼働している挑戦の論理は、たとえその挑戦が象徴的なものであろうとも現実のものであろうとも、男性のアイデンティティーの脆弱性あるいは脆弱化の表明として理解することができる。

しかし、このことは果たしてサッカーの肝要な特徴なのだろうか。これはアメリカの例外とは反する。同様に、イギリスにサッカーの草創期に女性観客がいたことも、第一次大戦中や一九二〇年代には女性の競技者がいた（五万人近い観客が集まった試合もあった）ことも、さらには一九七〇年代以降の女性のサッカーへの回帰、スタジアムにおける女性の数の著しい増加、とりわけ一九九〇年代始めからのイングランドでの増加とも反する。それゆえ、むしろ男性と女性の関係の進化を思わせる仮説や、社会階級や社会に応じたそれらのバリエーションを考える必要がある。女子サッカーはときに、男女平等化運動がより進んでいるスカンジナヴィア諸国が強い。アメリカサッカーは、男性と女性の社会的地位の接近効果が、たとえそれが学問研究のためであれ、アメリカに支配的な（とりわけ行動的フェミニズム運動の影響をうけた）価値のためであれ、多かれ少なかれ困難な交渉の形式よりも自然な分離の形式をとって現れる傾向【原注29】がある中産階級のスポーツである。しかし、この形式は、役割分離が単に引き移されているだけではなく、多くの記事にも見られるようにスタンドに女性専用席を設けよとか、女性を排除するなという要求を通して、サッカー独自の、スタンドの公の空間を占める権利を介した新たな集団的アイデンティティーの構成にも貢献しているのである【原注30】。

一般的には、サッカーの場合、女性の不在はおそらくは、庶民階級における（サッカーの価値は互いに極めて似通っている）男らしさの価値に関する支配的な図式と、男女間の平等の形式の、とりわけ女性性と表現の場と時を女性に譲歩することを求められる男のアイデンティティーの脆弱性とに関する男女両性間のある種の合意の存在形式の（アングロ・サクソンやスカンジナヴィア諸国の様式に比べれば）、極めて異なった管理の結果である。しかし、サッカーを愛する権利の単なる表明やサッカーの儲けのでるスペクタクル（見世物）や経済活動への変形はまた、このサッカーの基本的に男性的なイメージの変形にも力を貸すものである。市場の拡大理論からすれば、男性だけをスタジアムに呼んだり、テレビの前に引きつけたりするだけでは満足できない。女性誌や女性の読者に影響力をもつ雑誌をぱらぱらめくると、女性たちがサッカー発展のターゲットとなりつつあることがわかる。そのことがスタジアムにおける女性観客の目に見える増加となるか、さらには発展するとして、各国ごとにどのように発展するかを知るためには、もう少し待たねばならないようだ。

ゲーム――不確かな群衆

こうして概観してみると、明らかにサッカーは罪のない快楽とはほど遠いものである。まさにサッカーにはそれぞれのチームとそのゲームスタイルに象徴される世界観の闘争という問題があり、しかもこの世界観の対立はグラウンドでも、さらには少なくとも象徴的にはチームは集団の特質の産物と受け止められているので、観客同士でも起きる。このような理由で、サッカーには所属感と所属願望をかきたて、それを目に見えるようにする力がある。

しかし、国家も、社会階級も、都市も、決して「国家や社会階級や都市が、そこに参加している人々に形作らせたり感じさせたりするあらゆるもののなかで均質に作用できる」【原注31】均質の実体を形成しなかったことを考えてみることもできる。例えば、ゲームスタイルは地域のアイデンティティーの表現であるとの解釈を、つまり先にユヴェントス、ナポリ、リヴァプールそれぞれのゲームスタイルに言及した際に考えたことを、あまりに文字どおりに受け取るとすると、それは良からぬ誘惑というものである。それらのゲームスタイルが練り上げられた方法の問題、とりわけこれらのスタイルに対して表現されるあらゆる形態の距離のとり方についてては触れないでおくとしても、である。また、宗教との類比を利用しようとすることも良からぬ誘惑なのである。一例を挙げれば、クリスティアン・ブロンベルジェとアラン・エランブール【原注32】がまさに、サッカーを宗教と同一視することはどの点で困難であるかを見事に示している。確かに、時間や身振りの組織化、専門家団体（レフェリー、プレイヤー）の存在、大スターの神格化と聖人や神々の寵を得ようとするプレイヤーやサポーターのちょっとした仕草のなかには多くの儀礼的な行為が指摘できる。しかし同時に、「本物の」宗教こそが内容と保証を提供してくれるのであるから、そこには超越性と自己充足が欠けている。一般的には、このようなサッカーと社会とのつながりの有機的な表象に較べれば、チームやそのサッカーに対する情熱の大きさに合わせてサポーターが表明するあらゆる落胆の声や不信の念の方にはあまり目を奪われすぎてはならないのである。ゲームであるという事実、そんなようなものであると認められているという事実が重要なのである。それが、政治的な価値や宗教的な価値を疑う傾向があるように、サッカーへの自らの充当《カセクシス》を抑制したり、サッカーに距離を置いたりする方法になっているのである。

本書の第二部ではサッカーの不可欠な一部となっている自己投入《アンガージュマン》と暴力の局面について考察するが、

その前に、天使のように好意的な解釈や極度に悲観的な見方に距離を保つために、「感動の共同体」と見なされているこのスポーツの人や集団を融合させる性格をいま少し検討してみよう。

人をグループ（小集団）や群衆にして動かすからといって、サッカーがスタジアムを埋めた大衆に均一の作用を及ぼしているなどと考えてはならない。スタジアムへ足を運び、目のまえでくり広げられるドラマを見つめるのは、大衆ではなく、試合の行方やチームの運命に自分たちの特質や社会的軌跡を読み取る諸個人と社会グループだからである。先にサッカーについていくつか挙げた特性は、ある社会グループだけに限った特性を形成したりはしない。つまりサッカーのルールはプレイヤーによっても、監督・コーチによっても、観客によっても解釈される。ゲームスタイルやグラウンドで発揮される特質の多様性のなかで、サッカーは社会のあらゆるグループに自らが信じる価値を確認する機会を与える。サッカーは、こうして想像の領域を定義する。すなわちプレイヤーやゲームスタイルによって象徴される社会の成員が出会い、語りあいたいと思う方法を定義する。サッカーは、サポーター一人ひとりが社会的、イデオロギー的分裂を越えて自分のチームの勝利を願う、合意で成り立っている場である。しかし、そこは衝突の場、より正確にはさまざまな紛争がつまった場でもある。誰一人、たとえ同じチームのサポーターであっても、同じ方法でサッカーを見ないし、一つひとつの試合がさまざまな世界観を対立させる。

プレイヤーとその特質がこれら想像的なるものの第一の標的となる。チームのなかでプレイヤーはさまざまな評価を下される。皆から高い評価をもらう者もいれば嫌われる者もいる。観衆の一部から愛されても、他の一部からは愛されないプレイヤーもいる。オリンピック・マルセイユやトリノのユヴェントスの分析【原注33】のなかで、庶民階級の観客は「芸術的な」プレイヤーよりも「ユニフォームをどろんこにする」プレイヤーを、中・上流階級の観客に評価される、高い金を払って獲得したスターよりもクラブのなかでキャリアを一つひとつ積み上げたプレイヤーを好むことが指摘されている。ル・アーブルではコップ（ゴール裏の観客席）に集まる若いサポーターたちはクラブの育成センター出身の若いプレイヤーを好み、「わしらの若かったころの」プレイヤーばかりを偶像視する「ロートルの」サポーターたちといつも対立する。このことは、ファンクラブの興味深い現象にもよく現れている。サポーターは模範とされているプレイヤー、クラブはえぬきの者か「天才的な」、集団よりも個人の価値を重視するプレイヤーの周りに集まる。パリ・サンジェルマンがゲームをするパルク・デ・プランスでは、アフリカやポルトガルからの移民は、アフリカやブラジルから来た外国人プレイヤーを殊に好む。イギリスでは一般に荒仕事をするとみなされるプレイヤーが高く評価されるが、より芸術的なプレイヤーはときに集団作業の自分の受け持ちを果たしていないとか、「お上品ぶっている」とか批判されたり、議論の的となったりする。ナポリでは、マラドーナが愛されたが、それはマラドーナがブエノスアイレスの貧民街の出で、運命や世間の強者《もさ》たちと対峙するのに悪知恵を働かせることが好きなナポリの庶民のイメージに似て悪賢かったからである。

つまり、プレイヤーの誰それに対して抱く感情を通して、人はそのように機能している社会の、あるいは機能しているはずの社会のイメージを描くからである。どのようにして、このことを労働や社会的成功の表象と照応させているかははっきりしている。例えば、若いサポーターは若いプレイヤーを支援する。若い選手にはチャンスを与えてやらねばならないと考え、またチームを自然と一つの組《バンド》(若者仲間)のように思っているからだ。教員はチームを一つのクラスとして見つめたがる。「成長する」生徒や「助言に耳を傾ける」生徒が好きだからだ。外国出身のサポーターはチームに「うまく適応できた」プレイヤーを話題にし、反対に全然溶け込めないプレイヤーには見向きもしない。インテリのサポーターはゲームの組み立てやゲームでの目立ち方で知的なところを見せるプレイヤー、つまりインタビューでプロの選手たちの動きを冷静にとらえ、個人的な意見を言い、サッカーに対する批評を披瀝できるプレイヤーを特に好む。企業主はチームを「稼ぎ手」から構成される一つの企業と見たがる。

サッカー観戦の仕方でも、さまざまな違いがある。まず何よりも重要な違いは、サッカーをテレビで観戦する人々とスタジアムまで足を運ぶ人々との違いである。それはチームへの自己投入の度合いやチームとの関係となって現れる。次が、クラブのカラーをこれみよがしに身につけ、ラッパを吹き鳴らし、振りや踊りに参加し、歌い、口笛を吹き、試練のあいだはずっと立っている人々と、座ったままで、技術的な解説などを交換しあい、試合の展開にさして動じないでいる人々との違いで、両者は対立する。この対立はここでは試合中に「融合するいくつものグループ」と横にずらりと並んだ個人の列とのあいだで発生する。このことが今日、サポーター同士の違い、一九六〇、七〇年代以降に明らかになった腑分け、普通のサポーターとウルトラ・サポーターとなって現れている。これらの観戦時の意思表示の違いはまた、スタジアムの空間の占め方でも際立っている。それゆえ、サッカーの試合は「社会的諸関係を表わす劇場化」であると言える。

ところで、スタジアムの観衆の全体的な統計調査なぞ、どこの国にもないが、いろいろな世論調査や民族学的な調査に際しておこなわれた小規模の計量的な調査などから集めた資料なら使える。そのような資料を信じるかぎりでは、フランスでは、スタジアムにはあらゆる社会階層が表現されていて、都市のサッカースタジアムはその都市の社会学的構成の反映であると言える。労働者の都市は大多数が労働者で占められる観衆を集め、中・上流階級はまずスタジアムには来ない。パリでは、特に市内と第三次産業を主とする地域では、中・上流階級の観客が占める割合はランス【訳注15】よりも大きいが、パリ圏全体では庶民階級（労働者とホワイトカラー）のほうが多い【原注34】。同様にイギリスでは、歴史家や社会学者によれば、スタジアムの観客は大部分が熟練労働者の階級と下層中流階級《ロウアー・ミドル・クラス》（六五％）に属しており、もっとも少ないのは非熟練労働者の階級（二四％）に属している【原注35】。最近は中産階級に属する観客が明らかに増加している。イタリアでは各種の世論調査によれば、観客の構成は中産階級が五一・八％、庶民階級が三三・七％である【原注36】。いくつかの調査結果によれば、スペインは例外として、一般的にスタジアムの観衆は都市の平均年齢よりも若い。

　しかし、サッカースタジアムの観衆の地理は都市の社会的多様性を具象化している。スタジアムはどこでも、観客はその年齢、社会的地位によって各スタンドのブロック（区画）に分かれている。あるいは集団生活の初期の形態を教えてくれるが、社会的つながりや家族的なつながり、社会的交流や社会的運命の形態も見せてくれるこのスポーツへの忠節の程度によって振り分けられている。

　パリのパルク・デ・プランスでは、メインスタンドとその周りにもっとも大きな社会的成功を表象する人々とクラブの経営者に近い人々、つまり政治家、ショービジネスやメディアの関係者、上流階級を代表する人々が集まる。ボックス席は大企業やスポンサーとその顧客のために予約されている。

その正面、バックスタンドには商・工業のトップや芸術家が並ぶ。どちらのスタンドもヴィラージュ（ゴール裏）に近づくにつれて、観客は庶民的になる。ここでまた、例えばスペインやポルトガル出身の観客に出会う。ヴィラージュまで行くと、観客は際立って若くなる。オートゥイユ側では若者たちが西インド諸島やアフリカやマグレブの出身者がより多くなる、もっとも庶民的な観客と肩を並べている。反対側のエンド、コップと呼ばれるブーローニュ側のヴィラージュは基本的に十六〜三十歳の若者たちに占められている。ここには移民はいない。

マルセイユでは、一時期、街区《まち》ごとに分けられた上に、社会階級や年齢によっても振り分けられた。北ヴィラージュはもっとも庶民的な地区、北部の街区に住む若いサポーターたちで占められ、南ヴィラージュはもう少し年のいった、「ブルーカラー」よりは「ホワイトカラー」の多い、南の街区やマルセイユ郊外の住民によって占められた。ル・アーブルでは、メインスタンドは例によって、地域の権威者たちのスタンドであるが、バックスタンドはル・アーブルの古くからの街区、海寄りの町に住むもっとも古くからのサポーターが占める。両サイドのヴィラージュには若者とどちらかと言えば新街区、山寄りの町に住む観客とで占められる。どこのスタジアムでも、職業によって腑分けできるグループがそれぞれ小さな空間を占めているのを見いだせる。マルセイユやル・アーブルなら港湾労働者《ドック》の一画、郡役場の職員の一画、パルク・デ・プランスならサンティエ街の商売人たち、ル・アーブルやランスのなんとかいうカフェの常連たち、スキンヘッドたち、などなど。今日、パルク・デ・プランスのようなスタジアムには、スポンサー用やクラブ幹部の招待客用の一画まである。スタンドでこのような席を占めることは燦然たるサポーター歴を示すことになる。父親に連れられて、初めてスタジアムに来たときは、並んで座る。あるいはクラブの幹部に招かれたときは、スタンドの予約席に座る。次は、もしゲームがおもしろいと思って町や中学校《コレージュ》の仲間たちと一緒にスタジアムに来ていれば、真っすぐにヴィラージュの一方に行くか、正統的なサポーター活動の場か、「羽目をはずす」場とされている区画に行く。その後、社会的軌跡にしたがって、スタンドのどこそこの一画を占め、やがてシーズンチケットを手に入れるか、それとも子どもができるか、しっかりした生活基盤を整えるまでは、二度とスタジアムには足を運ばなくなる。

サポーター文化

ヴィラージュに言及することは、一九六〇年代以降のサポーター文化、つまりその儀式、組織形態、意志表明を含めたサポーター活動様式の出現について述べることである。ビッグゲームにはスタジアムは満杯になる。しかし、何も大きなものが賭かっていない通常のゲームでは、ヴィラージュだけが事実上一杯で、スタンドはがら空きである。サポーター（イギリスやフランス）、クーテン・ファン（ドイツ）、サイダーズ（ベルギー）、ティフォージ（イタリア）、ウルトラ（イタリアやスペインやフランス）が集まるのは、ヴィラージュ（エンド）である。こうして、ヴィラージュから歌や花火が飛び出す。ときにイタリアのように、百メートル近い巨大な横断幕が掲げられるのもここである。やはりイタリアで、例えばフロランスでは参加者たちが揺らす紙のボードで、都市の記念建造物やクラブの紋章を絵にしてみせる。イングランドでは、両サイドのエンドは最後に人で一杯になるが、フランスやイタリアでは試合開始の数時間前から一杯である。スペクタクルを組織するためである。それゆえサポーターとは雰囲気作りをする人、クラブを支援するために時間とお金を大いに投資する忠実な人、ゲーム結果に左右されない忠節の士である。サポーターは、蔑《さげす》みをこめて観客と呼ぶ人々を、冷めていて移り気でチームのために必死になることもなければ、なぜチームを応援しているかもわかっていないと非難する。反対に「観客」やクラブの幹部、警察にとっては、「サポーター」とはいっても、フーリガニズム(フーリガン活動)に取りこまれるだけか、両サイドのヴィラージュから人種差別的なスローガンを叫ぶか、他のサポーターに攻撃をしかけるかして過激な行為におよび、サッカーやクラブの評判を落とすだけなので、「自称サポーター」にすぎない。

この観客とサポーターの断絶はまだ最近のことである。この断絶は、一九六〇年代のイギリスに始まり、その後一九七〇、八〇年代にヨーロッパ全域に広まった若者たちの自己主張のあおりを受けて導入された、スタジアムの年齢別ブロック分けにさかのぼる。サポーター活動が現在目にするようなスペクタクルな形態をとるようになったのもこの頃で、一九七〇年代には友好的なものも敵対的なものも、ヨーロッパの異なるチームのサポーター同士の接触が一層激しくなった。そしてサポーター活動はますますゲームの展開とは無関係になってゆく。それぞれが独自の組織形態をもち、争いがサポーター同士のあいだで、つまりゲームの勝敗と並行する形で形成されるので、ますます無関係になってゆくのである。

サポーター活動には二つのモデルがある。イギリスモデルとイタリアモデルである。イギリスモデルでは、サポーターはクラブのバッヂ(徽章)、たいていはさらにマフラーと帽子を身につける。サポーターは「攻めろ、攻めろ」と声を張り上げ、FCリヴァプールのサポーターなら「ユール・ネバー・ウォーク・アロン」のような応援歌を歌って、チームを応援する。イタリアモデルはもっと組織されていて、スペクタクル的である。サポーターは一方では、社会的に落ち着いた大人たちで構成されたリスペクタブルな（尊敬に値する）サポーター団体と対立している。サッカークラブはそれぞれ数百のサポーターの任意団体を擁している。トリノのユヴェントスやミラノのACミランのようなビッグクラブのサポーター団体は一千を越える。一般的にサポーター団体は地域を拠点に、つまり都市とその周辺で会員を募集しているが、ビッグクラブは国際的に会員を集めている。例えば非常に大きな試合となると、ベルギーに住んでいるユヴェントスのサポーターは団体旅行を組織して、チームの応援にやってくる。スペインやフランスではFCバルセロナ、レアル・マドリー、アスレティック・ビルバオやオリンピック・マルセイユ、サンテティエンヌなどのクラブで同じことが起きる。これらの国内外にわたる組織網は、（パリにいる地方出身者やヨーロッパ北部にいるイタリア人移民の）民族大移動のような動きや、サッカーの愛好家たちにとっては伝説的なクラブによっておこなわれるアトラクションに支えられている。会員の募集は同じ街区、同じ町や村、あるいは同じ企業への所属を基にしている。その一方で、もっと若い、もっと反抗的な、それでいて大きな団体に組織されているウルトラ・サポーターがいる。ACミランでメンバーを募集しているのは、もっともよく組織されたブリガート・ロソネレ（赤と黒の旅団、赤と黒はクラブカラー）やフォッサ・デル・レオーニ（ライオンの穴）で、非常にエキサイティングな雰囲気を作って、敵チームに強烈なプレッシャーをかける。

国によってその度合いは異なっても、こうしてサポーター市場は発展してきた。もちろん週刊や月刊の独自の情報誌ももっている。さらにビッグクラブはみな、バッヂやユニフォーム、マフラー、その他さまざまなグッズを販売する「サポーター・ショップ」を所有している。サポーター団体自身もまた自分たちなりのグッズ（独自のバッヂ、独自のマフラー）を作ったり、遠征のための旅行サービスを提案したり、自分たちの武勲をビデオやファンジン（ファンが製作した手作りの小情報誌）にまとめて売ったりもしている。サポーター団体同士はこうして互いに競いあいながら、新たなメンバーを獲得したり、新たな製品を提案したりしている。

これら戦闘的なサポーターはそれゆえに、「観客」と対立する。クラブの幹部たちを自分たちがクラブ生活に参加する障害だとか自分たちを排除しようとしていると見ると、クラブの幹部たちとも対立する。例えば、スタジアムの入場料を上げようとしたり、観衆から愛されているプレイヤーを移籍しようとしたり、選手の獲得で間違った選択をしてチームが不振に陥ったり、スポンサーの「たっての要望」に応えるためにユニフォームのカラーを変えようとしたりするときである。この対立はボイコットにまで発展することがある。イタリアでは、フロランスのサポーター団体が、観客にスタジアムに行くのをやめて、トップの選手の移籍に抗議しようと呼びかけたことがある。またイングランドでは、入場料金を引き上げようとするクラブの新たな経営方針に抗議するために、試合開始前のグラウンドを占拠するなどのデモを呼びかけた。しかし、サポーター団体はまた、同じクラブの他のサポーター団体とも対立する。チームを支援するとは、支援の意義とは、という考え方をめぐって主導権争いがおきる。あるいはサポーターはクラブの利益の下に置かれているものだとか、サポーターはクラブの一部なのだからクラブの命運ために働くべきだとか、クラブについてのさまざまな考え方が問題になったりもする。サッカーは政治的意見その他を表明するためのスタンドなのか、という政治に対する考え方が問題になることもある。こうしてあちこちで、どちらかと言えば左翼的なサポーター団体と右翼的なサポーター団体が対立する。スタンド内やスタジアムの周辺で増している暴力に対してどのような立場に立つのかもまた問題となる。

これらのサポーターはまさに戦争に取り込まれている【原注37】のである。とくにウルトラ・サポーターにあっては、団体の呼称やエンブレム（紋章）は、革命的なゲリラからファシズムのシンボルまで、政治的、軍事的な動員のための言語を借りたものである。戦争状態にあるグループがすべてそうであるように、チームのサポーターは世界を敵と味方に二分する。サポーター同士の同盟は「オレの敵の敵はオレの友で、オレの敵の友はオレの敵である」という原則に基づいている。これはここ十年間のサッカーの進化と社会におけるこのスポーツの地位の変化の一つの表出である。サッカーはそのルールと伝統を介して、個人の功績と共同の組織との連節によって不安になったり傷ついたりしているさまざまなアイデンティティーを表現するのに格好のフィールドを提供する。しかし、その現代化、ことにメディア化によって、サッカーは能力・資力の投入によって可視の存在にも、行為者にもなれる充当《カセクシス》の場を構成する。すなわちウルトラ・サポーターやフーリガンになるとは、この新たな可視性と行為の舞台を奪取することである。付け加えれば、たとえ観衆をサポーター集団だけに単純化するとしても、観衆の均質性のイメージを捨て去り、観衆のあいだには議論があり、ウルトラのあいだにもいくつものサッカー観が、それゆえいくつもの世界観があることを認めなくてはならない。

第三章　サッカー文化と経済的変質

「わたしたちは顧客の皆様に、サッカーは裕福な男性方のひまつぶしだなんて考えていてはいけません、今では本物の投資なんですと申し上げています」【原注1】。これは、イギリスでここ何年かのあいだに大きな発展をみせた活動分野であるサッカーを専門とする、ある有力な投資コンサルタントが一九九四年に語った言葉であるが、サッカーと経済界の関係における序列変化をじつによく表わしている。投資家たちに対するこの新たな指摘はこれまで描写してきたサッカー文化を修正するものだろうか。経済合理性はサッカーの基本的に不完全な合理性に我慢がならない【原注2】わけだが、最近のサッカーの進化においてその責任の一端を追及されているサッカーのさまざまな容貌とはどんなものなのだろうか。

妥協

サッカーの歴史はさまざまな行為者のあいだの妥協の連続と解釈できる。その初期の歴史には、もはや同一のサッカーがおこなわれていないのではないか、だれも同一の競技を観戦していないのではないかという印象すら受ける時期もあった。サッカーの定着についてとなれば、国によるずれもあり、その年代を特定するのはさらに困難である。それでもイングランドで、得意げなアマチュアリズムの終焉を迎え、新しいタイプの選手や指導者の出現を誘う、新たな可能性にみちた労働ともスペクタクル（見世物）とも定義される新たなサッカーが到来するのは一八八五年頃【訳注1】だと言える。そして一九一八年以降は、サッカーはその社会統合という働きゆえに、全体主義国家の諸政策あるいは新国家建設政策においてすぐれて政治的な局面をもつようになる。競技面ではサッカーは、そのさまざまな機構を発展させ、戦術的な文化を創造する専門家集団を生むことによって、自ら進化を重ねてきた。プロフェッショナリズム（プロ化）の世界的普及とあらゆるタイプの競技大会の国際化にともなう別の局面への移行には、一九六〇年代を待たねばならないが、一九八〇年代に入ると、サッカーのメディア化とスポーツ活動から経済活動への移行という一大変化を遂げる。ということは、サッカーの人気は、サッカーこそ人間の運命の不確かな性格を表現しているという事実によって説明できるのであるから、大ざっぱな物言いを許していただければ、一九一八年から一九八〇年まではみな同一の競技をしていたという仮説を支持できよう。サッカーが人間の運命の不確かな性格を表現しているという事実は、平等の原則と正義の原則のあの微妙な均衡を表現するサッカーの能力に関わりがある。

こうしてカップ戦のアマ・プロ直接対決と国内リーグの昇格―降格システムに象徴される一種のサッカー民主主義がその姿を現す。そこには各クラブと地域的あるいは全国的なグループとのあいだに特権的なつながりが張りめぐらされる。

また、サッカーと金銭の関係の歴史は、すでに見たように浅いものではない。その関係がサッカー内部の論戦に発展したり、外部との関わりを通したりしてサッカー文化を育みさえしている。そうであるからこそ、サッカーを嫌ったり、蔑《さげす》んだり、非難したりする多少とも理にかなったいくつかの重大な理由が存在するのである。その一つが、サッカーはプロのスポーツで、金をもらって競技をし、利益を生み、選手を商品のようにやりとりし、優れた選手を買い集める資金、場合によってはレフェリーを買収する資金さえあれば勝てるスポーツ、要するに理論的には資本主義の価値をすべて背負った、道徳的には金銭欲にまみれたスポーツというものである。

経済的な観点からすれば、もっとも人気の高いスポーツであるサッカーには数々の利点がある。まず、サッカーはひとたびパブリックスクールの外へ出るや、スペクタクルとしてスタジアムの入場料金をはじめとするさまざまな「産品」を生むことがわかった。イギリスで生まれた最初のサッカーチームのいくつかが、近くにグラウンド用地を有し、選手や観客に清涼飲料を提供できるパブの所有者たちによって創成されたことはなんら偶然ではない。サッカーは商業化された最初の団体競技の一つであるという事実は、サッカーの世界的な普及と無縁ではないであろう。理念としては、選手たちもまた指導者であったアマチュアリズムの英雄時代には、アマチュアスポーツの教育的目標を維持するために、クラブや各クラブが集まって作られる協会のトップには、スポーツの公明正大さを防衛する任務を背負っていると感じているパブリックスクールの教員や上流階級のメンバーが置かれた。確かに、商業化は交易商、大小の製造業者、自由業者つまりサッカーに資本投資できるグループや新たな有力者たちの勃興と並行していた。

一八八四年、ブラックバーン・ローヴァーズ【訳注2】はさまざまなスポーツの運命、とりわけイングランドサッカー協会の命運を握るあらゆる組織の活動指針となっているアマチュアリズム精神に反して選手に金を払っているとして詐欺罪で告訴された。このときクラブの会長はその事実を認め、もし金を払わなかったら、選手たちはより気前のいいクラブへ逃げてしまうと反論した。ユヴェントスのフィアット、PSVアイントホーフェンのフィリップス、レヴァークーゼンのバイエル、ソショーのプジョー、サンテティエンヌのギィシャールのような有力企業も同様に、サッカーに企業の管理モデルを導入することによって、公式にはアマチュアリズムの規範が相変わらず尊重されていたにもかかわらず、プロチームを早くから立ちあげることができた。こうしてブラジルでは、一九二〇、三〇年代には織物業者や交易商によって設立されたクラブは、企業から報酬を得ている者で構成されたチームを抱えているからと、リオデジャネイロの上流社会のクラブの反対にあった。仕事をいくらかでも免除されトレーニングに励んでいて、ほとんどプロに近い選手のいるチームは勝つチャンスが増すというわけである。

実際、このような選手とその移籍問題、それゆえに競技参加者間の平等の問題があるからこそ、どこの国でもプロ化への移行と新たな人材を獲得するクラブの能力が争点となった。一八八八年のイングランド・プロリーグの結成はこのような状況を受け止めたものである。その後イングランド以外の国々でも、各クラブが集まっている協会とは別個のプロリーグが作られたりした。プロ化そのものは多少とも早期に認められ、オーストリアが一九二四年、フランスが一九三二年、同じころブラジル、アルゼンチンがつづいた。しかし、イタリアは一九四五年以降になってから、ドイツはさらに遅れて一九六三年である。つまり、もぐりのアマチュアリズムは、偉大なるイタリアの名の下にユヴェントス（つまりはフィアット）のようなビッグクラブが、チームに取り込みたい選手に給与とボーナスを出すのを黙認してくれるファシズム政権下のイタリアのように恵まれた日々を送る例もあったのである。

そして徐々にではあるが、現実と原則の一致を許り、スポーツを管理しようとするようになる。つまり勝利の要求とサッカーのスペクタクルへの変形がプロ選手のグループの存在と、さらには国内および国際競技の、一九五〇年代にとくに著しく発展したクラブ管理の任務における（まだまだ相対的で萌芽的ではあるが）専門化を前提とするようになってきたのである。しかし今日でも、フランスをはじめとするいくつかのサッカー大国においてすら、かなりの部分をボランティアに任せていて、プロクラブの機能に必要なさまざまな任務が全然専門化されていないというクラブ管理の極めて手作り的な形態がみられる【原注3】。そうは言うものの、任務の専門化とは個人の資産とクラブの資産の混在の終焉である。

それでもつい最近までは、サッカーと経済界との関係は世界観という面では安定を保っていたと言える。この均衡は、スポーツの面白味を保証しようとする協会と、スポーツの商業的な局面を守ろうとするプロリーグと、国にもよるが、協会に直接介入したり、公的サービスを任務とした代表を協会に派遣したりしている国家との間に生まれた妥協の産物である。この妥協は、すべてに対して適用できるスポーツの決まりが存在し、この決まりが存在することが全体の利益でもあるとの考えに基づいている。なぜなら、あらゆるレベルでサッカーが存在することを保証し、そのすべてのレベルのつながりを確かなものにしなければならないからである。象徴的には、この妥協は各国での全国規模のカップ戦の存在という形をとる。カップ戦があるからこそ、アマチュアのクラブはプロチームと対戦でき、ときに打ち破ったりもできるのである。また、オセールのような地域リーグの下部に属していたクラブが数年でトップリーグに上がったり【訳注3】、ニューキャッスルのようなビッグクラブが何シーズンもセカンドディビジョンに低迷したりもする【訳注4】。

確かにイタリアやスペイン、イングランドのビッグクラブのような有力クラブは非常に早くから、つまり一九六〇年代から見事に構築された本物の企業というイメージを作り上げ、その結果、スペイン（レアル・マドリーとバルセロナ）やイタリア（インテル、ACミランやユヴェントス）では、もっとも裕福なクラブがタイトルを独占する。イングランドでタイトルをとるのは伝統的にビッグファイブ（マンチェスター・ユナイテッド、リヴァプール、エヴァートン、トッテナム、アーセナル）と言われ、スコットランドでは基本的にはグラスゴーの二つのクラブ、レンジャーズとセルティックが分けあっている。それゆえ、選手権《チャンピオンシップ》は二通りの対戦方式で争われる。資金力があって、最高の選手を獲得できるクラブがあるからで、しかもユヴェントスのようなイタリアのいくつかのクラブの場合はずいぶん以前からムッソリーニのファシスト政権の後ろ盾を得ていたからだ。この富と名声を利用すれば協会の決定に重大な影響を及ぼすことができる。それでもトップリーグからの降格の脅威は、ときにそれが現実となるので、まるでイブリス（行き過ぎ）や権力の濫用を諫《いさ》める天罰（事物の本性に内在する正義の表現）のように現れる。サッカーにおいては奮起や驚異は、いつだって起こりうるのだ。

クラブの幹部は、それゆえ企業における昇給を従業員の管理に、チームの成績に対する貢献をファミリーとブランド（商標）の名声に結びつける。サッカーはそのための道具とされるのである。すなわちサッカーは地方の政治家としての成功のための支えとも、起業家精神、顧客の偏重、経営家族主義の発揚、あるいは大小の企業家においては製品の広告と市場拡大のための支えともなる。それでもなお、サッカーの名の下におこなわれる心的エネルギーの激しい投入はクラブ、都市、地域の昇格や存続のためであるという考えを、そしてサッカーはいつも自らの決まりに従っている、つまりオフサイドからピッチ上の選手の数までスポーツのルールそのものに従っているという考えを、さらには誰でもチャンスが与えられていて誰もがそのチャンスを生かすことによってより発展してきたというあの哲学を抱きつづけさせてくれる。それゆえに通常のサポーター活動には一つの意味がある。サポーターは経済的資源であると同時に、政治的、精神的資源でもあるという意味である。よく知られているようなサッカー文化においては、金銭は、つまりは権力と不平等は、なんとかして自己を顕示し、自らの位置を占めることが重要なこの現実社会の一部をなしている。つまりゲームとなれば、クラブの資金力が一つのクラブを応援したり嫌ったりする格好の理由となる。金持ちクラブであるからこそ、そのクラブを好きになったり、逆に打ちのめされるところを見てやりたくなるのである。

「もはや感情の入り込む余地はない」

「われわれのサッカーに対する興味は純粋に投資的なものだ。感情の入り込む余地はない」と、ジロンダン・ドゥ・ボルドーの買収に乗り出したことで知られる、投資会社ＥＮＩＣの広報担当者ダニエル・レヴィがこう語るとき、変化の恐れは、まさにここにあるのである。断絶はすでに一九八〇年代に現れていたが、ここ数年の加速化はとくに著しい。シルヴィオ・ベルルスコーニ、ベルナール・タピ、ロバート・マクスウェル、リッパート・マードックらの名前と、カナル・プリュス、ブイグ、マトラ・アシェット、アディダス、スカイＴＶなどの企業・投資グループの名が上がっている。サッカーは、興業会社、メディア、スポーツ番組やビデオの製作会社、銀行、生命保険会社などの絡みあいのなかで、企業戦略や資本統合過程に組み込まれている。この時代を画すものと言えば、クラブの株式の上場である。イギリスでは約二〇のクラブがシティに上場しており、オランダ、ドイツ、ポルトガルのクラブも同様である。株式上場の問題はフランスでも、新スポーツ法の制定をめぐる論議の核ともなっている。

サッカーは今日、経済的な観点から見て多くの問題を抱えている。その一つがテレビ視聴率を上げるための番組編成、とくにワールドカップなどのビッグイベントの編成問題である。テレビは試合の放映を独占しようとするスポンサーにとっても、クラブと国内外の協会と潜在的なスポンサーとを仲介しようとする興業会社にとっても重要な媒体である。また試合の中継権は受信料を請求できる民間のテレビ放映網の所有となってきているので、テレビはビデオ製作会社や衛星放送受信機、オーディオ機器の製造会社にとっても重要な媒体である。もちろんサッカーはスポーツ番組製作会社とも、全体で見れば余暇産業に関わるすべての組織とも強く結びついている。クラブはまた、グラウンドを売却したり、施設の内外に飲食施設からクラブの博物館、会議室やホールまでクラブのブランドを利用した活動を展開したりしてその価値を高めることもできる不動産でもある。スタジアムは、それがクラブの所有であれば、サッカーとは別のイベント会場としても利用できる。クラブのスポーツにおける成功がより魅力あるブランドを形成し、サポーターは市の中心部かスタジアムに隣接したブティックでクラブの紋章の入ったユニフォームやビールジョッキや目覚まし時計を買う。これをマーチャンダイジングという。一九九四年のアメリカ・ワールドカップを例にとろう。アメリカ・ワールドカップは総事業費四〇億ドルをかけ、スポンサーとなった企業に総額二五〇〇万ドルの利益をもたらした。この分野で模範的なクラブといえば、マンチェスター・ユナイテッドで、売上総額は八億六六〇〇万フラン（約一五六億円）にのぼる。その内訳は、基本的にはシーズンチケットから成る入場料収入が二億九六〇〇万フラン（約五三億円）、スポンサー契約料が一億九〇〇万フラン（約二〇億円）、飲食施設や貸ホールなどの収入が五五〇〇万フラン（約一〇億円）、テレビ放映権料が一億二四〇〇万フラン（約二二億円）、マーチャンダイジングからの収入が二億八二〇〇万フラン（約五一億円）である【原注4】。

これは単なる数字であって、経済的あるいは財政的に分析されたものではない。それでもサッカーがすでに投資となったことは明確に示されている。メセナ（文化活動に対する財政的支援）によって運営されるスポーツから、本物のビジネスとなってゆく【原注5】、つまり「スポーツそのものと同様に、スポーツの金銭がプロ化した」【原注6】スポーツへと移行したのである。これによりいくつかの論理が衝突する。一つは、興業会社による運営と結びついた（それゆえにより一層の資金を必要とする）活動と、サッカー機関の市場論理への変換と結びついた活動のもつ合理化という、かなり古くからの論理である。次が、サッカーに関連する収入源の（喜んでばかりはいられない）飛躍的な増大をもたらすサッカーのメディア化である。そして、選手の移籍の自由を認めた（ボスマン判決）、いずれはプロスポーツへの公的助成金を禁止することになる欧州法制の効果である。

クラブはまた、経済的評価つり上げ戦略の対象となりうる。マンチェスター・ユナイテッドの例をもう一度引こう。マンチェスター・ユナイテッドはランカシャー・アンド・ヨークシャー鉄道会社の幹部たちによって創設されたが、その創始者はニュートン・ヒースと言う【訳注5】。北部イングランドの多くのクラブがそうであるように、このクラブも非常に早くからプロ化の道を進んだ。そしてさまざまな出費、選手の給料、スタジアムの整備費などの資金問題に直面すると、クラブ経営者たちはサッカークラブから独立した会社を興し、チーム生活に貢献しようとする人々から出資金を募った。こうして共同所有者になってもらったのであるが、共同所有といっても象徴的な意味があるだけで、なんら利益は配分されない。それでも、この出資金を出したことによって、クラブに関する決定に裁決権が行使できた。このような「株主」の一人にルイス・エドワードがいた。マンチェスター・ユナイテッドの現会長の父親ルイス・エドワードは、一九六〇年代には早くもクラブの会長になろうと考えて、小株の所有者から株を買い集めた。そのクラブが現在ではイングランドのみならず世界でももっとも名高いクラブの一つとなった。会長の地位はその威光、政治的つながり、経済的便宜という点で間接的ながらも関連企業に利益をもたらす。しかし会長の役割は、経済的価値をもつ一つの実体の地位向上のために働くことでもある。つまり会長は観客を虜にし、スポンサーを引きつけるために優れた監督・コーチや才能溢れる選手を獲得し、テレビ放映権料やマーチャンダイジング収入を倍増させるために国内外のビッグゲームにチームを参加させ、儲けを株主に配分することに努めなければならない。

スポンサーを得るとは、結果としては何よりも、企業の名前をチームのユニフォームに入れることである。スポンサー契約は一九八〇年代に一般化したが、これによりサッカーと経済とのつながりは一層強くなった。チームはクラブの会長の資産だけにたよるのではなく、市場におけるクラブの価値を基盤にできるようになったのである。クラブはチームの成績に結びつけて投資家を引きつけるが、チーム固有の利益や地域の利益とは相対的に独立して投資家と結びつくようにもなったのである。

ビッグクラブの株式市場への上場はまた、すぐれて象徴的である。サッカークラブの運命が、現況下でもっとも手っ取り早い金儲けの手段としか見ない人々の手のひらに乗るからである。これらの人々はマンチェスターの人々でも、ミラノの人々でもない。クラブの勝利に、つまりマンチェスター・ユナイテッドの名が、あるいはフランスの法律が変われば、オリンピック・マルセイユという名が包含するあらゆる活動にもたらす誘引効果の証しに、さらにはチームの失敗に、より大きな儲けの出る活動によってもたらされる可能性に過敏になっている投資家たちなのである。こうしてサッカーは上場企業の企業活動の一部にすぎなくなる。サッカーはその中心をなす性格を失い、脆弱化しかねない。クラブにとって脅威とは、下部リーグへの降格よりは、投下資金の引き上げの犠牲となって完全に消滅することである。株式の上場はクラブに選手を獲得し、収益を上げるための活動を強化する資本を提供してくれる。投資会社ENICはヨーロッパでクラブ（スラヴィア・プラハ、ヴィチェンツァ、AEKアテネ）を買い集め、グラスゴー・レンジャーズに資本参加している。すべては、なぜ人はサッカーにお金を使うかという問題をめぐって動いている。ヨーロッパリーグ（スーパーリーグ）の創設、九か国の観客と市場へのアクセス、一クラブの売却金額が名声を博しているイングランドやイタリアの選手一人の年俸よりも低い、九か国につづく旧東側諸国の市場へのアクセスを視野に入れているからである。トリノのユヴェントスはスタッド・ドゥ・フランスに触手を伸ばしている。フランスのこの巨大なスタジアムでゲームをやりたいのだ。ユヴェントスは北ヨーロッパ（フランス、ベルギー、ドイツ）からやってくるサポーターをあてにできる。良好なチーム状態とスポンサー増加の担保となる支持者の倍増を図りたいからである。

よく指摘される事実だが、株価の上下はクラブの成績の善し悪しにかかっている。それはまさにスポーツに関わることであり、また道徳に関わることでもある。それでも多くのアナリストたちは、これらの資本は数量に限りがあり、とりわけサッカーにおいては収益が保証されるのはいくつかのビッグクラブ、しかも上位にいることが確実なビッグクラブだけであるという問題を呈示している。それゆえにアマ、プロにかかわらず、弱小クラブの消滅、あるいは周縁化が脅威なのである。これらのクラブが生き延びるにはビッグクラブの子会社となるほかないようだ。つまり王者のようなクラブのために若い選手を鍛え上げることを役目とし、自らは何の役割も果たせない一種の託児所のようなクラブとなるのである。

幻想を抱くのはやめよう。チャンピオンシップはすでに二通りの対戦方式で戦われているのだから。

今日、サッカーの経済的性格を認めることは、これらビッグクラブがその重みを増し、連盟の制御からますます離れることにつながる。ゲームは変化し、わたしたちの社会におけるスポーツの想像的なるものは変形する。つまり、サッカーを民衆の知恵と交ぜようとするサッカーの妥協は、不成功のリスクを避けようとする戦略ゆえに、崩れてしまう。ビッグクラブは、手に入れた状況を守ろうとし、サッカーを、サッカーをする各チーム全体としては捉えず、同じカテゴリー(ディビジョン)でプレイしている同類たち全体として捉えようとするのだ。

この点については、新たな要因を指摘できる。テレビである。今日のサッカーの変形を想い起こすとき、もっとも支配的な位置を占めるものこそ、テレビである。なぜならメディアがサッカーの影響力を高めたからであり、またサッカーも格好のドラマティックな特質を有し、あれほどまでに孤独の対象とみなされるからである。さらにはスポーツとしての長い歴史がある。つまりサッカーがメディアを創出し、メディアがスポーツとスポーツ関連のイベントを創出したのである。スポーツ紙『エキップ』は、あの名高い『オート』紙を名乗っていたころ、ツール・ド・フランスを創設した。『エキップ』になってからは、ヨーロッパ・クラブチャンピオンカップ(ヨーロッパクラブ選手権)を創設し、ビッグゲームの組織化にもしばしば取り組んできた。そして一九八〇年代以降は、主役はテレビ放映やビデオソフト系のメディアに移った。一つのクラブにとって、テレビに登場することは決定的である。以前は、試合のテレビ中継はスタジアムの観客を奪うからとクラブ側が反対した。確かに、自宅で居ながらにして楽しめる娯楽の象徴、テレビ観戦は一時期、いくつかの国々で実際にスタジアムから観客を遠のかせた。しかし、テレビはあっという間にクラブの、直接、間接の主要な資金源の一つとなった。フランスでは、一九八〇年から一九九〇年のあいだに、テレビ放映権料はクラブの予算で、二〇〇万フランから二億八〇〇〇万フランに跳ね上がり、一九九七年には九億フラン（約一四四億円）に達した。テレビマネーの導入によって活気づいたパワー比べは、クラブ関係者と解説者たちによって速やかに日常の風景に塗り込められていった。すなわちテレビに取り上げられるためには、ヨーロッパレベルのゲームに参加し、その資金源を得るためには、試合で勝たねばならない。試合で勝つためには、選手を獲得する元手を必要とする、つまりスポンサーを必要とする、よって新たな資金源を探さなくてはならない。失敗はすべて、基本的には早すぎる予選敗退はクラブの屋台骨を揺るがす。名声を博したり、成功を得ようとして人間が陥る失敗は、伝統的に、名誉欲に取りつかれることである。上位を守ろうと収入を当てにして赤字を増大させ、あげくは国税庁をだまそうと裏帳簿を作ったり、ゲームをごまかそうとして八百長に手を染めたりするからである。不運から身を守り、リスクを小さくするには、それなりの方法がある。もちろん、別の方法もある。例えば、古典的なものでは、対戦相手のベンチにいる控え選手を買い取ってしまう、つまり資金的に弱いチームに対する略奪作戦である。あるいはまた、すでにアメリカでおこなわれているように、昇格も降格もない別組織の結成を呼びかけるという手もある。

二十年近く前から、グラスゴー・レンジャーズやACミランなどのクラブはヨーロッパの「上位の」クラブチーム、つまりはもっとも金のあるチームを糾合してヨーロッパ・チャンピオンリーグ（スーパーリーグ）【訳注6】を結成しようと働きかけている。今のところは、この計画は欧州サッカー連盟（UEFA）内の反対や、試合の諸原則を尊重しようとする各国のサッカー協会やクラブの抵抗にあっている。最近では、ドイツでいくつかのクラブが三チームの降格を一チームとし、ビッグクラブはその遺産的価値（バイエルン・ミュンヘンやドルトムントは歴史的モニュメントであり、いかなる競技大会もこれらのチーム抜きではできない）と投資ゆえに保護され、昇格―降格システムから守られるとした提案をした。この考えの中心にあるものこそ、そもそも昇格も降格も存在しない、クラブの真実とはまさしくスポーツにおける成績の積み重ねであり、儲けを出す企業でもあるとしたアメリカの競技モデルである。

今日現にあるUEFAチャンピオンズリーグはこのような理念に近づくために見いだされた、もっとも満足できる妥協である。初めのころはヨーロッパカップ【訳注7】として、イタリアからマルタまでヨーロッパ各国の国内チャンピオンを集めたカップ戦だった。ホーム・アンド・アウェイ方式の直接対決による予選を戦ったが、ビッグクラブが一次予選で早々と敗退することもあった。予選敗退による収入の減少、投資策の喪失などにも見舞われた。シルヴィオ・ベルルスコーニらの圧力で、UEFAは総あたり戦（組別リーグ戦による一次予選）をおこなう現行のチャンピオンズリーグに替えた。これによりゲーム数も、それゆえ収入も倍増し、予選で早々と敗退するリスクはずっと小さくなった。ビッグクラブが参加できるチャンスをより一層増やすために、もっとも強いと見なされるいくつかの国の選手権《チャンピオンシップ》の二位以下のチームにも参加が認められるとの補足条項さえ導入されている。

では、サッカーを代表する機関はどのような態度をとっているのか。全体に一九八〇年代までは、各国の協会も国際的な連盟（UEFAとFIFA）もアマチュアリズムの伝統的価値を体現していた。つまりプロフェッショナリズムはよしとはされていたが、制御されていた。このことは、例えば試合をテレビ中継する場合、国による相違はあっても、無料か、放映権料をとるにしても、その収入は各ディビジョン（各リーグ）に公平に分配されることを意味した。へぼ教授スタンリー・ルースに代わって、FIFA会長に国際ビジネスマン、ジョアン・アヴェランジェが選出されると、サッカーの利益はグローバリゼーション（世界化）の時代へと入った。サッカーの全地球的な広がりを保証するための、アディダスとコカコーラというパートナーの確保、この戦略の初の一大行事としての一九九四年のアメリカ・ワールドカップ、二〇〇二年の日韓共催ワールドカップの決定がそれである。国のレベルでは、例えばイングランドではFA（イングランドサッカー協会）の手形保証によるプレミアリーグの創設である。このとき二十のクラブから成るこのトップリーグにはスカイTV（もちろん有料放送だ）からの莫大なテレビマネーがつぎ込まれた。プレミアリーグは四シーズンにわたって毎年六億七〇〇〇万ポンドを受け取り、下部の七十二クラブから成る三つのディビジョンは一億二五〇〇万ポンドを分けあった。

このような文脈のなかで、選手の移籍の自由と外国人選手の数の制限の撤廃とプロクラブに対する公的助成金の近い将来の廃止、つまりヨーロッパにおけるスポーツに限った例外の廃止を裁定したボスマン判決は、間違いなくこの一極集中現象を加速するとともに、クラブが歴史的に結びついてきた地域とクラブとのつながりを変えてしまう。クラブの選手獲得の対象地域は拡大され、それによってもっとも金持ちのクラブが世界でもっとも優れた選手たちでチームを構成するチャンスに恵まれる。それはすでにイタリア、スペイン、イングランドで見られるとおりである。しかし、そのことはまたイタリアの一つのクラブチームに戦力としてはイタリア人選手が一人もいないということもありうる。

同様に一つの代表チーム（ナショナルチーム）が、国内リーグではプレイしていない選手ばかりで構成されることもありうる。これは実際にフランスで起きている事態である。

一つの文化の終焉か

したがってサッカーの想像的なるものとの断絶の論理全体が働く。クラブとそのテリトリーとのつながりが断ち切られるのだ。株式会社という抽象的な性格を通してもまた、そのつながりは断ち切られる。クラブは、単にクラブが生まれた場所でありがたみがある名称にすぎず、アメリカのクラブが盛んにそうしているように、不動産としての売買の好条件さえ整えば移転してしまうこともある。断絶はまた、クラブへの愛着はもはや集団的行事への参加、つまり試合をどうしても必要とするのではなく、また一つの都市、一つの国家への所属を必要とするのでもなく、テレビによって、例えばサンパウロかリーズで購入されたマンチェスター・ユナイテッドのユニフォームの数で測られる人気の証しによって示されるという事実にも見留められる。断絶はまた、選手たちとチームを表象する集団とのつながりのさまざまな変形を通しても確かめられる。選手はクラブへの忠誠心によってクラブを代えるのではなく、クラブの価値とクラブに賭けられる資力によってクラブを代える。選手はクラブによってチームのカラーを身につけるようには養成されることなく、収益性を念頭において養成される。市場《しじょう》で売れる製品を形成しなければならないからだ。それゆえ、ユニフォームやクラブのカラーや雰囲気に合う性格かどうか問うことは時代遅れである。もしチームもまた、クラブと同じほど純粋にそのつながりが断ち切られていたら、チームはもはやより優れた実体を表象する集団ではなく、個々に近づかなくてはならない個性の集合【原注7】にすぎないのである。

例えば、放送時間の都合で試合の日時を変更するテレビの介入は、同じ瞬間に全国津々浦々で戦われるサッカーの試合という神聖にして犯すべからざる行事を粉々に砕いてしまう。国家という共同体を生み出す基礎となる全国一斉のあの様相が消えてしまうのだ。代表チームの試合で戦っている選手にとってもクラブの幹部にとっても重要なのが自分の所属するクラブであるなら、代表チームなぞ、いったいどんな意味があろうか。それゆえここにメディアが大々的に取り上げる一大イベントが必要となる。それが、国家としてのアイデンティティーの形成に何某かの意味を与えてくれるワールドカップであり、ヨーロッパ選手権（ヨーロッパ・チャンピオンシップ）である。

変化はそれだけにとどまらない。サポーターの消費者への変形、支払い能力のない観客の切り捨て、周縁化が進んでいるが、そこにはいくつかの要因がある。第一に、膨大な数の観衆を擁し、そこから利益を得ているクラブは容易にチケット代を値上げしたり、シーズンチケット（年間予約席）用に大量に座席を確保しておくことができる。さらには「サッカー」製品の多様化が試合に関連させたイベントの多様化とゲームのスペクタクル化の傾向をより強くする。それこそマーチャンダイジングであるが、クラブの新聞・雑誌、食品などのあらゆる誘導された消費を煽る。と同時に、クラブが投資家やスポンサーで張り巡らされるネットワークに取り込まれるにつれて、スタジアムの座席の配分は実際に資金を提供してくれている人々を優先してなされるようになる。事実、ワールドカップやヨーロッパ選手権でも、かなりの割合のチケットがスポンサーの管理に委ねられている。そして最後にサッカー文化にとって決して見逃せない要因として、先にも述べたように、サッカーの商業化とスペクタクル化と並行して進む観衆の女性化がある。これは何よりも受け入れ施設の改善（よく知られているトイレ問題）はもちろん、音楽や映画のスターをモデルにしたサッカーとそのスター選手たちの見直し（再定義）によって観衆の呼び戻しを計ったからでもある。この見直し計画は未だ道半ばであり、展開中の勧誘策を疑いの目で見ることもできる。しかし、これは何をしてもどうせ失敗すると考えられている状況を変えるものである。

それと同時に、スタジアムの観衆の問題については二つのシナリオを描くことができる。一つは、スタジアムは高い購買力と自己決定力をもつ観客で満たされるというもので、アメリカモデルと呼ばれる。もう一つは、S・ベルルスコーニの言葉であるが、クラブの総収入におけるスタジアムに足を運ぶ観客のもたらす収入の優位の喪失を考えれば、入場料は無料にできるのではないか、なぜならテレビに画像を提供できるし、顧客を大切にすることを思えば、スタジアムの観客がもたらす金をあてにせずともよい、というものである。

そして最後に、サッカーをよりスペクタクルにするためにルールを修正しようとするときには、サッカーの意味について問う必要がある。あえて、サッカーのゲームが賭けるものがサッカーのゲームを殺すと言ってもよい。ディフェンシブな戦略の多用、選手の肉体的な特質への依存などあまりにリスクを避けようとすることは、しばしば期待はずれのゲームを生む。アメリカ・ワールドカップに際しては、アメリカの公衆をスタジアムに引きつけようとルール改変の思惑や提案が入り乱れた。オフサイドの廃止、グラウンドとゴールマウスの拡大から、十一人のメンバーを十人とする、九十分の試合時間を四つのクォーターに分ける、交替選手はいつでも出し入れできる、などである。さらには昇格も降格もないヨーロッパリーグを創設しよう、それによりあまりに萎縮した采配、陳腐なプレイも一掃され、観客を満足させられるという話まで出た。この場合、賭かっているものはサッカーに含まれる一切の世界像である。すなわち、平等と正義との関係、あるいは功績と機会との関係、さらには時間との関係について先にみた哲学が賭かっているのである。退屈、遅さ、待機もまた効力があるのであろうからだ。

これらの進化に対して、まるでかつてのサッカーが民主主義のイメージに包まれていたかのように、郷愁にみちた心象を描くことはできる。これらの進化はあらゆる所属形態からの個人の離脱過程を強める以上、極めて肯定的な心象を描くこともできる。しかし、サッカーはここではグローバリゼーションの進展によって導き出される大問題をサッカーなりのやり方で再提起しているだけである。このようなわけで、過去に執着する人々だけでなく、一般的にはスポーツが、そして特にサッカーがある意義をもつとしたら、スポーツは誰も免れることのできないルールの世界であるからだとの考えをもちつづけている人々をも、これら「今風な《モダニスト》」人々と単に対立させるだけではない一つの争点が残る。すなわち、果たして、その成員の一部が勝負を降りるか、誰にも降りかかるはずの運・不運から守られている社会とは、一体どんな社会なのだろうか。力が、つまり経済的な力がもはや法律によって規制されない社会とは、一体どんな社会なのだろうか。社会が提案する諸活動全体への統合の問題をもはや自らに課そうとしない社会とは、一体どんな社会なのか。優劣の判定基準が一つしか存在しない社会とは、一体どんな社会なのか。サッカーはわたしたちにまさに人間の営む社会を見せてくれるとの命題を真剣に受けとめるとしたら、このような進化のなかで、わたしたちに投げ返されるのは、一体どんな人間性のイメージなのだろうか。

第2部

イギリスモデル

第一章　イギリスにおけるサッカー問題

イギリス（英国）のサッカーをよく見ると、非常に矛盾したいくつものイメージに向きあわされる。そのためイギリス社会におけるこのスポーツがもつ意味を捉えるには、さまざまな方向に捜し求めなければならない。まず第一に、まるでエピナルの版画【訳注1】のような美しいイメージである。素朴な田舎の風景、サッカー生誕の地、そこでは世紀転換期から何百万人もの観衆がプロのサッカーチームがプレイするのを見るためにスタジアムにつめかけた。イギリスはイタリア、アルゼンチン、ブラジルと並ぶ、サッカーの情念《パッション》が燃え立つ、基本的にはイングランドとスコットランドの、偉大なる大地の一つである。ところが、そんなイメージは即座に反転されてしまう。イギリスはまた、サッカーの歴史が長い悲劇の歴史であるような国である。一九四五年以降だけで、イギリスのサッカーチームの試合に際して発生した死者は三百人に達すると言われている。ボルトン（一九四六年）、グラスゴー（一九七一年）、ブラッドフォード（一九八五年）、そしてシェフィールドのヒルズボロ（一九八九年）で、火災や事故の犠牲となり、あるいはお粗末な安全施策のために、施設の老朽化や観客を詰め込みすぎたために、さらにはヒルズボロのようにフーリガンに対する恐怖心から、死者を出した。実際、一九六〇年代の初めには、サッカーの情熱《パッション》はフーリガニズム（フーリガン活動）の形態をとるようになったため、イギリスサッカーは一気に問題化したが、このような情熱は瞬く間に他のヨーロッパ諸国でも見習われるようになった。そして意志をもった対立の結果として犠牲者が出たのは、一九七四年のブラックプール（サポーター同士の乱闘で初の死者が記録された）、一九八五年のヘイゼルである。よってイギリスの、ここ三十年間でのサポーター同士の対立にからむ直接の死者の数は約九十人と見なす作家【原注1】もいる。たとえこのような数字が専門家のあいだに異論があるとしても、ヨーロッパに類例を見ない、このような例外的な状況こそ詳しく検討をする必要がある。数字はどうであれ、イングランドとスコットランドがサポーター同士は高いリスクを孕んだ敵対関係にあったことはわかる。こうした状況のなかで、一九八九年、サッチャー政権の十年間を総括しようと、多くのイングランドの日刊紙がヨーロッパにおけるイングランドのイメージがどのようなものかを調べたとき、返ってきたイメージがフーリガンだったのである。目前に迫った一九九〇年イタリア・ワールドカップの開催に向けて喧伝された、このようなイングランドの特質は文字どおりのパニックを呼んだ。世界中のジャーナリストにとっても、受け入れ国イタリアの当局者にとっても、あるいはまたイタリアでゲームを観戦しようとする観衆にとっても、イングランドの代表チームのイタリア来訪とは、まさにならず者の大挙しての到来にほかならず、メディアや警察部隊の注目はイングランドサポーター一点に集中した【原注2】。しかし、ここで再びイメージの反転がおきる。一九九〇年とは、イギリスサッカーが転機を迎えはじめた年でもある。今日、イングランドは世界のサッカー地図において、その財政状況の良さ、対フーリガン戦闘における成功によって模範とされている国である。いったい、どのようにして、こうなったのか。そのさまざまな様相の下で晴朗さと悲劇とをともに生んだあの情熱の反撥はどのようなものだったのだろうか。

実際、情念と暴力は多様な形態をとり、さまざまな意味作用をみせた。しかし、今日スタジアムに足を運ぶ者、あるいは対立抗争に断固として身をさらす者は、その行為のなかに、一八九〇年に不公正な判定によるペナルティを課したとしてレフェリーを追い回していた者と同じ意味を込めてはいない。イギリスにおけるフーリガン現象の相対的な「新しさ」は、サッカーの変形と、労働者階級のイギリス社会への長い統合の破綻の、ことに近年の深刻化に由来している。それは、イングランドの、さらにはイギリスの状況の特殊性があるとしたら、間違いなくサッカーの労働者階級による占有という特殊性があるからである。エンクロージャー（囲い込み運動）【訳注2】につづいて労働者階級が十九世紀に出現したその急激さと、この階級を文化的にも政治的にも消滅させることにある二十世紀のサッチャー・プロジェクトの獰猛さこそ、サポーターの行為の自立化とフーリガンたちが採った可視化戦略、社会に目に見える形態で躍り出る戦略の原因を説明してくれる主要要因である。しかし、イギリスのサポーターがすべてフーリガンであるわけではなく、スタジアムには今日もなお、まるで労働者の共同体のさまざまな年代を映し出すかのように、さまざまなサッカー年代が共存している。つまり、単に労働者共同体のさまざまな年代の凋落にともなってサッカー年代の進化が進んだだけなのである。そして最近の進化は、サッカーがなおイギリスの大衆文化の中心に位置し、社会が組織化されてゆく方式を社会自らが再考できるのはサッカーを通してであることを示している。この意味で、ヒルズボロの悲劇を受けて一九八九年に公表された判事テーラー卿報告はまさに、サッカーの歴史とそれに見合ったイングランドの、しかも典型的なイングランド社会の歴史における基本的な契機と見なすべきものである。なぜなら、この報告書は、サッカーの社会的意味と社会が自らを省みる方式とを捉え直すことに役立っているからである。

大衆のゲーム

イギリスではサッカーはずっと以前から大衆にもっとも人気のあるスポーツである【原注3】。一九〇五―〇六年には六百万人の観客がプロリーグが組織した試合を観戦した。今日のプロリーグを形成している九十二クラブのうち、実に六十六クラブのチームが一九一〇年以前に建てられたスタジアムでプレイしている【原注4】。一九九六年には三千万人近くの観客がサッカー観戦のためにスタジアムに足を運んだ。一九八七年、サッカー危機の真っ最中には一八四〇万人まで減少し、一九四七年の記録的な観客数四千万を大きく下回った。それでもサッカー以外の娯楽との競合やフーリガンに対する恐怖心にもかかわらず、ファンはスタンドにつめかけた。カップファイナル（FAカップ決勝戦）には八万人の観客が、またリヴァプール、アーセナル、マンチェスター・ユナイテッド、エヴァートンなどの「ビッグクラブ」のゲームやダービーマッチや決定戦など注目の大一番となれば五万人前後の観客が集まった。ブラッドフォードやヒルズボロの悲劇がこれら注目度の高い試合の動員力を物語っている。例えばブラッドフォード・スタジアムでの約六十人の死者をだした火災は、2部昇格がかかる試合の、四万人近い観衆の前で発生した【訳注3】。

一九九〇年頃までは、サッカーの観客は大部分が労働者階級の成員、とくに熟練労働者およびホワイトカラー（会社員・役人）で占められていた。一九一四年以前には、すでにこのような労働者階層が決定的にスタジアムを占有するようになっていた。しかし、一九一八年から一九三九年のあいだに、とりわけ一九四五年以降は、労働者階級のなかでも特に庶民的な階層が大挙してスタンドを占めはじめた。この階層は今日でもサッカーの以前の観客よりはるかに重要な部分を構成している。それに、これらの観客は若く、四十歳以下で、一九六〇年代以降はさらに若くなっており、しかも基本的に白人男性であると明言できる【原注5】。それにしても、なぜ今日に至るまでそうなのか。それは、一九九〇年代初頭以来のサッカークラブの管理の変化が観客構成の変容をもたらし、遠ざかっていた中産階級の成員たちをスタジアムに呼び戻したからである。

ここではまだ、わたしたちの関心を、富と権力の配分が極度に偏っていて、さまざまな社会階級が戦時下を除いてはそれぞれ別の生活を送っている社会で、一九九〇年代の初めまでに発展してきたようなサッカー文化だけに留めておくことにしよう。サッカーチームという集団は社会階級の集団であり、社会階級とは決して抽象的な観念ではなく、相異なる世代が混ざりあう同一の街区《まち》における、ときには直接サッカースタジアムの物陰における共同の生活の結実である。

サッカークラブは労働者の社会的交流と街頭の男文化の産物である。サッカークラブは企業、教会（労働者階級の余暇時間を監視するため）、パブなど人の集まるところや街区に生まれる。例えば、グラスゴーには教区や企業のクラブよりももっと多くの街区のクラブがある。グレーハウンドやレース鳩の飼育と同じ意味で、サッカーは労働の価値と労働者の徳性を讃える自立した労働者文化の象徴である。一九一四年以前のイングランドでは、はるか以前から地域を基盤に組織されてきたサッカーは、第一世代の労働者に社会グループや特殊なテリトリー(領分)に所属することの意味を付与することによって、さまざまな労働者共同体を構成する役割を果たしていた。国内の場所的な移動や社会的な流動は本質的に中産階級の出来事であったからである。

それでも二十世紀に入ると、試合を見るためによその町まで行かなくてはならなくなった。大企業は工場を小さな町や都市のあちこちに分散させて設置したため、多くの労働者が仕事のために長い時間をかけて列車で移動しなければならなくなったからである。一九一一年、イギリスには住民十万人以上の都市が三十六あったが、そのほとんどすべてにプロのサッカークラブがあり、たいていの都市はクラブを二つ以上擁していた【原注6】。逆説的ではあるが、クラブへの愛着はイギリスの都市化が進むにつれて、一層強くなった。都市や地方がその特色を失ってゆき、サッカークラブとそのファンの地域図が定まってゆくと確認されるのはこの頃である。実際、この頃から各都市、さらには各都市の各街区が自らを一つの島のように考えはじめる。いつまでも変わらぬ愛着が、コクニー(本物のロンドンっ子)やスカウサー(リヴァプール住民)としてのアイデンティティーを求める気持ちとともに生まれる。世界で最初に産業化された国イギリスは、田園部の急速な周縁化と全国的な新聞・雑誌の発達によって、間違いなく最初に、経済的な相互依存と人の移動と習慣の均質化をもたらす国家規模の市場を創成した国でもある【原注7】。しかし、産業の専門化、大工業都市への移転、さらには労働者共同体を労働組合に託す、労働とも地域の習慣とも切り離されたこの種の発展、これらすべてが大衆の都市人としてのアイデンティティーを形成・維持するように働いた。一九三〇年頃から一九六〇年頃のあいだに、人は住まいよりも仕事を簡単に変え、同一の都市圏で新たな仕事を得るようになった。そのうえ、第一次大戦後は、とくにリヴァプールで顕著であるが、基本的に都市の中心部には、その運命が地域の労働資源とその連帯に直接結びついている庶民階級が住むようになった。人はまず第一に街区《まち》の者で、次いでジョーディー（イングランド北部の住民）、マンキューニアン（マンチェスター住民）、スカウサー、コクニー【原注8】であり、それからイングランド人、あるいは労働者階級の一員であるのだ。あるいはまた、社会階級への所属はこのような地域における経験を通してしか考えられないと言ってもよい。イングランド各地の大都市にはスコットランド人やアイルランド人（カトリックもプロテスタントも）、ウェールズ人、さらにはコモンウェルス（英連邦）から移ってきた人々やイタリアなどヨーロッパ大陸からの移民が住んでいたこと、そしてこのことが定着者《エスタブリッシュド》と部外者《アウトサイダー》、つまり古くから住んでいる人々と後から来た人々とのあいだの分化を執拗に生み出し、各都市に特有の色調を与えていることを忘れてはならない。そこから、経済的な専門化とそれが生み出す社会構造が、これら地域の独自化を強めるのである。トクヴィル【訳注4】が、多数の小企業家を擁するバーミンガムと、大規模なマニュファクチュア（工場制手工業）をもつマンチェスター、港湾《ドック》とアイルランド移民を抱えたリヴァプールを比較して見せたのはこの点である。おそらく、今日これらの区別の妥当性はより弱まってはいるが、イギリスの繁栄が十九世紀に、つまり一九七〇年代の脱工業化の局面を迎えるまでに構成されたものに基礎を置いているだけに、またこれらの区別が容易に利用できるだけに、まだまだ妥当性を失ってはいない。このような背景は自分たちは特異であり、他国を当てにせずともやっていけるとの感覚を育む。イギリスの特異性とはイギリスの特別性である。それはサッカーにおける対抗心の基を成し、ポップミュージックやロックの世界でも言えることである。

街区や居住する都市のサッカーチームに対する支援（およびスタジアムへ足繁く通っての応援）は、共同体への所属、さらには小さな町よりも広いが、都市のさまざまな街区や相異なる都市のあいだの対抗関係を留めている一つのテリトリーへの所属の表現となる。日常生活ではこの支援はともに働く人々との絆となる。なぜならサッカーは、互いに共通の趣味や価値を知るために交わされる会話に打ってつけの話題であるからだ。プロの選手たちは労働者の息子か労働者本人、あるいは在籍するクラブを心から応援している地域の子どもであるから、知っている人々について話しているのであり、プロ選手たちが見せる資質はまさに期待される資質であるからだ。工場、パブ、街頭、スタジアムに画定される男の空間にあっては、サッカーについての親と子や若者同士の会話は地域の労働者文化の価値を共有するための主要な要素の一つである。クラブとは、組《バンド》（若者仲間）が他の組や警察から大切に守るテリトリーの延長である【原注9】。つまりサッカーは、ウィークエンドというイングランドの発明の産物である。土曜日、午後一時、工場を出た労働者がスタジアムに集まり、サッカーの試合を観戦する。パブに通うことと並んで、毎週一回のサッカー観戦とその後のパブは手に届く唯一の娯楽である【原注10】。そして労働運動が発展している時代には、スタジアムへの移動とは毎週一回の都市中心部の征服、公民としての誇りにかけたプロレタリアートの占有にほかならなかった【原注11】。この意味でサッカーは、他の娯楽と競合するようになるまでは、まさに労働者階級の社会的征服の象徴であった。

それゆえに今日もなおサッカーにおいては、とりわけ労働者共同体が脅威にさらされているときには、労働者共同体の諸価値が発揮されるのを見る快楽が、スポーツとしてのスペクタクルを見る快楽に混ざり込むのである。男らしさと誠実さ、忠誠心、犠牲精神、義務と厳しい労働の意味、「油のよく効いたマシーン」、これらすべてが一八九〇年代以来のイングランドチームのゲームスタイル、キックアンドラッシュの象徴として受け継がれてきたサッカーの愛すべきイギリススタイルであり、あまりに個人主義的な「芸術的」スタイルに対する不信感もここに発しているのである。

第二次世界大戦までは、多数の共同体の存在に基づいたこの労働者文化はほとんど大きな転換もなくつづいたと言えよう。R・ホガートの『貧困の文化』がワーキングクラスという言葉で人夫から熟練労働者まで、小商人からホワイトカラーまで、同一の街区に生き、同一の娯楽を共有し、権力機関とは同じ距離関係にある人々をまとめて呼ぶことができたこの時代を見事に描いている。しかし、一九四五年以降は、これらの共同体は都市化政策によって分散させられ、解体されてきた。とりわけロンドンのような都市では、イースト・エンド（ロンドン東部の下層民街、工業地区）では、工場や住宅用の公共団地の確保のために伝統的な住宅から伝統的な住民たちが追い出された。しかしこれらの共同体は、相異なる労働者階層のあいだに新たな位階制度を敷く、労働者の労働形態のなかに発生したさまざまな変化（熟練労働者と非熟練労働者のカテゴリーのあいだに加わった半熟練労働者のカテゴリー）と、さらには大企業（石炭鉱業、製鉄業、港湾業）のじわじわ進む凋落によって変形されてもいた。一九六〇年代に労働者階級のブルジョワ化と社会統合が進んだとしても、労働者階級はまだかなりの部分（とくに半熟練労働者と非熟練労働者）が力のある上流社会とはかけ離れた状態にあった。なぜならイギリス社会は相変わらず二つに分断されたままで、イングランドの労働者の息子はスウェーデンやフランスの労働者の息子以上に労働者でいるしかなかったからである【原注12】。例えば、イングランドの十六歳の生徒が学業を終えるとき、その七〇%はほとんど何の職業訓練も受けていない。これに対して日本は三〇%、フランスは四〇%である【原注13】。この間、たとえ労働者階級の消費の増大と、まずまずの健康、住まい、環境と、消費者が尊重される娯楽に結びつくような生活条件と労働条件の改善がおこなわれた【原注14】としても、消費拡大主義と新たな給与モデルの恩恵を基本的に受けたのは、新しい産業分野で働くか、自ら起業することができた労働者階級のなかでももっとも高い職業資格を有している部分であった。そのうえ、経済危機とそれにともなう（しかも一定の地域に集中した）職業資格の引き下げや失業、さらにはサッチャー政権の経済政策が、ウェルフェア・ステート（福祉国家）以前の労働者の経験を受け継いでいる一定の社会グループの困窮化を加速した。この労働者階級の解体と再構成の動きを通してこそ、フーリガニズム（フーリガン活動）の発展を説明できるのである。

混乱から黄金時代へ

一八七一年のフットボール・アソシエイション（イングランドサッカー協会）の設立によるフットボーラーとラグビーマンとの分断から数年してもなお、中産階級はサッカースタジアムに通いつづけた。「アソシエイション（任意団体）」はリヴァプール、マンチェスター、ブラックプール、レスターのような華やかな大都市への所属を表明する手段として、当時の流行であった。こうしてスタジアムに立つことが、やがてもっとも騒がしい観客によって罪を犯したとみなされたレフェリーや選手に対する攻撃を支持するようになっていった【原注15】。

しかし一八九〇年代に入ると、スタジアムの観客はプロレタリアート一色、男性一色に塗り込められるようになる。ブルジョワ階級と貴族階級によって育まれたアマチュアリズムの倫理からすれば、プロリーグの創設は、公式には一八八八年であるが、実際にはそれ以前から発展しており、不快に思われていた。ブルジョワの観客は、両サイドのゴール後方、一般的には屋根のない、もっとも安い立ち見の階段席、つまりテラス(フランスではヴィラージュ)にいる庶民的な観客との雑居には我慢がならなかった。この庶民的な観客はスポーツとしての技の美しさよりもひいきチームの勝利に執着し、レフェリーや相手選手をののしり、脅かした。「蹴れ、蹴とばしてやれ!」が一九三〇年代までのスタンドのもっとも庶民的な常套句であったからだ。そして、社会的な緊張が高まった時期にはこれらの観客はスタンドで悠然と観戦している者にくってかかった。

多くの言葉の暴力が飛び交い、それゆえフェアプレーの諸原則にもとる行為も頻発した。応援しているチームの敗北に責任があるとみなされるレフェリーや選手を攻撃することにためらいはなかった。こうして、一八九七年、バートン対レスターの試合の終了後、バートンの選手の一人が、試合結果に満足できないレスターのサポーターたちに袋だたきにあった。一九〇三年には控室からピッチに向かう選手たちを飛び道具から守るためのトンネルと観客の侵入を防ぐためのフェンスの建設が要請された。グラスゴーでは一九〇九年、引き分けに終わった試合後の再試合を望まないサポーターたちがグラウンドに乱入し、施設に放火、数時間にわたって消防士や警官と乱闘をくり広げた。東ロンドンでのウエストハム対ミルウォールのような隣りあった共同体やイングランド北部やランカシャー地方の各都市が戦うときには、サポーター同士の乱闘はスタンドでも、駅でもくり広げられた。なぜなら、試合は「奴ら」と「オレたち」の永遠の対決であり、レフェリーは挑戦すべき、また選手たちが欺くべき権威を表象しているからだ。

しかし世論の目には、暴力はスタジアムよりも街頭のほうがずっと危険にみえた。一八九八年、ローディーズ、リュフィアンズ、ラフ、ブラックガードなどの表現に対抗して、フーリガンという言葉が「発明」されたとき、世間はサポーターのギャングよりもロンドンやグラスゴーで強盗をはたらくギャングたちのほうを不安に思った【原注16】。と言うのは、スタジアムでの騒動にギャングは必要ではなく、地域のチームという名の下に自らが所属する共同体が侮辱され、不当に扱われたと感じるだけで乱闘に発展したからだ。

実は、かつての（一九一四年以前の）混乱と現代の（一九六〇年代以降の）暴力とのあいだには、イギリスサッカーの黄金時代とも呼ぶべき、このスポーツが家族的な娯楽であった時代がある。一九三〇年代にはスタジアムに女性が戻り、一九四〇年代に入ると家族連れの姿も見え、それはまさしくサッカースタジアムにおける習俗の穏健化の印《シーニュ》であった。

このイギリスサッカーの黄金時代のもっとも美しい光景こそ、一九二三年のカップファイナル（FAカップ決勝戦）である。十二万七千人しか収容できない新装なったウェンブリー・スタジアムにこの日つめかけた観衆は二十五万人、スタンドに席がとれない観客はグラウンドの脇に座った。感動をもって今も語り継がれるのは、この群衆が白馬に乗ったたった一人の警官に先導されて、静かに入場し、タッチラインとコーナーポストをどうにか乱すことなく、試合を観戦したことである。

この一時期、イギリスの観衆はおとなしく、誠実だった。確かに何人かのレフェリーが痛めつけられたり、サポーター同士の衝突や列車の略奪も何件かあり、この有名な一九二三年のウエストハム・ユナイテッド対ボルトン・ワンダラーズの決勝戦の終了後も、サポーターたちがスタジアムを壊して記念に持ち帰ったことが指摘されている。しかし昔の振舞いの名残りのように見えるこれらの出来事についてはこれぐらいに留めておこう。同様に、スコットランドでフィトゥバ（サッカー）に関わって起きたことにも簡単に触れるだけにしよう【原注17】。

スコットランドについての余談

フィトゥバ（サッカー）は以前からスコットランドの国民的スポーツであった。一八九八年以来、二つのプロリーグがあり、今日では人口五百万のこの地に三十八のプロクラブがある。スコットランドは、とくにグラスゴー（一九一四年にはスコットランド王国第二の都市）は多数のアイルランド移民を受け入れた。これらのアイルランド移民はプロテスタントのクラブとカトリックのクラブとの対立を利用して、自らの宗教的な帰属を表明している【原注18】。このカトリックとプロテスタントとの不和はエディンバラのような大都市でもみられる。試合に際して発生する暴力行為は各街区に住むクラブのサポーターや都市に縄張りを張り巡らしている多数のギャングによるものである。なかでももっとも名高いプロテスタントのギャングがブリッジトン・ビリー・ボーイズで、一九三〇年代には七百人を動員する能力があり、プロテスタントで英国支持派の示威行進、オレンジ・ウォークやダービーマッチには殴りあいを演じた。この組織された暴力のなかで、スコットランド人が前衛を務めた。スコットランド人は例えば、ギャングによるテリトリーの占有を意味する、あの有名なスローガン、「〇〇（街区のギャングの名前）は最強だ《ルールズOK》」を発明している。こうして、プロテスタントのクラブ、グラスゴー・レンジャーズとカトリックのクラブ、グラスゴー・セルティックの伝統のダービーマッチ、オールド・ファームは激しい戦闘行為の絶好の機会となった。一九二二年四月、レンジャーズとセルティックのサポーターはスタンドといわず、駅といわず、スタジアムへ通じる道路といわず乱闘をくり広げた。同様の光景は（より暴力的なものだけで）一九二七年、三二年、四〇年、五二年とくり返された。今日でも、カトリックとプロテスタントの対立抗争はスコットランドサッカーの一つの反撥力となっている。一九七一年一月二日のオールド・ファーム、アイブロックス・パークの事故では、スタンドの崩壊によってグラスゴー・レンジャーズのサポーター六十人が死亡したとき、カトリックの若者たちはこの出来事を「オレンジクラッシュ（オレンジジュース）」とあだ名した。最近では、「モー・ジョンストン事件」がある。レンジャーズと契約したカトリックの選手ジョンストンは常に変わらぬ敵と契約したとして脅迫状を何通も送りつけられ、移籍先のサポーターからはののしられた【訳注5】。

それでは、オールド・エヌミー（旧敵）、イングランドと対戦するとき、宗派紛争は忘れられるのだろうか。第二次大戦以前は、スコットランド人はスコットランド対イングランドの試合にはバグパイプを演奏しながら、スコットランドとイングランド両者が戦闘を交えたことを示す「フロッデンを忘れよ、スターリング・ブリッジとバンノックバーンを思い出せ」と書いた横断幕を掲げてウェンブリー・スタジアムに向かったものである。今日でもイングランドとスコットランドのゲームは、一九九六年のヨーロッパ選手権のときがそうであったように、高度の監視下に置かれる。しかし、両者の紛争は形態を変え、試合を追って世界中どこでまでも移動するようになっている。そんなとき、タータン・アーミーと呼ばれるスコットランドサポーターは移動中からただ徒《いたずら》に酔っ払うばかりで、その振舞いは模範的ですらある。オールド・エヌミー、イングランドのサポーターと混同されるのは御免だからだろう。ここ数年はスコットランド人は民族主義的な感情を強めている。一九九七年にくり広げられたスコットランドの自治権を問う住民投票があったからだ。この自治への意志は欧州への統合の賛意と重なっている。なぜなら欧州への統合は、カタルーニャ人にとってと同じように、それが、イングランドであろうとカスティーリャであろうと、中央政府と距離を置く可能性を意味するからである。しかし、だからといってスコットランドとイングランドのこの地域的な紛争に和解が成立したわけではない。仮に対イングランド戦でスコットランドを応援することがスコットランドのカトリックにとっては可能なことであっても、代表チームにセルティックの選手がいると、カトリックのスコットランドサポーターはいっそのことアイルランドチームを応援してしまうからである。

「ラフ」と「リスペクタブル」

一九二六年頃、イングランドの徳性として、より単純には大陸的、ラテン的、あるいはケルト的な情念に対置させた貴族的な徳性として、沈着さとフェアプレーが作り上げられたのは、スコットランド人の野蛮さ、しかもその野蛮さはアイルランド人の野蛮さとも見られていたのであるから、実際にはケルト人の野蛮さのイメージと対比させたものである。イングリッシュネス（イングランドらしさ）【原注19】とは、教会の後ろ盾を得ておこなうクリケット競技であり、単純で勇気のあるサッカー選手や行儀のよい観衆の徳性である。第一次大戦、アイルランド市民戦争、さらには一九二六年の大規模なゼネスト、長くつづいた社会騒乱が終わって、ようやく迎えた黄金期は、巨大な単一体としてのイングランド社会を表象しようとする意思の表われであり、また労働条件の著しい改善の結果でもある。というのは、第一次大戦後の騒乱期がすぎると、労働運動は物質的利益の獲得と地方分権化という戦略をとった。つまり選挙のときを除いては中央政府の権力を取ることを目標とせず、労働者共同体の生活の術を育み、労働者に生計の資を与えるための闘いに取り組んだのである。こうして、パブや街頭よりも家庭の方を向いた、より「文明化された」リスペクタブルな（尊敬に値する）労働者階級がはっきりとした姿をとって現れる。このリスペクタブルな労働者階級は手にした定期収入と（労働組合や労働党など）自分たちの機構への愛着のゆえに、土曜午後のゲームを群れをなして熱心に応援した。そしてスタジアムに向かうこの集団を、一九二九年の危機にあっては失業者ともっとも貧しい人々が羨望の念をもって見つめた。

この熱心な集団はただゲームを観戦するだけでは満足しなかった。少なくともその一部はクラブに対する、より積極的な応援に乗り出した。市町村議員や地方の小企業家やホワイトカラーがそうしているのに倣って、サポーターのアソシエイション（任意団体）に参加し、クラブの幹部に自分たちの声を聞いてもらい、また優れた選手をクラブで保有できるように募金をしたり株を買ったりして援助もした。一九一〇年代には多数のサポーター団体が続々と結成されたが、一九三四年には全国フットボール・サポーター・クラブ連盟（NFFSC）が「支援すれども拘束せず」をスローガンに創設された。

したがって一九二六年から一九六〇年までつづくイングランドサッカーの黄金時代は、労働者階級の生活水準の著しい改善に、それゆえその生活様式の変化に拠るものなのである。この階層が、「リスペクタブル（尊敬に値する）」と呼ばれる力のある上流社会の規範と態度に統合されてゆくなかでもっとも利益を得たのである。この階層は労働者階級としての特性を保持しつつも、自分たちこそ典型的なイングランド社会に所属するに相応しい存在であることを明示しようとした。そして当時イングランドの徳性として、またその安定性とその資質に対する確信の証明として呈示されていたフェアプレーと自制心という美徳を証明しようとした。この階層は、第二次大戦中にその公民としてのセンス（感覚）を証明してみせると、戦後は（労働組合や労働党など）自分たちの機構を通すという間接的なやり方で、給与、安定した雇用、住宅、社会保障、および日曜大工やショッピング、テレビなどの新しい形態の余暇活動を保証してくれる、保守党と労働党のあいだでなされた大々的な社会的妥協に積極的に参加した。このとき、イングランド北部の大工業地域では特に、「たよりがいある労働党」と同じように、当然のこととして土曜午後のサッカー観戦を重んじることができた【原注20】。しかし、この変動のなかで、「生きている」スペクタクルとしてのサッカーは、リスペクタブルな労働者階級の余暇を独占できなくなっていた。一九五〇年代に入ると、リスペクタブルな労働者階級はスタジアムから遠ざかりはじめていたのだ。

エリック・ダニングの分析に従うとすれば、ここで文明化の過程に言及するもう一つの方法である併合過程について語るべきであろう。それは収入の改善、つまりは私生活面の発展により重きを置いた生活原則の採用に関心を向けることである。労働や居住の様式、社会的つながりや男女の関係に現れた変化のために、感動の表現においてすら変化が余儀なくされているのである。それゆえに、スタジアムではリスペクタブルとラフ（粗野な人々）のあいだには振舞いの相異が現れる。リスペクタブルな労働者とは異なり、ラフな労働者階級はこの併合過程からはずされたままだったからである。

職業訓練を受けていない労働者、ラフにとって、肉体的な力とどんな挑戦にも応えられる能力こそが、依然として要《かなめ》となる価値である。ラフとは、大量消費主義の流れにも乗れず、できるだけ早くから仕事に就かなくてはならないために上の学校へ進んでその恩恵に浴することもできず、また進学は男らしさや連帯の価値に対する裏切りのように見え、進学に積極的に抵抗さえしてきた人々、男たちのグループや組《バンド》（若者仲間）での街角における社会化が社会的権威に反抗したり、非行に走らせたりする伝統を支えている人々である【原注21】。ラフとリスペクタブルの区分は必ずしも収入の違いを示しているのではなく、より積極的には社会統合と安定性の様式を示しているのである。実際、地域によっては労働者階級への所属は、労働と昇進が労働組合と企業との、国家によって保証された交渉の結実となっている大企業への所属を意味した。社会的成功はまさに、すべての人を拘束する規則を尊重した集団的出来事なのである。これらの集団的規制が確立されるまでは、つまり一九一四年以前は、権威に対する挑戦や非合法主義は実のところ、労働者階級全体が共有する態度だった。それが、「奴ら」と「オレたち」の区分、生活条件の厳しさ、盗みや喧嘩のような犯罪に結びついた活動、労働者の街区《まち》に生きる者すべてが進んで守らねばならない路上の掟を教えてくれる貧困である。正当であることと暴力行為に訴える必要性は、自分あるいは「親族」が脅かされるときには、皆がそろって共有するものである。この皆が一致協力することが一九三〇年代以降崩れてきており、男らしさや反逆の価値は、この社会統合過程の外にとり残された人々にしか継承されていない。すなわち地域の労働者階級の生活が、一九六〇年代までは船舶の出入りやときに非合法すれすれの、港湾関係の雑仕事などでまだ活気のあったリヴァプールのような都市において継承されたのである。あるいは港湾業が「闇」経済を生み出したり、社会的成功が社会的妥協や倫理の尊重によってもたらされるのと同じように個人でうまくやってのけることや起業精神によってもたらされるロンドンのイースト・エンドの場合なのである。リスペクタブルとラフに分解するこのような社会変動は一九四五年以降もつづき、経済的再生がラフの人々に大々的な大衆的娯楽に参加するだけの資力を与えるウェルフェア・ステート（福祉国家）の確立も、この相異を残したままだったのである。他の人々と同じように、ラフの人々もサッカーを愛しているが、それはおそらくは、地域に対する、本質的には街区《まち》に対する忠誠心を表明するためというよりは、戦闘意欲旺盛との徳性のため、他のグループとの戦いで己を測るチャンスが与えられたためなのである。第二次大戦後もラフはサッカーの試合における観客の無視し得ない一部を成していた。そしてリスペクタブルな労働者たちがスタジアムを見捨てたとき、ラフは、基本的にはそのもっとも若い労働者たちはスタジアムを取り戻し、主導権を握るのであるが、そこで発生したのは大規模な衝突ではなく、ごく普通の男らしさにかかわる新聞記事程度のものである。一九五〇年代中頃まではまだ、ラフのエネルギーはリスペクタブルな労働者の群れに抑え込まれていた。

第二章　フーリガニズムとサッカーの近代化

一九五六年から一九五九年の間に数本の列車がリヴァプールのクラブのサポーターの略奪を受けた。一九六〇年にはサンダーランドのサポーターがＦＡカップ戦のグラウンドに乱入し、一九六三年にはリヴァプールのカトリックのクラブ、エヴァートンのサポーターとグラスゴー・レンジャーズのサポーターとの間に、一九六六年にはリヴァプールＦＣのサポーターとセルティックのカトリックのサポーターとの間に乱闘が起きた。そして一九六五年にはマンチェスター・ユナイテッドのファンがドイツのハノーバーで暴力事件を引き起こした。こうして数年のうちに、イングランドを起源とするサッカーは社会問題と化した。

一九五〇年代という、イギリス国民が、イギリスはもはや政治的にも（スエズ紛争を見よ）、経済的にも強大国ではなく、イギリスの価値は生活様式のアメリカナイゼーションにみられるような大衆消費社会の興隆と力をつけたティーンエイジャーに脅かされていると感じはじめていた社会環境だっただけに、よけいに易々とサッカーは社会問題となった。グラウンドでくり広げられる混乱は、テディ・

ボーイ【訳注1】と呼ばれた一群の、行儀の悪い、若いプロレタリアートたちに象徴される、より大きな現象が生んだ様相の一つだった。テディ・ボーイはロックンロールを愛し、一九五八年のノッティンガムとノッティング・ヒルでの人種暴動のような騒ぎの中心にいた。こうしてワールドカップの（一九六六年の）イングランド開催を控えて、不安が高まっていった。世界に対するイングランドのイメージに関わりはじめていたからだ。

しかし、この暴力にはサッカー独自の要因もいくつか介在していた。まず一つは、しばらく前から国際的なゲームを受け入れるようになっていたイングランドが二つのビッグゲームを落としたことである。一九五〇年のワールドカップ一次リーグでアメリカに敗退し、一九五三年にはウェンブリーでハンガリーに敗れた【訳注2】のである。次の要因としては、サッカーの昔ながらの大人の観客が減りつづけ、より騒々しい若者が取って代わったことである。このサッカーの凋落を防ぐためには、サッカーが再び家族スポーツとなり、新たな観衆を引きつけなければならなかった。そこで、今日でも改めて課題となっている着座式座席の全面的な導入とスタジアムの付属施設の充実が指摘された。

こうして六〇年代に入ると、サッカーは近代化の道を歩む。サッカークラブに給与をうける従業員をおき、管理面を改善する。テレビ網に試合の中継放送権を売る。入場料金を引き上げ、スタジアムの居心地をよくする（バー、レストラン、快適な座席、クラブ経営者やビジネスマン向けの特別席《ボックスシート》）。ビッグネームをチームに呼んで、観客にはよりスペクタクルなゲームを提供する。数年で、サッカーはショービジネスの時代に入った。選手の年俸制限は撤廃され（一九六二年）、移籍は頻繁におこなわれ、チーム構成は国際化した。イギリスのクラブチームはヨーロッパ大陸の競技に勇躍した。と同時に安全対策も問題となり、十四歳以下の若者には列車の切符の販売が禁止され、若者用のスタンドが指定され、相手チームのサポーターも別の区画《ブロック》に分けられた。しかし、一九六六年のワールドカップは成功したものの（イングランドは優勝し、大きな事故もなく、67／68シーズンの入場者は三千万人をこえたが）、フーリガニズム（フーリガン活動）は根こそぎにはされなかった。それどころか、イギリス全土に広がった。

実際、一時期はサポーターの活動範囲は各地域に限られていたが、若者も含めた収入の増加とゲームの国際化によって、ひいきのチームを追って容易に移動するようになると、サポーターの行動範囲も広がった。熱心な観客のスタジアム離れが起きている時期にすすめられたこのサッカーの近代化は、若いサポーターたちに自分たちの活動を発展させる自由の場を提供した。イギリス社会において若者たちとその親とを分けている距離は、そのままスタジアムにおいても設定されてはいたが、ゲーム終了後の群衆整理の仕方は、世代も労働者階級のさまざまな階層も混ざりあい、効力のないものになっていた。

一九五四年から一九六六年の間には、若者はポップミュージックと同じように、スポーツ観戦でももっとも力のある消費者になっていた。若者たちは何某かのお金を使って若さを謳歌することができた。音楽に入れ込む者もいれば、サッカーにのめり込む者もいたが、いずれにせよコンサートにゆくかゲームを観戦するかして、歌うなり他のサポーターと乱闘するなりして、型にはまらない方法で自分の痕跡を残して、社会的出来事に参加するのだった。これらのサポーターたちは伝統の継承者であると同時に、サッカーの新たな行為者を自任していた。

しかしサッカーの「官僚化」が進むにつれて、サポーターたちがクラブ生活に及ぼしていた影響力、少なくとも象徴的な影響力が失われていった。例えば選手を国内外から広くスカウトするようになると、地方のクラブは地域の選手にとって、もはや上へ上がるための拠り所ではなくなり、クラブの運営者たちも古くからの観客にさほど親近感を抱かず、より金持ちの新しい観客に期待するようになった。一九五〇年代、六〇年代のフーリガンは確かに騒々しい若者たちではあったろうが、これらの若者は「本物のファン」をないがしろにして金持ちで消極的な観客を優先するこの進化を拒否したのである。一九六〇年代および七〇年代初めのフーリガン活動にはそれゆえ、若者の原則的な支援を必要としないようにみえるスポーツの進化に抗議する（ここでは大衆的な形態をとった）若々しい主張と、このスポーツを見捨てた親たちに対する反発の表明が混ざっていた【原注1】。このころ、いくつかの地方、とりわけロンドン、リヴァプール、グラスゴーのような港湾都市ではイギリス経済の衰退の影響が現れはじめ、時代の空気はリスペクタブル（尊敬に値する存在）であることを求めるよりは、発展しつつあるポップカルチャーに見られる快楽主義的な要求を大衆的に満足させることを求めていた。皆がそれぞれの娯楽を求めた。その一つが、テリトリー（領分）や男らしさの防衛といった労働者文化の伝統的な価値の再認であった。このような文脈のなかで、若いサポーターの区画分けによる分離と「本物の」サポーターと「偽物の」サポーターの区別を基本とした安全対策は、自らをサッカーの行為者と見なすサポーターとゲームをよきスペクタクル（見世物）としか見ないサポーターとのあいだの亀裂を深めた。このような安全対策は、禁じられたテリトリーに侵入したり、観客席として割り当てられた区画から抜け出したりという違反行為を生むばかりであった。またもっとも過激なサポーターが囲いのなかに閉じ込められ、これをマスコミがまるで獣だと囃し立て、サポーターがレイベリング（ラベル貼り）だと反論し、また心配された通りの行動をとると、「本物の」サッカー愛好家とそうでない者との象徴的な隔たりはより一層強まった。そして何よりも、この後のサッカーの悲劇の源泉がこのような安全対策にあったことを見落としてはならない。

しかし、近代化とはテレビの画面に登場し、新聞・雑誌を大いににぎわすメディア化でもある。テレビのおかげで、スタジアムの歌もスローガンも野次も聞こえ、殴りあいもグラウンドへの侵入も見せられる。このため、騒ぎは伝統的にとどまっていた地方の枠を出る。もっとも急進的なサポーターが全国という枠で互いに比較される。こうして一九七〇年代中頃、イギリスのタブロイド紙は「サグス（ならず者）リーグ」すなわちワルどものチャンピオンシップと名付け、各チームのサポーターの危険度をランクづけた【原注2】。

一九七〇年代、事はもはやイングランド北部やスコットランドの出来事にとどまらず、ミルウォール、チェルシー、ウエストハム、トッテナムなどのロンドンのチームにも広がっていた。これらのサポーターたちはロンドンへの帰路、列車を「途中下車」し、小さな村を略奪した。一九六七年には『デイリー・ミラー』紙がフーリガンに宣戦布告し、ウエストハム対マンチェスター・ユナイテッド戦後には『ニュース・オブ・ザ・ワールド』は「サッカーズ・デイ・オブ・シェイム」欄に「ここ数年間、わたしたちはラテン民族をそのヒステリックで暴力的な振舞いゆえに軽蔑してきた。一九六七年、イギリスのサポーターたちは世界の寵を失った」と書いた。一九七〇年、マンチェスター・ユナイテッドのサポーター団体レッドアーミーの最初の「武勲」が報じられる。一九七四年にはレッドアーミーが史上初めて、すっかり鉄格子に囲まれた観客席に入れられ、あの有名な「オレたちゃ、人間を憎む」【原注3】というスローガンを叫ぶフーリガンとして「獣《けだもの》」という形容詞をいただいた。レッドアーミーは一九七五年には「解体」されたが、バトンはリーズやチェルシーのサポーターに渡った。しかし、もはやイングランドだけが戦場ではなかった。リーズ、リヴァプールさらには代表チームの赴くところ、戦闘があった（一九七七年にはルクセンブルク大公国やフランスで、一九八二年にはスペイン、一九八四年にはローマ、一九八九年にはスウェーデンとポーランドで、そしてもちろんその数年前にはブリュッセルのヘイゼル【訳注3】だ【原注4】）。なぜなら、国際的なレベルでその力が比較されるからである。イングランドのサポーターは追いつき、追い越すべきモデルとなった。試合の前後にイングランド人と戦闘を交えることは、栄光の証しとなった。こうして一九六〇年代の終わり頃にはティフォージ（イタリアのサポーター）はイングランドに遠征しては、イングランドサポーターの組織を学び、歌とスローガンを仕入れた。イングランドの「標準」が地方のサポーターにとっても警察にとっても目安となった。以来、イングランド人と力比べをすることは秘儀参入《イニシエーション》の一形態、世界へのデビューの仕方となった。こうして一九八九年十月、ポーランドサポーターはイングランドサポーターを待ち受け、激しく渡りあった。サポーター同士の競りあいには国の誇りと一種の国際的認知が懸かっている。ギリシャやポーランドのサポーターにとってあの名高きイングランド人たちと同じほど凄いことを示すことが重要なのである。

フーリガンのキャリア、スタイル、戦略

さて、ここにきて、サポーターの活動形態はいよいよ暴力的になってゆく、しかもその活動が他のサポーターとの計画された抗争を求めるあまり、ゲームの行方とはまったくかけ離れているという意味で、サポーター活動はますます合理的になってゆく。伝統的な暴力は社会的な標識の安定性を前提としてきた。しかし、労働者階級のブルジョワ化、周縁化あるいは消滅による労働者階級の脱構造化という文脈は、否応なく若者たちをあらゆる機会を捉えて自らの存在を主張させ、なんとしてもその姿を社会に目に見える形で示そうとする（可視化）戦略へと押しやった。フーリガンはサッカーの進化が生んだモチーフと空間をその手に捉えたのだ。

それゆえ、フーリガニズム（フーリガン稼業）は、もはやスポーツの勝敗が賭けるものとは一致しなくなったものを巡るサポーター間の敵対関係の自律化にほかならない。この自律化を理解するためには、サッカーにおける「エンド」から解きはじめねばならない。エンド文化はその源を一九六〇年代中頃のリヴァプールに発している。コップという語は、FCリヴァプールのスタジアムのエンドの一つの名からきている。実際はボーア戦争におけるスパイオン・コップの戦いから取られているこのコップに、もっとも若く、金がなく惨めで、もっとも熱狂的なサポーターたちが集まっていた。あの淫らで人を侮辱する歌をスタジアムのレパートリーに加えたのも、ビートルズのご当地におけるライバル・グループ、ジェリー・アンド・ザ・ペースメーカーズが手直しした伝統的な曲で、クラブの愛唱歌「ユール・ネバー・ウォーク・アロン」【訳注4】のようにポップミュージックを援用したのも、

この若いサポーターたちである。この若者たちがホームエンド（地元サポーターのエンド）とアウェイエンド（ヴィジター用）の区別を徹底させた。つまりハーフタイムになってもエンドを交替することを拒否し、スタンドの一方の排他的な占有を確立したのである。

　こうして発展してゆくエンド文化は、年上の者たちが来なくなって空いた席を占めたラフ（粗野な）の子どもたちの文化でもある。皆、十七歳から二十一歳ぐらい（しかし七〇年代に入ると、「年寄り」、つまりハード・メンと呼ばれたその兄貴たちが戻ってくる）で、組《バンド》（若者仲間）や路上が若者たちの社会化の主要な空間でありつづけている街区《まち》の出身者である。

　エンド文化は、トイレで爆竹を破裂させ、観客にスタンドの上段から小便をかけ、あらゆる糞尿趣味《スカトロ》的なおふざけをして、ボビーと呼ばれたリスペクタブルな観客に挑戦するカーニバル精神をも味わうなど、プロレタリアートの正統的な諸価値を蘇《よみがえ》らせる好機である。エンド文化はまた暴力への依存を内に含んでいる。七〇年代中頃まではイギリスのフーリガン活動の基底を成したこのラフ文化は、「ほんのちょっとの暴力なら誰も傷つけやしない」という格言にぴったりだったと言える。自己の存在を認められるには、肉体的なリスクを覚悟して敵と対峙できなければならないからだ。こうして、アグロ（けんか）と呼ばれたハードネス（激烈さ）が演じられる。それは殴りあいと武器の使用が体系化されたお決まりの戦闘である。

「お膳立てされた騒ぎだね、その先何が起きるか、あんたにもわかるって言いたいな。たとえば、あんたの仲間のサポーターの一人がナイフを持ってきたとする、そいつは臆病ってものさ、人を殺そうなんて根っから思っている奴はそんなにはいない。ぶっ倒したら、数発ケリを入れて、血まみれになりゃあ、そこまでさ……。たいていは歯を一本か二本、欠かすか、それとも目の周りにあざか切り傷をつくって家に帰るのさ」【原注5】。

暴力、切り傷、入院だってある、それは一人ひとりが勇気と苦痛に耐える力を証明して見せなければならない個々の進路に確実に組み込まれている。暴力は暴力として殊更に要求されるわけではないが、敵対するサポーターがこちらのテリトリー（領分）に攻め込んできたり、エンブレム（クラブの紋章）を奪いにきたときには、暴力こそ人から尊敬される手段となろう。その一方で、敵が戦闘を嫌ったり、冷やかしを受けて逃げたりしたときには、恥をかかせてやるという象徴的勝利を得ることもある【原注6】。

しかし、このテラス文化はそれ自体、社会生活の場でもある。とりわけ実社会でキャリアを得る見通しがなく、この行きすぎた娯楽がサポーター活動を自分に唯一可能な天職としてくれれば、テラスでキャリアを積むことができる【原注7】。サポーターになることは、特別な競争を前提としないが、すべての若いプロレタリアートに共通するさまざまな資質の発現が求められるからだ。サッカー文化がまるでソフィスティケートされておらず、自分のチームの勝利とエネルギーや勇気といった代わり映えのしない価値を求めるだけのイギリスのような国においてさえ、ファンはサッカーにからめてくり広げられる競争をさらに発展させる。フーリガニズム（フーリガン稼業）に関する初の長文の報告書となった一九六八年公表のハリントン報告は、フーリガンについての博識を示したうえで、フーリガンをサッカーの世界とは無関係の要素としてあまりに軽々に論じる人々を批判している。

チームを支援するとは、その年齢、その才能に見あって割り振られる職務分担に従うことである。

スカウト（斥候）は警官の配置や敵サポーターの、それももっとも若いサポーターの様子を探る。新たな曲を作る者もいれば、歌い、スローガンを叫ぶ者もいる。殴りあいの先頭に立ち、アグロの決まりを体得する者もいるといった具合である。このようにサポーター団体は無気力な観衆とはまったく異なり、権威ある序列によって組織された世界である【原注8】。都市の再開発によってクラブと地域住民とのつながりがますます薄れてゆく時期にあっては、テラスは確実に知己を得、熱気を感じ、連帯を知り、さらには感謝の念までも味わう場、人生の基準点を成す場となる。

テラス文化はサッカーの変形に、より一般的にはイギリス社会全体の変形、そして「オレたち」は「奴ら」と対峙していると思わせてくれていたものすべての変形に反対の立場をとることによっても培われてゆく。つまり、テラスでは、自らのスポーツに関するアイデンティティー（真のサポーターか単なる観客か）の、地域のアイデンティティー（マンチェスター住民マンキューニアンに対峙するリヴァプール住民スカウサー）の、地方のアイデンティティー（イングランド北部の住民ジョーディーに対する本物のロンドンっ子コクニー）の、社会のアイデンティティー（真のプロレタリアートか）の、国家のアイデンティティー（イングランドかその他の国々か）の、民族のアイデンティティー（黒人やパキスタン人の侵略と対決する白人）の正統性が声高に主張される。それゆえに相手チームに投げつけられる歌やののしりは多種多様である。スタンドのトッテナムファンを「ユダヤ人」と罵倒する。その昔、ユダヤ人街だった地区にトッテナムがあるからだ。そこでサポーターは「ユダ公、ユダ公、うんざりだぜ、ユダ公にゃ」と歌う。黒人選手には口笛を吹き、バナナを投げる。「スカウサーでいるよりはニガーのほうがましさ」と歌って、リヴァプールの失業者をからかう。リヴァプールは経済危機の象徴であるから、イングランド南部のサポーターは「リヴァプールのあばら家で、食い物探して、ごみ箱でもアサってみな、ネズミが出たら、そこはビザンティウム、リヴァプールのお前のあばら家で」【訳注5】と歌い、紙幣を振ってみせる【原注9】。そして、伝統的な都市と地方の対立に、よそのテリトリーの征服欲が加わる。応援するクラブチームや代表チームを追いかけるうちに、自分をフォークランド諸島の奪回に出立する緊急出動部隊《タスク・フォース》と思い込むのだ。地域や国家にその根《ラシーヌ》を深く伸ばすことは、ときに易々と外国人嫌いや人種差別主義《ラシスム》に転化する。

エンド文化はまた、イギリス労働者階級の進化に対する態度決定の反映そのものであるサブカルチャーに結びつき、そのさまざまなスタイルを体現する。破壊された共同体や脅かされているようにみえる共同体をサブカルチャーが再び興そうとするとき、サブカルチャーは労働者階級の記憶の根を呼び覚ます以上のことをする。しかし、サブカルチャーは、それとは逆にこのような条件の断絶を露にすることもある。テディ・ボーイとスキンヘッドが最初にその可能性を探った。その二番手を務めるのが、ハード・モッズである【原注10】。

フーリガン活動をテディ・ボーイと呼ばれるティーンエイジャーの一団とともに見いだすのは、一九五六年以降である。テディ・ボーイは低学歴で、職業訓練や熟練を必要としない仕事につく定めではあったが、完全雇用の五〇年代社会で少しは上がった給料を手にしていたので、若者たちは世の納まるところへ納まるまでに気ままな生活を送ることができた。テディ・ボーイはロックンロールを聴き、（その名の由来の）エドワード八世時代の上流階級風のスタイルで装い、グループと縄張りの名誉のために好んで乱闘をくり広げた。テディ・ボーイは労働者階級の「ブルジョワ化」に対する拒否と、ラフの諸原則の防衛と、次第に濃厚になる階級消滅感に対する階級所属の防衛の表象であり、幸せな時を送るために必要なもう少し多くの金にも物資の豊かな社会にもまったく希望を抱かない人々の支配層に対する不信の念を激烈に表明している。

そしてスキンヘッズがロンドンの北部や東部にその姿を現すのは、一九六八年のことである。彼らこそ、イースト・エンドの造船・港湾《ドック》業の危機と都市再開発政策の純粋な産物である。イースト・エンドの不良少年の思い出か、徒刑囚のような五分刈りの髪、爪先に鉄の入ったドクター・マーテンの作業ブーツにつりズボン、入れ墨というその独特のスタイルで、スキンヘッズは暴力に裏付けられた男らしさを希求し、あらゆる部外者《アウイサイダース》（よそ者）と中産階級に自らを擬せようとするあらゆる傾向に反対して共同体への忠誠を求めた。スキンヘッズはヒッピーのカウンター・カルチャーへの返答である。スキンヘッズは人種差別主義者で、パキスタン人襲撃を特に好んだ。その系統立った激しさは多くの者に受け入れられ、スキンヘッズは数年間はエンドのスタイルを支配した。しかし一九七〇年代の初めには次第に姿を消し、再登場するのは七〇年代の終わり頃、いつものクラブ（アーセナルやウエストハム）の危機が深まり、イギリスのファシスト小集団が浸透するようになってからである。

テディ・ボーイもスキンヘッドも一つの階級、労働者階級の価値に深くその根をおろしているので、予見可能な暴力の行使者の代表格と言ってよい。しかし、一九六〇年代にはチェルシーのサポーターがこの「サグス（ならず者）リーグ」ではもっとも恐れられた。チェルシーのサポーターはもともと庶民的な街区を代表してはいないそのクラブと結びつくことによって、よりソフィスティケートされた暴力を行使し、ハードネス（激烈さ）を表に現す印をまったく見せなかったからだ。テッドやスキンと同じ社会的範疇の出でありながら、チェルシーサポーターはショー・ビジネスのスタイルをとり、芸術家やポップスターが多く住む街区のイメージをばらまき、ロンドン、カーナビー・ストリートの最新のモードを装った（これがモッズである）が、やがてその一部は暴力への依存を一層強くした（ハード・モッズである）【訳注6】。それはフーリガニズム（フーリガン稼業）の現在わたしたちが目にしている形態、「カジュアル（普通の）」がとっている形態の先駆けである。

ところで一九六七年頃までには、全イングランドのスタジアムにはっきりとしたエンドが出現した。サッカーグラウンドとその周辺で起きている出来事は、その源をこの新たなテリトリーの防衛か征服かに連節した戦略に発している。ベルギー、ブリュッセルのヘイゼル・スタジアムは一九六七年に初めてエンドを確定したが、よく言われるように、一区画しかエンドと指定しなかった、それが一九八五年のあの悲劇へとつながった。

一方、サポーター活動の自律的な発達は、その仲間の社会的、地域的アイデンティティーとのあいだに保たれているつながりをぼかしたりもする。一九七二年、マン・Uのサポーター団体レッドアーミーがアーセナルのテラス、ノース・バンクを「占領」したとき、スタジアムに向かう途中で勧誘したロンドンのサポーターたちの助けを借りていた。一九八五年のヘイゼルの悲劇、リヴァプールがブリュッセルに遠征したとき、このチームを追ってきたサポーターはかなりの数のチェルシーに割り当てられたチケットを持っていた。サッカーチームはもはや同郷人だけを引き連れるのではなく、サポーターにとってもっとも多くの場所に登場させてくれそうなクラブか、もっとも危険であるがゆえに最高のプレスティージュ（威信）を感じさせてくれるクラブの後追いをする大量のさまよえるサポーターを連れて遠征に出るのである。そうであるからこそ、レッドアーミーは鉄柵《フェンス》で四方をすっかり囲われホームエンドと公式に指定されたエンド数区画を、暴力という名声のゆえに征服したと正当化できる。チェルシーやウエストハム、リーズなどのクラブは、そのサポーターの暴力にもスタイルにも関与している。リヴァプールはと言えば、ヘイゼルとヒルズボロでそのスポーツでの栄光の代価を払っている。

ところが敵のテリトリーの征服を謳う論理や観客席での対決を避けようとする警官隊の対応は、暴力をスタジアムの外に移してしまう。こうして、もし、あるエンドを占領したいと思えば、敵サポーターにも警官隊にも見つからないように敵の領地へ入り込むための混じり込み戦術を遂行せねばならない。例えば、クラブのカラーを身につけない、仲間のサポーターたちとは別の交通機関を利用する、いったんスタジアムに入って客席から不意をついて相手陣地を襲うなどである。だから、もし侮辱や負け戦の報復を求めるか、フーリガン世界の位階制度の頂点を極めたいなら、スタジアムの外に戦闘を整えねばならない。こうして一九八五年ケンブリッジでは、チェルシーサポーターに待ち伏せ攻撃をしかけ、死者まで出したとして、あるファイティングクルー（戦闘部隊）の「将軍」と「中隊長《キャプテン》たち」が制裁を受けた。より一般的に言って、十一のサッカーチームを抱え、首都の交通網に包まれたロンドンは果たしあいにはもってこいの場所である。同様に外国へサポーターを運ぶ船の上でも、一九九一年十月、スウェーデンに向けて航海中にイングランド北部と南部のサポーターが乱闘騒ぎを起こしている。その組織された性格を明確にするために「チーム」や「エンタープライズ」と呼んでいるこれらのグループは、自らはインターシティファーム（ウエストハム）、グーナーズ（アーセナル）、ブッシュワッカーズ（ミルウォール）、ヘッドハンターズ（チェルシー）、ベビィスカッド（レスター）、サービスクルー（リーズ）などと名乗り、確固とした中核部隊とビッグゲームには大量動員する能力を持ち、その活動の犠牲者の体には自分たちのカード（名刺）を置いてくる。

サポーター活動の伝統的な振舞いと明らかに見分けのつく印とを拒否する、このようなサポーターをカジュアルと呼ぶ。カジュアルは、ハード・モッズの後継者で、モードに関する趣味を共有している。カジュアルはスタジアムのモードを受け継いだり、新たに創造したり（クラブのマフラーよりはスキー帽をかぶり、イタリアのクラブの「チームカラー」を見せびらかす）、ときには単純なモード（ラコステかタッキーニのシャツ、ナイキかアディダスのシューズ、なかには一時期バーバリーのコートを着て、チャーチの靴を履いた者もいた）で片付ける。しかし、大事なことは、しばしばその「ルック」を変えることである。それゆえのカジュアル（一時しのぎ）である。カジュアルとは「普通の人」、あるいはボーイ・ネクスト・ドア、つまり「（アパートの踊り場を共有する）隣人」【原注11】で、簡単にそれと特定できるスキンヘッドとはまったく異なる。それは、賭けているものが混ざり込み、すなわち目印をつけられないこと、観衆にまぎれこみ、ファイティングクルー（戦闘部隊）が最大限効果的に働けるようにすることだからである。この最大限の効果をあげるために、カジュアルは酒を飲まない（と彼らは言っている）、殴りあいに際して明瞭な精神を保持するためである。酔った勢いでケンカなどしないのだ。そして、酒を飲むときは、ラガー（ブロンドのビール）を飲む。上り調子の新たな中流層の象徴的飲み物だ。「プロル（プロレタリアート）」は原則的にビター【訳注7】を飲む。この点でもカジュアルはハード・モッズの遺産継承者である。労働者としての所属の危機に対して、カジュアルたちは、この社会的所属の印の消去と社会的昇進の演出で応えているのだから。

スタイルをもった筋肉と出来事の意味

　こうしてサポーター戦争、偏狭な愛郷心、ナショナリズム、カムフラージュ技術といった描写を重ねると、わたしたちは理の当然として、ヘイゼルとイングランドサポーターの移動時の捕食活動のシーンに行き当たる。わたしたちがヘイゼルを思い浮かべるのは、これらの描写が、現在ヨーロッパでくり広げられているフーリガン行為のあらゆる光景に当てはまるからである。一九七〇年から一九八五年の間に時間的なずれこそあれ、ドイツでもオランダでもフランスでも、もちろんイタリアでも同じ対抗論理が現れている。スキンヘッドのような見世物的な激しさのスタイルから、一見してそれとはわからないカジュアルのスタイルへの変貌も同じである。イングランド人はサポーター活動の激烈な形態、まさにフーリガニズムと呼ばれる形態の発展にモデルの役を務めた。本節で描こうとしているのはこのモデルであるが、サポーターの活動形態は一つだけではない。もっと別のモデルが存在するが、それは第三部でフランスについて、さらには間接的ながらイタリアについても語りたい。もし、このモデルが充分に説得力のあるものなら、さまざまな国のサポーター活動を比較、検討することが可能となる。

　ところで飲み物の選択、衣装、ヨーロッパを移動するための高い費用、そして一九九〇年のイタリア・ワールドカップの期間中、フーリガンで知られたグループの何人かのリーダーが立派なホテルに滞在していたという事実をみると、カジュアルは労働者階級とは別の、貴族階級か中産階級から参集していると考えざるを得ない。同様にファーム（商会）とかクルーというグループの命名はしっかりと組織されたグループの活動を思わせる。

では、いったいフーリガンとは何者なのか。もちろん男であり、若者、若い成年者である。ところが、イングランドにおいては他の国々と違って、もっとも激烈な行為に及ぶのは、ときに三十歳から四十歳の大人たちである。それゆえサッカースタジアムとその周辺へ人が集まるのは、男としてのアイデンティティーの定義とその体現の仕方に関係がある。もう一つ重要なのは、ジャマイカ人のフーリガンも若干いるクラブもあるにはあるが、事は本質的に白人の事柄であるという点である。さらには大きな特徴として、すっかり検証ずみのことであるようだが、イギリスではフーリガンの徴募は基本的に労働者階級からおこなわれてきた。サッカーは大衆文化が提供する娯楽を通した若い男の社会化の一様相である【原注12】。つまりサッカーには男であるという事実（飲む、「へとへとになるまでやる」、「大笑いする」、縄張りを守る、「任せてもらう」）が表象するものとの類似点が多々あり、まさにフーリガニズム（フーリガン稼業）とは、これら男の徳性の激化された形態にほかならない。それゆえ、そこにはフーリガニズムの伝統的な一面が常にともなう。サッカーは、悪い生徒／よい生徒（権威に対する反抗心の賞揚、それゆえ学校を拒否する）の、肉体労働者／頭脳労働者（傍観よりは自発性を文化的に特権と認める）の、男／女（男らしいとされる特徴の常なる主張とそのような振舞いへの期待）の、オレたち／奴ら（白人対黒人、アジア人のように空間を巡って争っている共同体が生み出す世界という幻影とかつての統治の経験）【原注13】の大きな社会分断化が大いに働く「ラッズ（若僧）」文化に属している。

リチャード・ホッガートはこれらラッドの共同体を穏やかな筆致で描き、共同体の誇りと共同体がその自律性を守るために活用できるさまざまな手立てを指摘してみせた。N・エリアスとE・ダニングによって提起されたラフとリスペクタブルの区分を借りれば、このラッズ文化は労働者階級のもっとも下位の部分に位置づけられる。サブカルチャーのあらゆる形態を眺めれば、このラッド文化がどのようにしてサッカーのなかにその価値を実現する方法を見いだしたかがわかる。サッカーはまさにカーニバル的な局面をもっている。ゲームとは世界をひっくり返す契機である。騒々しく自己を顕示し、歌い、猥褻に振舞い、酔っ払い、フィールドに侵入して、世界をひっくり返すのだ。自分のチームが負けそうだからゲームを無効にしようと思ってというだけではなく、ルール違反をしたいから、クラブや協会のお偉方たちに向かって一般庶民の存在を見せつけてやりたいからだ。まさしく反乱の一形態である。そのうえサッカー場は、おそらく他のどんな場所以上に、サッカー本来の遊びとは別の遊びをもさせてくれる。サッカーを見に行くとはいろいろなやり方で楽しむことである。ゲームそのものから生まれる感動、応援するか罵倒するか、それをどう表現するか、自分なりの遊び方を工夫したことによる感動。自分がまず楽しむことも、悪ふざけをし、威嚇して相手側を不快にすることもできる。フーリガンになるとは、ゲームの色模様を完全に塗り替える権力を得ることである。もはやリーズがシェフィールドと戦っているのではなく、リーズのフーリガンが目の前の敵と戦っているのである。サポーターのスタンドはグループの名誉のために、男らしさの正当な顕示たる暴力を駆使して防衛すべきテリトリー（領分）である。バーやカフェはもちろん、イングランドを転戦中のグループが占める単なる場所もすべて守るべきテリトリーである。ヨーロッパ大陸に渡れば、グループは「奴ら」と「オレたち」の間の国境線をどこまでも動かしてナショナル（国の代表）となり、あらゆるタイプのテリトリーに侵入してその支配の痕跡を刻み、戦利品（例えば衣服）を獲得するなど、捕食動物丸出しの略奪行為をほしいままにすることもできる。そして国の威信を賭けたゲームにその戦利品を飾り、報復合戦とつかの間の連合を楽しむ。ヘイゼルはイングランドとイタリアのサポーター同士の憎しみあいが数年つづいた後に起こった。フーリガニズムは男の本物の暴力文化のなかに確たる位置を占めているが、それは若者の特性ではなく、国内のあるいは国際的なテリトリーに振り分けられた相異なるグループ間の競争の場が設定されると決まって表面に出てくる。いわんやサッカーのゲームとなれば尚のことである。文化と言ったのは、単にラッド（若僧）がまるでそれが当然であるかのように使っているからではない。この文化は、フーリガンたちのさまざまな発言【原注14】のみならず、書店に並ぶ、ある「用心棒」の数々の手記や助言のような作品が証言しているように、とりわけ何が名誉なことであるのか（誰と、どのように戦うか）という問題を通して効果的に符号化《コード》されているからだ。この文化はイギリス社会における労働者階級のじつに疑わしい統合、すなわちディズレイリの言う二つの国民の永続性の問題、さらにはこの分断に見あったもの、すなわち社会階級の文化的、おそらくは民族的《エスニック》とすら言える定義、「自らのテリトリーに誇らしげに野営している別の人種」【原注15】と絡みあって育まれ、先鋭化してきている【訳注8】。

今日、この分断の存在こそが問題なのである。その目に見える変化ははるか昔からあったが、主要にはここ二十年間に発生した。このフーリガン活動の新しい波を説明するためには、一九六〇年代に始まるイギリス労働者階級の細分化に注目する必要がある【原注16】。つまり作業工程の変更による労働者階級の分断化は、ラフとリスペクタブル、つまり職業訓練を受けていない者／受けている者の対立を通してではなく、一方に職業訓練を受けたり、超過勤務を利用するか自ら起業することによって個人としての社会的昇進の可能性を探ることを受け入れ【原注17】、一九六〇年代の経済成長の利益を得た労働者階級、他方に旧来の製造業部門で働き、それゆえの衰退に耐えながらも、労働組合とウェルフェア・ステート（福祉国家）の発展を通した集団的な社会的昇進の道を選択し、経済成長の恩恵にあずかれなかった労働者階級という二つの労働者階級の存在を通して現れたのである。経済成長の利益を得た労働者たちは、より消費生活に目を向けた、より個人主義的な生活様式を重視し、一九七〇年代には保守党に、次いで個人の成功の徳目を強調したサッチャリズムに投票したが、そのような恩恵にあずかれなかった労働者たちは、労働者階級の集団的娯楽と労働組合や労働党のような自分たちが培ってきた機構にこだわりつづけていた。ここで重要なのが、衰退するばかりの防塁と化したイングランド北部と、経済的にも、社会的、文化的、政治的にも断絶してしまっているイングランド南部とりわけロンドンとの相違である。

よって調査結果を見るときは、対象者のなかに、学生や、教員、店長・支配人を名乗るカジュアルや自営業として働こうとしている若者、わずかながらも失業者もいることを考慮に入れる必要がある【原注18】。同様に、この現象に歴史的深みを与えようとすれば、ロンドンのイースト・エンドに関する調査から、一九六〇年代に出現したスキンヘッドのサブカルチャーは、労働者階級のもっとも周縁化された部分から生まれたものではなく、反対に独立した労働者か、「闇市場」（建設業などの臨時雇い）で働く労働者の範疇に入ると言える【原注19】。そのうえ、代表チームやイングランド北部の都市のクラブチームとともに移動するサポーターの大半は、イングランド南部特にロンドンから来ていて（一九八八年のヨーロッパ選手権や一九九〇年のイタリア・ワールドカップの期間中は五〇％以上）、これらのサポーターはその六〇％が非肉体労働に、二四％が熟練労働、一六％が半熟練または非熟練労働に従事していると述べている【原注20】。この想定とそれを支えるいくつかの資料からすれば、E・ダニングなどのレスター学派の社会学者たちが描いた、フーリガンはカジュアルであるかないかは別にして、労働者階級にもっとも統合されていない階層出身の若者たちであるとの像はかなり修正せねばならないようだ。したがって、ロンドンのウエストハムのカジュアル・グループ、インターシティファームのメンバーは二二・七％が失業者で、二四・七％が未熟練または非熟練労働者である。また五百十九人のフーリガンからなるある強力なグループは、七二・六％が未熟練または非熟練労働者の範疇に入っていた【原注21】。

この新たなフーリガンについての二つの画像に黒白をつけなければならないのだろうか、それともこの画像のブレは、大方は労働者の労働の脱構造化が生んだ新たな職業訓練の必要性に由来すると見なすべきなのだろうか。さらには、フーリガンたちのいかさま自称戦略があること、つまりすでに指摘されていることだが、ビジネスマンと自称するフーリガンがじつは個人営業のガラス拭きなど、ここ十年ほどの間に急伸した職業についていたりすることも考慮に入れなければならない。

それでもこの北部／南部の分断現象には、それなりの妥当性が見とめられる。たとえ、この分断がサポーター活動での（北部における労働党の選挙での強さに見られるような）社会化の二つの形態を表わしていると考えるとしても、この二つの労働者階級はともにサッカーを愛しているのである。ただ、この二つの労働者階級はその愛情のなかにいささか相異なる価値を表現しているのである。つまり、「伝統的な」労働者は依然として生活と労働の集団性の表現としてのサッカーの基本的価値に忠実であろうとしているときに、「ブルジョワ=労働者」といわれる新たな階層はメディア化、国際化、サクセス・ストーリーなどサッカーの現代化の様相に魅《ひ》かれたのであろう。フーリガニズム(フーリガン稼業)という観点からすれば、このことは、この新たな労働者階層とその子どもたちはヘイゼルで見たような暴力形態、もっと大きな目で見ればイングランドの代表チームの移動にともなう暴力形態のような新たな暴力の形態に取り込まれていることを意味する。彼らは極めて個人主義的で、ナショナリストで極端な排外主義者である。住まいを置いているという意味での共同体には暮らしておらず、新しい郊外に分散して移り住んでいるからだ。それゆえ、テリトリーとはもはや隣近所との直接的な経験ではなく、同じ特徴を共有する共同体という絵空事の再構築、民族あるいは人種の再構築でしかない。こうして、彼らの暴力はアンチ・リヴァプールの歌やアンチ・スカーギルの歌、さらには一九八三〜八八年の鉱山スト【訳注9】に反対する歌のなかに見られたように、北部の「貧乏人」や「生活保護を受けている者」に対する直接的な蔑《さげす》みと対立のモードで表明される。暴力的で排外主義的なサポーター活動に参加することは、社会的地位を喪失する恐れや転落の恐怖を前にした不安への回答の古典的な形態でもあろう。それはまた、サッカーにおける人種差別問題や極右グループの影響の顕著な変化を表わしているようだ。イギリスにおいては極右組織のメンバーは、一九八五〜八八年のサポーター同士の数々の抗争事件から狩り集められている。ヘイゼルでは、イタリアサポーターの死を招いたこの出来事への、ファシスト運動に共鳴していることで知られるチェルシーサポーターの積極的な参加が指摘されている。極右政党「国民戦線《ナショナル・フロント》」の機関誌『ザ・フラッグ』は、一九七六年来、イングランドの代表チームやクラブチームの白人選手に対して、「ユニオンジャックの旗の下に黒人はいない」というキャンペーンをくり広げてきており、人種差別主義者のサポーターも、代表チームやクラブチームへの黒人選手採用反対のデモンストレーションをくり返してきた。リヴァプール市では同じリヴァプールのクラブチーム、エヴァートンのサポーターはリヴァプールFCを「ニガープール」と野次る。リヴァプールFCは黒人選手を何人か採用しているからだ。この国民戦線あるいはその他の極右グループの戦略は、マーガレット・サッチャーが選挙に勝利し【訳注10】、国民戦線がイギリスで政治的勝利を得るチャンスがまったくなくなったと見えた一九八〇年代に発動された。このとき国民戦線は若い失業者や自分の置かれている状況に不安を抱き、外国人への疑念を声高に口にする者などメンバーになりそうな者に、サッカー場や路上で徴募の声をかける戦略を推し進めた。よく言われたように、テリトリーでもある優れたエスニシティー（エスニック集団への帰属意識）は強烈な人種差別主義からではなく、その政治化から守られうるものだ。実際、テリトリーの意味とチームのサポーターの愛郷心が、おそらくは極右のグループがスタジアムに根をおろしつづけることを拒んだのだ。なぜなら、何にもまして大事なのは共同体を表象するクラブであって、チームの構成がどうであれ、外国人拒絶という一般的原則を適用することではないからだ。それでも一面ではスキンヘッドは、極右のサブカルチャーの場への充当《カセクシス》（入れ込み）戦略の成功例と言える。スキンヘッド発祥の地、イースト・エンドの造船《ドック》・港湾業地帯とロンドン郊外の新興住宅地でのその増殖こそ、労働者の共同体の脱構造化の顕現にほかならない。それゆえ、イングランドの代表チームを追いかけることは、テリトリーの区分を乗り越え、「奴ら」と「オレたち」の間の国境線を仕切り直し、ヨーロッパの至るところにナショナルな（国を代表した）テリトリーを持ち込むという、もう一つ別の意味をもつ。

では、もう一つの「伝統的な」労働者はと言えば、わけても若者たちは自分たちなりのイメージのフーリガン稼業を展開している。それはもちろん、地域のライバル関係を表現するために全土でくり広げる挑戦と名誉の防衛に基づいたフーリガニズムである。しかし、彼らは外国ではあまり思うようにならないようだ。移動に要する金がままならないのだろう。また家族がアイルランドの出であったり、地域への愛着が強かったりして、イングランドという国への所属の意味が相対的なものでしかないからである。

一時しのぎの（カジュアルな）解決策

この北部／南部の局面は現実のものである。この較差はスタンドを彩り、地方色をよりくっきりと浮かび上がらせるが、問題はもっと広範で、イングランド全体をおおっている。なぜなら、フーリガニズムの、特に一九八〇年代の隆盛はより一般的には、社会統合の伝統的な様式が崩れるときに、人はどのようにして個人としての、また集団としてのアイデンティティーを形成するかという問題に関わっているからである。それはまた（サッカー好きの若い労働者のほんの一部だけがこの流れに乗っているという事実は強く指摘しておかなくてはならないが）、このアイデンティティーの形成問題のそれなりに満足のゆく対応として見いだされた解決策の一つと受けとめる者もいたのである。前節で見た労働者の経験の変化の指標は、一九六〇年代にはすでに労働者階層出身の男であるからといって労働とそれに見あった社会的地位が約束されるわけではなくなっていることを表わしていた。ラフと呼ばれる男たちの、不安定でこれまでの職業訓練（職業資格）が通用しなくなるという経験は、こうして次第に若者たちのあいだに広まっていった。カジュアルの形態をとったフーリガニズム（フーリガン稼業）の隆盛の動機は、安定した仕事に就いたり、その仕事ゆえに社会的に認められる地位に近づいたりすることとは別の自己定義の様式を追い求める必要性にある。外見、個人のスタイル、つまりは消費の仕方は社会に自分をどのように押し出すかという方法として現れる。フーリガニズムはこのような消費への充当《カセクシス》の一様相である。そして戦闘を求めるか、戦闘をあえて避けずに自らの身を危険にさらすことを通して、このフーリガン活動は別のやり方で、個人の価値の証しとして、自分の階級の諸価値への忠誠として肉体を動かしているのである。一九八〇年代のサポーターの社会的出自についての議論には、その社会的役割の不確かさという典型的な経験は、間違いなく労働者階級のさまざまな階層の出の個々人に共通する経験となっているという事実を見落としており、この現象が孕んでいるもの、すなわち個人のアイデンティティーの構成要素としての娯楽へのさまざまな形態の激しい入れ込みが演じる役割がもつものを見過してしまう恐れがある。よってフーリガニズムについてよく言われるような、文明化されなかったグループ、つまりラフが起こす事件であるとか、あるいは文明化に逆行する動きの結果、つまりは文明化を促進する連鎖を断ち切ってしまう失業や受けた職業訓練が通用しなくなるなどの、文明化から取り残された結果であるとする仮説を考慮に入れることは可能である。伝統的なラフとは本人たちにとっては、路上の価値と男らしさの重要性を最優先させることによって男の暴力文化を継承する社会化の諸形態でしかない。しかし、新たなラフには、感覚の極大化と感覚を制御する能力が問題とされる領域にすすんで入ってゆくことで自らを定義しなければならない人々にかかる重圧がさらに加わる。カジュアルのフーリガニズム（フーリガン稼業）は、この労働者階級への所属の定義の仕方と、社会的なそして個人としてのアイデンティティーの形成において「興奮の探求」を通して演じられる役割との、あの衝突の問題を浮かび上がらせる。それはつまり、部分的であれ暴力をともにし、スタイルを共有することで、どのようにして一体となるか、どのようにして自らを定義するかという問題でもある。フーリガンという解決策はなかなかに興味深い解決策である。つまりフーリガンはただそこにいるだけだったり、他の者がやっていることを眺めていたり、行動に参加したり、少しずつ認知を得たりするだけでよいので、易々と同化できるのである。そこには快楽もあれば、名誉を保ち、男らしいと見なされる光景を演じ、快楽、分かちあう危険、判断を通して位階制度のなかに地位を授けてくれるグループもあるのである。

個人という局面で言えば、リスクを背負う、つまり身体的および精神的な完全性を賭ける何ものかと対決することは、わたしたちの社会が現に生きていると感じるとともにその証しを求める社会、つまり生を実感することを求める社会であるだけにより一層重要となっている。麻薬の効き目を感じる、性の快楽を求める、身体的な完全性を賭けることは自分との関係に係わることである。感覚を増大させることは、それが何による感覚であれ、自分自身の存在の証しを積み重ねることである。感覚の増大はまた、仲間の集まりとの関係をも規定する。つまり仲間うちでは麻薬や暴力やナンパは派手にやればやるほど高い地位が得られるのである。感覚の増大は社会との関係をも規定する。自らの生を実感し、そのような振舞いをした者にどのような地位が与えられるかをその反応によって確かめることができる。リスクがあればこそ、社会的規範との関係に拘束されないことを示す能力を測り、ある種の成熟形態を実現してくれる。それは子どものままでいる者との落差を見せつけ、物体と技術(ここでは、フーリガンにとってのアルコールと覚醒剤と戦闘)を支配し、操作できることを前提とするからである。と同時に、これらの快楽を知らないか、実行しないか、これほどまでには夢中になっては消費しない大人の、あるいは「普通の」世界との距離が保たれる。この意味でフーリガンとは自らの快楽の実践家である。

この探求は、より大がかりな、これ見よがしの消費への充当《カセクシス》の動きに現れている。外見や所属の印《シーニュ》という観点から言えば、カジュアルであるとは、例えばスタイルやモードや「ブランド」への興味を示すことである。社会的威光を示す様相の一つが、「良い」服、つまり特製品を身につけるという事実にはっきりと表われる。それは、生活が苦しい者にとっては、「良い生活」【原注22】から締め出されていることを拒絶する方法、あるいはこれ見よがしの消費と、暴力に訴えることができる能力、つまりわが身を危険にさらすことができる能力を通してある評価を得ようとする努力、個人的な社会的昇進の一形態である。テディ・ボーイからモッズまで、若い労働者たちが自分たちのスタイルをもち、その外見に「確信をもつ」能力によって自らを定義するのは初めてのことではないが、若い労働者たちは経済危機という文脈のなかでそうしたのであり、さらにそれ以上にこれまで見てきたような文脈のなかでそうしたのである。このことは街角での装い《モード》にはっきりと現れ、エンドの風俗を常に革新しつづける力を育む。もちろん、この若者たちは働かなければ、そんな服を買う資金が得られない。

そこで捕食動物丸出しの観戦ツアーが、市の中心部や、イングランドといわず外国といわずチームが遠征する町々でくり広げられる。一九七〇年代中頃にはヨーロッパ大陸でのリヴァプールFCの成功は、イングランド北西部のファンにヨーロッパ各地の都市に旅をする機会を与えた。こうしてサポーターたちは合法的にあるいは非合法の手段で、ヨーロッパ大陸のブランド品(アディダス、ロイス、フィオルッチ、エレッセなど)を手に入れ、これをマンチェスターのライバルチームとの闘いに際して身につけた。しかし、もっとも力を入れたのは、スペインやヨーロッパ大陸でのプレシーズンマッチを利用して新しい装い《モード》や各地の音楽に触れ、新しい歌を仕入れることのできたロンドンのチームのサポーターたちとの闘いだった。そして言うまでもなく、サポーターたちの武勲、クラブの成功、略奪、他国のサポーターとの乱闘は現実の位階制度での評価を定め、高めるものだった。イングランド流のフーリガニズムの現実をまだ知らないヨーロッパ大陸のスタンドとサポーターは、初めのうちはイングランドで蓄積したノウ・ハウを見せつけるのに好都合だった。イタリアやドイツのマフラーが地域のライバルチームから奪い取ったものよりもより独創的な戦利品を表わしていたからだ。しかし、やがてヨーロッパのここかしこにウルトラ・サポーターが出現するに及んで、イングランドのサポーターに国際的な注目が集中するようになると、イングランドサポーターはイギリスにおける政治的議論の争点の一つとなった。イギリス政府は国のイメージを傷つけるこの現象をどうにかしなければならなくなったのだ。ところで良い生活とは、メディアの視線を浴び、出来事にその痕跡を刻み、パリやミラノの街を闊歩し、スペインのようにバーが深夜も閉店することがない国々での観光を満喫すること、あるいは盗んだシックな服を着込むか絶好機には豪勢なホテルに泊まるかして気持ちのよい生活を送る楽しみを味わうことである。こうして、新しいスマートなサポーターと評価されるこれ見よがしの消費を見せつけるのである。しかし、このようなライフスタイルに手が届くのは一部の者だけである。

これら新しい行動原理は威信に基づいた新しい位階制度を招く。もはや単に激しいだけでは通用せず、組織者、陰謀家としての資質をも必要とする。新たな興奮の源となる資質、秘密が守れ、紛れ込みもでき（虫も殺せぬような顔で、どこであれ殴りあいに飛び込み）、メディアとの交渉や情報のリークにも長けた緻密さという資質である。

カジュアルというスタイルは、社会進化の伝統的な二つの（政治問題化ではない）問題化の一つと通じるところがある。すなわち大衆文化の商業化過程あるいは競争の激化に直面したとき、人は民主主義に訴えることができる、つまり物事に参加し、言いたいことを聞いてもらうために行動に移る権利に訴えることができるという点である。それは多くのサポーターの要求であり、正統派のサポーターを単なる消費者と差異化しようとする実践である。しかし、エリート主義に訴えることもできる。数は多くはないが特異な存在で、一つにまとまるのではなく距離を保ち、不意打ちをくらわす、惨めではなく金がありそうな様子をしている、それが他のサポーターとの極めて明確な差異化として表われている。つまり皆、出身階層は異なり（「生まれや育ちについての話は全部ほらだ」）、いずれにせよ、同じ出身である必要はなく、習慣もみな違う（サポーターのユニフォームはなく、アルコールのがぶ飲みはせず、群れをなしての移動はしない）。これこそ、自分のために、自分の満足のために、抗議のためではなく仕事をうまく仕上げたという快感のために騒ぎを引き起こそうとする、ダンディズムの一形態である。暴力それ自体が目的である。警察やメディアと取り決めた場所と時間をきちんと守り、ときにその裏をかき、立派に騒ぎを引き起こすのである。それこそ、暴力はライフスタイルだと言える。快楽を求め、快楽の実現という観点から人生を組織しているからだ。このような構図のなかでは、共同体を表象することは、自己を実現し、思いどおりの結果を得ることに比べれば、たいした意味をもたない。大事なのは自分の周りに愛好家を結集させられる能力を実感すること、戦友としての一体感を感じることであり、これこそ、共同体が消滅しているときの、人々が一体となる方法なのである。

カジュアルのサポーター団体がしばしば名乗るファーム（商会、団）という言葉は、ゲームとは縁のないこの新たな暴力の特徴をじつによく表わしている。労働者社会の風化を事実は事実として認め、これまでの労働者の地位の喪失を自明のこととして、カジュアルは、階級の徳目のシンボルとしてのテリトリー（領分）の労働者的な価値に基づいた普通の暴力から、純粋な暴力と組織感覚《センス》だけを守り抜いたのである。カジュアル・サポーターたちが使うファームあるいはクルーという言葉は、戦闘活動の組織過程でそのもてるすべての意味を現す。イングランド警察によるスタジアムの統制、さらにはヨーロッパ各国の警察の洗練された規制のために、暴力の世界により積極的に参加したいと願う者たちは、これらの規制をかいくぐる戦術を発見する必要に迫られた。事実、一九八〇年代の初めから乱闘はますます公共交通機関、都市の入口、ディスコなどで起こるようになり、スタジアムでの乱闘は減っている。それはこの時期、カジュアルたちが普通のサポーターと混同されるのを嫌ったからでもある。それゆえ、フーリガン活動を取材しようとしている地方や全国放送のメディアは、「厳格さ」やリーダーがいるなどの特性をそなえ、連絡・動員システムを有し、多少とも計画された待ち伏せ攻撃が期待できるサポーター団体を特定、重用し、まるで統制のとれていない街区や町への所属を基礎とした小さな組《バンド》（若者仲間）にとって替えた。メディアの期待に応えるためには当然、組織体であること、それゆえにファーム（商会）と名乗っている合法性が必要なのである。しかし、これらの組織形態は一面では、サポーターの水面下の動きを監視する機構、全英フットボール情報部（NFIU）を創設した警察と、ともに陰謀理論の大きな効果を高く評価しているメディアと、フーリガンの告白本【原注23】を書いた一部の作家たち、この三者の共犯の産物であると考えられる。実際、多くの場合、この組織体は連絡を口伝えにたより、パブや商店街などの通常の場所を利用した連絡網を利用し、敵対グループや警察との対峙においてどのように行動するか、どのように振舞うかを過去の戦闘経験に習っていた。

しかし、このファームという技術的で企業家じみた言葉はまた、企業家精神や社会的成功が肝腎かなめの価値として階級の連帯や階級意識にとって替わろうとしていた一九八〇年代独特の語法にも負っている。この意味で、カジュアルは時代の空気、企業家精神が大いに謳われたサッチャー時代の空気にぴったりと合っていたのである。リヴァプールにおけるカジュアル・モード（装い）の登場は、失業に襲われたこの都市に地下市場《しじよう》が発展しつつあることの表われである。スタジアムでローマ、ロンドン、パリで盗まれた衣服や宝石を身につけることは、貧乏なスカウサー（リヴァプール住民）という紋切り型の野次に対する挑戦の印であるが、盗品の衣服や宝石は闇市場でも売られていた。マンチェスターやロンドンではこれらファームのメンバーたちは秘密の「レイブ」、つまり新しいドラッグ、エクスタシー【訳注11】が横行する法の網をかいくぐった大規模なダンスパーティに精力を注いだようだ。こうして麻薬市場にそのまま居座った者も、偽金作りに手を染めた者もいた。さらにはBBC（英国放送協会）のコンサルタントとなり、いくつかのフーリガン作品の製作に協力した者も、フーリガンの思い出を綴った者もいた。彼らはサッチャリズムのイデオローグたちが盛んに誉めそやした例の起業家精神の証しとなったが、しかし、その精神はまた仮に非合法であっても肉体の力をたよりに社会的昇進をとげようとする労働者的な伝統でもあった。一九八〇年代は（社会保障ならぬ）私的安全保障市場が膨張した時代でもあった。

しかし、今や分析に政治的側面を加える必要がある。政治的態度を決めるというのではなく、このフーリガニズムの現実はどのように解釈できるのか、マーガレット・サッチャー政権の誕生からトニー・ブレアの勝利に至るイギリス社会を見通した議論のなかにどのように組み込むべきなのか、さらにはイギリス社会はどのような政策を実施したかを解明する必要がある。

第三章　フーリガニズム——社会問題と道徳的パニック

この一件は優れて政治的である。なぜなら、今日イギリスにはもはやフーリガンはいないようで、いたところでフーリガニズム（フーリガン活動）はごく一部の現象となったようだと、ハッピーエンドの物語となっているからだ。では、どのようにして、こうなったのか。おそらくは他の現象がそうであるように、サッカーにも一種当たり前の歴史が展開されたのだろうか。ある瞬間、参加者たちが潮のように引き、それっきりゲームに関心を示さなくなった、と。しかし、たいていの場合、定かならぬ現象が消滅するのは、諸個人や社会にとって不吉なその性格を理由にして消滅させようと働きかけたからである。なぜなら、それは社会問題であるからだ。サッカーのフーリガニズムと暴力は、社会的機能不全を映し出すものとして現れているのであるから、まさに「現象」とか「社会問題」と呼ばれるに相応しい。しかし、社会問題がすべてそうであるように、フーリガニズムと暴力には、さまざまな現実の問題や状況の大袈裟に劇化された描写が混ざり込んでいる。フーリガニズムの問題には都市暴力の今日的な問題との数々の結びつきがある。フーリガニズムの問題は、都市の暴力問題がそうであるように、「社会的なまなざしを統一している諸規則の溶解の影響であり、またその溶解が抱える現実の反映」【原注1】でもある。

実際、フーリガン活動にせよ過激なサポーター活動にせよ、そのグループ、その言説と振舞い、その被害（死者、怪我人、政治的な態度表明）には、疑いの余地なく「客観的な」外観がある。つまり諸個人あるいは社会に害を及ぼす何ものかが明らかにある。しかし、書き留められた事実はそれ自体充分には明確ではなく、この現象の重要性あるいは深刻さの認識を促すものにはなっていない。そもそも「フーリガン」というカテゴリー自体が明確ではない。フーリガンとはある人たちが戴く名称なのか、それとも何かのグループか振舞いにつける形容なのか。旧ソ連邦や旧共産国家ではフーリガンとは暴力的な若者たちだけを言うのではなく、一般に社会主義的な倫理を尊重しない者すべてを指していた。

そこで、この現象の「主観的な」外観【原注2】が介在してくる。すなわちこの現象から得られるさまざまな解釈、この現象について成されるさまざまな論証、集められる事実、道徳的あるいは政治的な評価、注目の訴え等々である。フーリガニズムについて語る方法には、この二つの局面の混同が見られる。この混同ゆえに、相異なるタイプの問題や振舞いをフーリガンという一つの言葉で扱ったり、もっとも暴力的な行為がすべてのサポーターに（もっとも情熱的なサポーターにも）関係しているわけではないとしてみたり、世界中のスタジアムに毎週足を運ぶ何百万人の観客と関係がある暴力行為を極めてまれであるとしてみたり、とりわけ暴力の概念に照らして、さまざまな行為をののしり、傷害、殺人などと腑分けしたりするのである。フーリガニズムとは情報あるいは社会問題の専門家の関心事であるばかりでなく、それはサッカーの観客が直面させられている具体的問題でもある。

それゆえにサッカーにおける暴力は現実の問題であり、サッカーの試合に際しては実に多くの暴力と暴力による犠牲者が出ている。しかし、それはまた「ある状況、出来事、人物あるいはグループが社会の価値や利益にとって脅威と見なされる」道徳的パニックの古典的な現象【原注3】でもある。「この（脅威の）本性はメディアによって様式化され、紋切り型で描き出される。つまり出版社、宗教的権威者、政治家および極めて思想健全な人々が道徳的防護柵を築く。社会的に信用のあるエキスパートが診断を下し、その解決策を授ける」のである。ここで責任を負わされるフォーク・デビル（社会を毒するもの）が、一九六〇年代のイングランドではモッズやロッカーズのような組《バンド》（若者仲間）だったわけである。特殊な象徴的特性を付与されたこれらの組《バンド》（革ジャンでバイクに跨がり、ロックンロールを愛したロッカーズ、スクーターに乗り、イタリアの服とソウルミュージックを好んだモッズ）は、初めのころは南ロンドンの海岸にしばしばくり出し、抗争事件を起こした。これらの乱闘騒ぎを受けて、社会の原理と道徳の退廃の象徴が見留められるグループの行動を暴くべくメディアのキャンペーンが張られる。暴力という疫病を予防しようというわけだ。しかし同時に、このメディアの援護はモッズやロッカーズをイングランドの別の地方の若者にとっても模倣可能な行動モデルに成型し、社会秩序に反抗するものについてのさまざまなタイプの解釈を提案することともなった。これがさらに、若者全体への暴力の感染という右に述べた恐れを正当化する。

より一般的に言えば、道徳的パニックという捉え方は、サッカー特有の感情的な激しい入れ込みに結びついたあらゆる乱行を暴力や風俗の退廃と解釈しようとする意図であり、それはまた、若者特有の得体の知れぬ力や掴みどころのなさや悪徳が備わっていると見える、ときには獣の列に貶《おとし》められたりもするグループにスティグマを刻印することである。モラル・パニック（道徳的パニック）という言葉によるこの分析の利点は、報道人や道徳のエキスパートや請負人【原注4】、つまりその職業が社会的事実に関する規範を作ったり判断を下したりする人々に結びついた仕事が、ぼやけたアイデンティティーをモードやフーリガンの（その服装、その習慣、その価値の）様式化によって固形化し、地域的にすぎないものを全国的あるいは全世界的なものにすることによって、社会問題の枠組みを作っていることを示してくれることである。こうして、社会秩序に挑戦しようとする者すべてに対しては、自らを定義する一つの範疇が、そしてあらゆる解説者に対しては、受け入れることのできない社会的進化の責任を負わすべき一つのグループが用意される。フーリガニズムに対するこのようなアプローチから得られる利益はもはや明瞭である。すなわちフーリガンとはフォーク・デビルであり、この現象は一つの共同製作作品とも、その社会的、道徳的性格から明確に特定されるであろう一つのグループの結果とも分析されうるのである。

こうして、ここ十年ほどに出版された書物のなかには、サッカーの試合のような大衆の意思表示に参加した個人に加わるさまざまな脅威の情景という観点から物語を書き綴ったものもある。その一例が、ビル・ビュフォード『ならず者《サグス》の群れのなかで』（邦題『フーリガン戦記』）【原注5】である。ビュフォードはイングランドのサポーターたちのあいだで体験したことを記している。その描写はビュフォードが直接見たことで、本当と思えるものではあるが、と同時にこれまで知らなかった大陸、ヨーロッパ、サッカーサポーター、そこでのさまざまな体験に、とりわけ群衆体験に初めて触れたオックスフォード大学修士課程修了のアメリカの若者が感じた一種の異国情緒《エキゾチズム》に彩られたものであることも否めない。このタイプの物語は、他のフーリガンたちとの共謀や作戦行動の懐かしき日々を語る元フーリガンのあまたの年代記や告白本にその類書が見いだせる。

このような識別をしておく利点は明白である。まず何よりも、フーリガニズム問題を、サッカー問題やサポーター活動の規制問題に関与しているその他の行為者たちとの関連のもとにすっきりと提起できることである。次に、フーリガニズム問題のさまざまな基礎的資料を見分け、この問題の重要性を評価できるということは、この問題の誤った解決の仕方に陥ることを避けることができるという点である。

イングランドサッカーに政治が賭けるもの

一九六〇年代にリヴァプールのサポーターたちがくり広げた数々の蛮行の描写には、また一九七〇年代のスキンヘッドの暴力を描いたものにも、モッズやロッカーズの武勲が含まれている。イングランドがその外交的、経済的影響力の喪失を感じはじめた時に、フーリガンの物語がこの喪失感に道徳の衰退を加えたのである。行儀の悪いサポーターとは、イングランド人の特性としての威厳と慎みのセンスが失われつつあることを意味していた。アルゼンチンやイタリアのサポーターたちがいかに行儀の悪い振舞いをしようと、それは南米的、大陸的《コンチネンタル》あるいはラテン的な害悪、病気として理解され、語られる。スコットランド人が、つまりケルト人がフーリガン行為に及ぶことはなんら驚きではない。イングランドのメディアは喜んでタータン・アーミーの展開っぷりを書き綴るだけだ。

「荒れ果てた光景を眺めるスタジアムの責任者、ドン・ガラシャーにはウェンブリーのこの有名な芝生もさすがに昨日は掘り返されたばかりの野菜畑に見えた。国境の向こう側からやってきたキルト（タータンチェックの巻きスカート）をはいた男たちの一団はあまりに酔っていて、自分たちの勝利を祝おうと短剣でグラウンドを耕したのだ」【原注6】。

しかし、大勢の若いイングランド人が同様の活動に打ち興じると、フーリガニズムは「英国病」となり、「世界でもっとも（安定と秩序と礼儀の同義語である）法を重んじねばならない国の一つでありながら、何か別のものに変形しつつあるこの国」【原注7】の象徴となる。

すなわち、サッカーだけがその原因ではないのだ。一九七〇年代に保守党内で、それゆえ労働党の側でも「法と秩序」問題が焦点化されてゆくとき、一般的に取り上げられたのは、あらゆる形態の社会不安、とりわけ犯罪の（劇的と見なされた）増加だった。しかし当時、さまざまな著者【原注8】が明らかにしているが、そのような治安の悪化説はなんら確たる資料に基づいたものではなく、むしろこの新たな道徳的パニックは、国家の権限強化戦略と危機にあるイギリスの抑圧政策、つまりマーガレット・サッチャーが政権に就くまでの何年間かに発動された戦略の一要因と解釈すべきなのである。このときサッカーは、イギリスが危機を脱するための手段に関する議論のなかで決定的な位置を与えられたのだ。

一九七九年のマーガレット・サッチャー政権の誕生は、まさにイギリスの衰退に対する回答と理解できる。まず第一に道徳的衰退に対する回答である。法と秩序という言葉をもってした回答、すなわち街角に規律を回復するための軽犯罪に対処する警察力の増強と法の厳正な適用、さらには国民の無責任化の元凶とされたウェルフェア・ステート（福祉国家）の制限という回答である。その次が産業的な衰退に対する回答である。経済の民営化、国家の介入からの自由主義市場の擁護、すなわち労働組合との正面からの闘いである。サッチャリズムは、主要公共部門の保護、ウェルフェア・ステートの発展、労働組合の役割の認知、例えば死刑廃止の合意に表われた道徳的リベラリズムなどといった、第二次大戦後のイギリスを常に規定してきた政治的コンセンサスを断ち切った。保守党内の新右翼によって攻撃されたのが、このコンセンサスであり、新右翼はとりわけ犯罪増加の原因と見なした自由放任主義に批判を集中した。保守系誌『スペクテーター』のさまざまな記事に見られるような新右翼の立場はサッチャー政府の政策を表現するものではないが、ヘイゼル、ブラッドフォード、ヒルズボロの悲劇をはさんで盛んになってゆく議論を右から左へ映し取ったものである。

ヒルズボロの翌日、大部数を誇る日曜紙『サンデータイムズ』が掲載した次の一文ほど、サッカー関連の出来事に事寄せ、現政策に擦り寄ってイギリスの衰退を声高に明示したものはあるまい。サッカーは「あばら家同然のスタジアムで演じられ、それを観る人々もあばら家に住んでいるというあばら家スポーツであり、まじめな人々のサッカー観戦の意欲を殺《そ》いでいる」。サッカー場へはもはやイギリスのもう一つの部分、アンダークラス【訳注1】の人々しか足を運ばないようだ。

「われわれには前からわかっていたことだが、イギリスは二分化されている。一つは穏やかで、愛想のよい、寛大な人々の住む、奇妙なまでに陽気なイギリス、もう一つが粗暴で、悪意にみちた、無骨者の住む、ひどく嫌悪を催させるイギリスである」（『スペクテーター』誌）【原注9】。

どのようにしてこのような状況に至ったのだろうか。そして、どのようにしてここから抜け出すのか。自由放任の教育と大量消費社会の影響に起因する規律の崩壊から立ち直るいくつかの要因があるはずだ。「ブリュッセルの（ヘイゼル・スタジアムの）悲劇の真実とは、リヴァプールとその周辺からやってきたあの獣《けだもの》どもの誰一人として貧しくはなく、失業している風には見えないということだ。それこそ、賃金をもらいすぎている、われらが素晴らしき『労働者』たち、一騒動おこそうとやってきた、お祭り野郎たちだったのだ」。

本物の努力とはかけ離れた収入を得て、資力を越えた生活をしているイギリス人というイメージを思わせるような要因があったというわけだ。この責任は労働党に嫁せられる。なぜならイギリスにおけるサッカーの進化と労働党が占める位置とのあいだには非常に強いつながりがあるからだ。「サッカーと労働党は共に発展し、共に君臨してきた、そして今、共に凋落の時を迎えている。サッカーは遣うことができる少々のお金をもった、能力ある、産業化された労働力が創り出したものだった」。

第二次大戦後の労働者階級の繁栄は、「アトリー政権が、国有化と社会保障制度の実現のおかげで、国の繁栄に目に見える陰りをもたらすことなく、労働界にかつてない大きな権力を与えた結果である。この繁栄はサッカーをかつてない魅力的なものにし、その集団的アイデンティティーはイギリス労働者階級の中心的娯楽としてのこのスポーツの地位を確かにした」【原注10】。

実際、土曜午後のサッカーの試合は労働者階級の価値とウェルフェア・ステート（福祉国家）の庇護の下の繁栄を祝う、労働党のミサであると言ってよかった。それはまた、後に見るように、サッカーは労働者階級のスポーツで、共同体の意味、率直さ、連帯など労働者階級の価値の最上のものを見せてくれているという、サッカー擁護論者の説く論拠の一つでもあり、フーリガニズムの社会的解釈でもあった。

ところが、保守党内新右翼にとっては、そんな時代は終わったのである。この観点からすれば、真実とは、かなり上層の大多数《ディーセント・マジョリティ》はすでに労働党を離れ、保守の列に加わっているように、スタジアムを見限っているのである。なぜなら、かなり上層の大多数《ディーセント・マジョリティ》はその労働の果実を味わい、財産を手に入れたいからだ。国家が与える助成金にたよりたくなく、サッカーの試合を見に行ってその身を危険にさらしたくもないからである。サッカーはもはや国技《ナショナル・ゲーム》ではない。労働者階級の実在をなお信じて疑わない労働組合や労働党の成員である心ない社会学者だけが、サッカーのサポーターを法律や市場の厳しさから守らなければならないと信じることができるのだ。そしてフーリガニズムと労働者階級への所属感の消滅に起因する観客の引きつづく減少が強調される。いわく、48／49シーズンには四一二〇万人を数えた観客が、88／89シーズンには一八四〇万人に減少した。世論調査によれば、回答した者のうち八四％がサッカーの試合を見に行かないと答え、四九％は試合結果をラジオで聴いたり、新聞で読んだりしないと答えている。新聞・雑誌は、若い労働者はサッカーよりもゴルフを好むという記事を掲載している。九十二のプロサッカー・クラブのうち八十のクラブが慢性的な赤字にあって、ここまでやってこられたのは公的助成金のおかげだという事実も強調される。それでも都市空間の真ん中に建造されているこれらのスタジアムは、住宅開発や商業センター建設などの不動産開発の対象とされる可能性があることを考えると、やはり特異な存在であることは、みな心に留めているのである。

このような文脈のなかでこそ、ヘイゼルの悲劇にも、ヒルズボロの悲劇にも連座させられたリヴァプールの都市とクラブが占める正確な位置を理解することができる。『スペクテーター』誌がつづける。「リヴァプールがブリュッセルで先週起きた殺人事件の責任を負うべきイングランドの都市となったところで、なんら驚くには当たらない。リヴァプールはそのもっとも嫌悪を催す形態をとって、英国病のふさがらぬ傷口をさらけ出した。その姿に始めこそこの国は哀れに思われたが、次いで軽蔑され、今では極度に嫌われている」【原注11】。

実際にリヴァプール市は、労働党の最左翼と、政府が迫るあらゆる改革を強硬に反対してきた港湾労働組合がもたらす市町村議会選挙での労働側の度重なる勝利を理由に、サッチャー政府によって進められる政策に反対する牙城と見なされるようになっていた。リヴァプールのサポーターたちの振舞いは、いっさいの悪事の被疑者とされたリヴァプールサポーター擁護の最先頭に立った英国国教会やカトリック教会の責任者たちが失業をもって説明したようには説明されることはなかった。それは「国家に対する依存」【原注12】の結果とされたのだ。

このように機能するサッカー、国際レベルにおける成績不振（イングランドは一九六六年以降重要なゲームに勝っていない、そしてヘイゼルにつづいてイングランドのサッカークラブは五年間ヨーロッパの大会への参加を禁じられてしまう）、あるいはフーリガニズムはそれゆえ、古いイギリスのさまざまな機構の一部を成している。このイギリスを、犯罪抑止政策を厳正に推し進め、市場論理に従わせることによって変革せねばならない、というわけである。

ヘイゼルから約十年後、ユーロ96（一九九六年ヨーロッパ選手権）の展開を見ると、サッカーの試合に関連した逮捕者の数が減っているとする警察の統計が示すように【原注13】、イングランドはフーリガニズム終焉のときを迎えたと考えることができる。この成功はフーリガン規制の三つの様態の組み合わせの結果として分析できる。第一にフーリガニズムとの戦争をおこなうとの考えに基づいた安全確保政策、次がスタジアムの観客を選別する市場による規制、つまりサッカーの近代化ともいえる問題、最後に、一九八九年四月のヒルズボロの悲劇を受けて作成された判事テーラー卿報告の結論にまとめられている妥協策にあるさまざまな形態の社会的動員である。

「対フーリガニズム戦争」

一九六〇年代初頭以来社会問題と見なされてきた【原注14】フーリガニズムが、「社会的災禍」と闘うことを目的とした意思形成という意味で、一つの政策として描きうるものを生む原因となるのは、本当には一九八五年以降である。一九七九年、マーガレット・サッチャーは、国家再建という理想に基づいた考えに懲罰を典型的な価値とする思想を対置させた「法と秩序」政策を遂行する意思をもって政権を誕生させると、対フーリガニズム戦争に着手した。そして犯罪政策という言葉で当時とられた対策は、直接的にはフーリガン戦争に関係していなくとも（スタジアムの騒動はもちろん、都市における暴動や一九八四―八五年の鉱山ストでの抗争が背景にあったのであるから）、フーリガニズム戦争に適用できるものだった。

こうして一九八〇年代には、フーリガン現象が発生するや、一連の系統立った措置がごく自然に実行に移されてゆく。つまり一方では、スタジアム内外での警察による対処の強化、騎馬警官、警察犬、監視ビデオカメラの導入、サポーターの分離、スタンドの区分化《ブロック》、グラウンドへの侵入禁止を徹底するための柵囲いの設置であり、他方では乱闘や脅威とみなされる振舞いを犯罪として取り締まり、懲役刑や罰金刑に処すことができる「一九三六年の治安維持条例」のような既存の法令の適用【原注15】である。こうしてなんら特別の措置がとられることもなく、裁判官たちはフーリガンを処罰できる手段を手に入れ、一九七〇年代におこなわれたある調査【原注16】によれば、フーリガン行為で起訴された者は、例えば政治的なデモにからんだ違法行為を問われた者よりも重い処罰を受けたのである。そして一九八二年以降は、フーリガン活動を犯罪と認定し、これを禁止することを容易にする一連の措置がとられてゆく。すなわち警察への呼び出し（出頭）、共同体での奉仕活動、保護観察命令に加えて、未成年者拘置刑が新設される【原注17】。さらには群衆に対処する警察力の増強と予防拘束【原注18】の拡大、そして「一九八六年の治安維持条例」は、暴力の教唆、人種差別主義的な行為あるいは人種差別的な敵意を煽る行為を新たに犯罪と規定し、また一九三六年の治安維持条例が容易に適用できるようにした。

しかし、一九八五年とはヘイゼルの年であり、五十七人の死者を出したブラッドフォード・スタジアムの火災の年、グラウンドへの乱入事件とサポーター同士の抗争が新聞、テレビで連日報じられた年である。トラブルの場としても、ヨーロッパにおけるイングランドの悪しきイメージの責任を負うものとしても、サッカーはその全局面において規制を徹底させなければならなかった。こうして一九八五年、スポーティング・イベント法（アルコール規制法など）はスタジアムでの酔っ払い行為、アルコールの消費、危険物（爆竹、発煙筒）の持ち込みを処罰の対象とし、警察官の身体捜索権を拡大した。サッチャー政府はさらに、クラブの会員証を有する観客だけにスタジアムへの入場を制限しようとするクラブの計画を後押しし、これが一九八九年のサッカー観戦証へ、やがてはIC化されたIDカードの導入につながってゆくのである。このカードは試合の観戦に際しては携帯が義務づけられ、違反行為を犯した場合には取り上げることができる。そのうえ政府はサッカー界に法と秩序の名の下に、サッカーの世界に秩序を取り戻し、市場経済の規範を適用するよう求めた。そして警察は、都市暴動や一九八四年の鉱山ストの際は、フーリガン活動に、IRA（アイルランド共和国軍）【訳注2】と対立しているアルスター義勇軍【訳注3】に対して用いられたような潜入戦略を適用する一方で、一九八九年には監視ビデオカメラやスポッター（マークすべきサポーターのいるチームに張りつけられたサッカー専門の警察官）から得られた情報を集中管理する全英フットボール情報部（NFIU）を創設した。

このような法制の整備と警察活動の強化は一連の派手な立ち回りと逮捕劇を生んだ。一九八〇年代についての系統立った分析はされてはいないが、それでも宣告される刑罰は重く（一九八五年にはチェルシーのサポーター組織ヘッドハンターズのリーダーと見なされた男が懲役十年を言い渡された）、未成年者の代替刑としての拘置刑が適用されたことは周知のとおりである。しかし、状況は一向に良くならない。野党は警察の対処やIDカードの導入計画に、市民的自由とサッカーの価値の名の下に反対を表明し、何よりも真の改善はまったく進まなかった。こうしたなか、一九八九年四月十五日ヒルズボロの悲劇が発生する。リヴァプールのサポーター九十五人が群衆に押し潰されて死亡した。初期の分析では、フーリガニズムによるものとされた。しかし、その後の公式の報告では別の解釈が示され、そこから新たな情勢が切り拓かれた。

テーラー報告――閉じられたゲームの開放

社会問題に直面したとき、つまり社会的機能不全を表わすものと見定められる現象に、ここではフーリガニズムに直面したとき、各国の政治家は、関与させられる行動の多かれ少なかれ組織的な性格によって、またその現象に取り組もうとして動員されるさまざまな形態の規制のあいだのバランスを取ろうとして【原注19】、それぞれその特異さを見せるものである。つまり抑圧および／あるいは予防、国家による統制、社会による「自然な」規制、あるいは件の社会問題に責任があると見なされたグループによる自主規制などである。

テーラー報告【原注20】が、サッカースタジアムで発生した事故に関して求められた初の調査報告というわけではない。一九四六年にはボルトンの悲劇【訳注4】について調査報告（メルウィン・ヒューズ報告）が求められ、一九八五年にはブラッドフォード・スタジアムの火災についてポップルウェル報告書が出ている。テーラー報告が成功をおさめている点は、シェフィールド市のヒルズボロの悲劇の直後に速やかに作成されたのに加えて、サッカーをめぐる強い葛藤を孕む関係という文脈のなかで、イデオロギーの場を離れ、この現象と取り組むための詳細な事実関係の把握と実際的な解決策の分析を提案することによって、この葛藤を抜け出し、妥協点を見いだすことが可能になることを描いていることである。

その分析はこうである。まず基本的には、悲劇の第一の原因は試合に際しての群衆の管理ミスにある。そしてこのような悲劇を生んだ情況をより精密に分析すると、ある種の安全対策やそれらの実施の悪影響が明らかになる。実際、ブラッドフォードやヒルズボロの事故の場合、スタジアムに押し寄せた群衆の誘導、規制、さらには開放する入口の数の制限、あるいは事態の把握は、その時点で最優先の問題とされたもの、すなわちフーリガンとの闘いに大きく影響された。つまり当初、群衆の動きは人が溢れかえっているだけと解釈され、大惨事の兆候とは解釈されなかった。同様に、試合開始の直前でないとスタジアムに入場できない、よっていざ入場となると当然押しあいへしあいの状態になるという、イングランドでは、とくにリヴァプールのファンが殺到するところや北部イングランドでは当たり前の事実が安全対策上考慮されていなかった。しかし、より一般的にはブラッドフォードの火災事故のようなこの種の破局は、「快適さなぞ望むべくもないとしても、観客にそれなりのもてなしをするのに必要な最低のレベルにすら達していない」設備のお粗末さと、「移動時の普通のサポーター、つまり法律を尊重するサポーターまでが、戦争捕虜の縦隊列と呼ばれる警察の規制作戦の対象とされた」【原注21】という事実によって引き起こされたものである。加えて、一九七〇年代にはピッチへの乱入を防ぐために、観客席とグラウンドとのあいだに金属フェンスを設置する決定がなされた。このことがヒルズボロでは重大な事態を招いた。

テーラー報告にある勧告の本質的な点は、スタジアム内の安全対策と受け入れ条件の改善にある。それゆえ報告は観客席をすべて着座式（椅子席）とするよう勧告し、サポーターIDカードの導入計画には、スタジアムの入口でより一層の混雑を招くとして反対している。違法行為の新たな規定については、スタジアム内でのアルコール販売の禁止や危険物の持ち込み禁止を定めたスポーティング・イベント法（アルコール規制法など）による対処を支持し、チケットの横流し、飛び道具の使用、猥褻な表現や人種差別主義的な性格を有する歌や振舞い、ピッチへの侵入などに対して、新たな法的規制を提案している。これらの措置はみな、一九九一年のフットボール犯罪防止法《フットボール・オフェンス・アクト》として整備された。

こうして、テーラー報告は、その分析と提案を通して、それぞれの責任の所在を明らかにし、スタジアム内外のゲームを静めてゆく。しかし警察は管理のあり様をあまり変えなかったので、サポーターたちは相変わらず概してひどい扱いを受けた。確かに暴力をふるうものは罰せねばならないし、サポーターには良好な観戦条件を保証せねばならない。こうしてテーラー報告はIDカードには異を唱えたものの、政府を満足させるものとなった。なぜなら報告は、反フーリガンの司法システムの構築を訴えており、着座式座席の義務化とともに近代的なサッカー、つまり観客＝見る消費者のサッカーという方向づけを打ち出していて、ヨーロッパに対して保証を与えていたからであり、またサッカーに対して徹底した闘いを挑むべきという閣僚たちと、サッカーはイングランドのアイデンティティーの形成においてあまりに重要な位置を占めているので真正面から反対したり、その存立を脅かすべきではないと考える者たちという、政権内に現れた二つの傾向【原注22】をともに満足させるものであったからだ。それにまたサッチャーが政権を離れてからは、次の首相ジョン・メージャーと閣僚の一人デヴィッド・メラーが、ともにチェルシーのファンであることを公式に明らかにしたりもした。報告はまた野党をも満足させるものだった。報告はIDカードに反対の立場をとっていたし、観客の受け入れ方にはクラブと警察を槍玉に上げ、サポーターの積極的な役割を評価し、サポーターをパートナーと捉える必要性を強く指摘したからである【原注23】。「支援すれども拘束せず」をスローガンに、一九三六年に設立された全国フットボール・サポーターズ・クラブ連盟（NFFSC）とは別に、ヘイゼル後にはサポーター団体連盟（FSA）が創設されると、独立した小さなサポーター団体が多数結成された。この動きは当初、クラブ、政府、あるいは警察に対する批判勢力のように見えたが、イングランドサポーターの排外主義と暴力に反対する【原注24】ものであることを鮮明にしていった。サポーターの側は着座式座席の義務化には批判的で、価格政策（入場料の値上げ）やビデオでの監視に抗議し、警察との定期的な協議やすべての都市での警察の規制活動の統一の実現は困難であるとしたものの、テーラー報告はこのような動きのなかでサポーターに提起された将来像であるとして受け入れられたのである。

テーラー報告はまた、より一般的には、統制なきリベラリズムのドグマの再検討の一環をなすとの理由からも受け入れられた。というのは、もしヒルズボロの場合に暴力が介在していたら、おそらく充分な安全対策を講じなかったのは、サポーターの側というよりは、スポーツという催し物の組織者、ここではクラブ、サッカー連盟および警察の側の問題であるからだ。それゆえ、そこには公共の空間の管理と、そのような空間を利用する者がもつべき考え方の問題がある。イギリスでは、ヒルズボロやブラッドフォードの悲劇のような出来事は、公共の場や公共の施設の利用をめぐる別の大惨事と時を同じくして発生している。キングズクロス駅の火災（一九八七年、死者三十一人）とフェリー船ザ・ヘラルド・オブ・フリー・エンタープライズ号の難破（一九八七年、溺死者百八十八人）は、公共の場における安全基準、イギリスにおけるスポーツの会場とそこでの安全確保に対する考え方、民営、国営それぞれの施設での利用者に対する義務のあり方【原注25】の問題の見直しを迫った。

実は、テーラー報告の勧告にはスタンドとフィールドを分ける鉄柵《フェンス》の撤去は含まれていない。それは各地域のイニシアティブに任された。それでも今日からみれば、フェンスの撤去はイングランドサッカーに生まれた新たな精神のもっとも強力で、もっとも象徴的な措置と思われる。注目を集める措置となったフェンスの撤去は、サッカーをめぐって入念に作り上げられた妥協の表明であり、右の三つの規制の調整の賜物なのである。

フーリガニズムに対する警察の管理

警察にとってヒルズボロ以後とは、一面では一九九二年以降は全英犯罪情報部（NCIS）に統合されたフットボール対策室（FN）と協力した情報活動、「対フーリガニズム戦争」の時期にメディアによって大いに喧伝された潜入作戦、および新たに規定された軽犯罪にからむ職務質問の拡大の維持である。これらの対策はユーロ96（一九九六年ヨーロッパ選手権）の準備過程で具体化されていったが、フーリガニズムに対する戦争の時期に支配的であった光景とは幾分異なった光景が展開された。実際、フーリガン組織への潜入作戦は、裁判所がそのような作戦で収集したビデオテープなどの証拠を無効と判断し、フーリガン現象を根絶するどころか逆に煽る恐れがあると批判されるに及んで、ある種の逆効果に行き着いてしまった。確かにスタジアムの監視テレビ網の設置と配置される警察官の増員は、暴力行為をスタジアムの外（公共交通機関から自動車専用道まで）に移し替えることにつながった。同様に、フーリガンに仕掛けられた情報戦争は、逆にフーリガン組織のネットワークを形成し、共闘、共謀を促しただけでなく、戦闘、つまり情報の秘匿、メディアへの意図的な暴露、衝突の危険性の織りなす一種の頭脳戦に加わった警察官への賛美とともに、フーリガン活動に対する賛美の性質をも帯びるようになった【原注26】。

こうして「対フーリガニズム戦争」は警察内部から、しかも「誰にとっても目に見えてわかりやすい」【原注27】という英国警察の伝統的イメージの擁護者から批判が生じることになった。そのうえテーラー報告は、警察による他の調査もそうであるが、警察のサポーターに対する対処の悪さや、その犠牲となるのがサポーターであることを明らかにしていた。「ほとんどどのような現場でも、警察はやる気がなく、沈みがちである。通常、警察官は心のなかでは、サッカーの観客は下位の階級に属しており、必ず上から見下し、自分からは話しかけてはならず、他の場所ならとても許されないような方法で手荒く扱わなくてはならないと思っている。警察官はほとんどいつも観客に話しかけるのを嫌がり、いざ話しかけるときは思慮に欠け、思いやりも良識もみられない。それゆえに、スタジアムの外で警察官に道をたずねるなんてことは、うっとうしい経験なのである」【原注28】。

そこでテーラー報告が示す回答は、警察と警察が作戦を展開する共同体とのつながりと、このつながりの再確立の必要性の喚起という形態をとって現れる。実は、このようなつながりは一九八〇年代初めのブリックストン暴動に関するスカーマン報告の結論にあるように、失われてしまっていたのである【原注29】。こうしてみると、サポーターに張りついて公然と活動する警察官、スポッターはまた、試合に際して三つのF、堅実《ファーム》、公正《フェアー》、親切《フレンドリー》の原則の適用【原注30】に取り組む者の仕事とも解釈できる。フーリガニズムの扱いを個別化する、すなわち実際に危険と思われる者だけに対象を絞り込めば、警察はその人員を節減でき、疑いの目を向けられなくなった普通のサポーターの共感を得られるのである。試合に際しての警察の介入のあり様を示した「明確な態度の場内整理《ハイ・プロファイル・ステュワーディング》、目立たない警察活動《ロウ・プロファイル・ポリーシング》」というモットーは、警察合理化政策と社会が、警察に期待するものに近づこうとしているという、積極的なイメージを打ち出そうとする意欲とのあの妥協を表わしている。その結果は、ブラックバーンで三万一千人の観客を集めたマンチェスター・ユナイテッドとのハイリスクな試合に動員されたのは、ステュワード（場内整理員）一五〇人に対して警察官一一〇人であった。一九八五年には、一週末《ウイークエンド》平均で投入された警察官の実数は、三二万九〇〇〇人の観客に四四五七人だったものが、一九九三年には、五〇万二四八人の観客に警察官三七八〇人であった【原注31】。

第四章　サッカーの近代化──市場とスタイル

鉄柵《フェンス》の撤去はクラブの決断である。フェンスの撤去は、政府から求められたサッカー近代化戦略、すなわちフェンスの撤去が引き起こす観衆の変化と、クラブをサポーターに近づけるために成される試みとによってフーリガニズム（フーリガン活動）に影響を及ぼそうとする戦略【原注1】の一環なのである。ブラッドフォードと、それにつづくヒルズボロの悲劇は、イングランドのスタジアムのほとんど（九十二のスタジアムのうち七十）が一九一四年以前に建造された老朽化した建物であることを示した。一方には政府の脅迫にも似た圧力と着座式座席（椅子席）の義務づけがあり、他方にはヨーロッパの大会へのイングランドのチームの復帰と一九九〇年ワールドカップ・イタリア大会でのイングランド代表チームの健闘によるメディアからの新たな収入増の期待、一九九六年ヨーロッパ選手権に向けた人気の高まりがあり、サッカークラブは急激な変化を遂げた。スタジアム内での警察官に替わるステュワード（場内整理員）の導入、スタンドの改築、グラウンドを囲むフェンスの撤去、さらにはいくつかのクラブに見られた都市郊外へのスタジアムの移転、一つの都市と複数のクラブでのグラウンドの共有、マーチャンダイジング（グッズ販売など）の強化、座席の年間予約（シーズン・チケット）制の積極的な拡大、そしてテレビ放映の独占契約（プレミアリーグとスカイTV）、ヨーロッパ人選手の採用促進政策である。これらはまさしく商業化戦略（新たな収入源の創出と顧客の開拓）と懸念される安全対策に応える方策にほかならない。着座式の座席は以前から暴力を封じ込める解決策と見られていたし、女性や家族連れをスタジアムに呼び込むためのアピール、サッカーの試合の（ほとんど暴力抗争といっていいような参加行動ではない）消費活動としての位置づけなどは観客の振舞いを穏健化するための手段である。予約購入制という商業政策は、クラブによって差はあっても観客をチケット購入権を獲得する義務によって選別するか、年間予約者だけか、プレミアリーグで言えば十五ポンド（約三四〇〇円）を下回ることがまれな座席料を支払う観客だけに絞り込むからである。このことは、スタジアムには支払い能力のある階級だけを集め、庶民階級はスポーツをテレビ観戦するというアメリカの状況を透かして見せる。これこそ先に述べたシナリオが描く姿である。

これとは別のシナリオも存在する。クラブが経済的に成り立ってゆくためには地域の特性やサポーターの熱心な支持に価値を置くべきであるとの考えから、小さなクラブや社会的に地位が低下した地域に住む人々に多くみられるケースである。これらの戦略は一九七八年にスポーツ審議会《カウンシル》【訳注1】によって策定された『共同体のなかのサッカー』プログラムの存在に基づいている。このプログラムには各クラブ、プロ選手協会（PFA）およびミルウォールに対するルーイシャムの市協議会のような地方自治体、それにフットボール・トラスト（FT）が加わっている。フーリガニズムに対する行動の社会的側面については、クラブに加えて、その他の財政的な支援者、一部は市町村とりわけフットボール・トラストの協力を得ている。スタジアム近代化のための資金負担問題は大きな論議を呼んだが、長い議論を経て、この事業はフットボール・トラストが担うことで意見の一致をみた。フットボール・トラストは一九七五年にサッカーくじ業界によって設立され、その後テーラー報告を受けて、サッカーくじから上がる税金の一部を当てて強化された機構である。フットボール・トラストはその設立以来、監視ビデオカメラの設置、ステュワードの配置、施設の近代化、これらの近代化にともなうさまざまな社会的プログラム（少数民族のサッカーへの関わりの促進、障害者の来られるスタジアムへの改築、小学校でのスポーツ活動援助など）、人種差別主義と闘うプログラム（「アジア人もサッカーができる」あるいは「人種差別主義をサッカーの外へ蹴り出そう」キャンペーン）、二つのサッカー研究センターへの資金援助をともなうサッカーの研究など、イングランドサッカーの変革に財政面でのイニシアティブをとりつづけている。

これらのプログラムは、小学校でのスポーツ活動の活性化、若い失業者や非行少年・少女に向けたプログラム、女子サッカーの振興のためのイニシアティブなどを基礎にした、クラブとその周辺地域とのつながりの発展を目指している。また、都市政策を実現するためのイングランド的なやり方と思えるさまざまな施策に協力している。ごくまれな例ではあるが、スタジアムの建設や近代化への協力が周辺地区の再開発や市町村への愛着の高まりとなり、ひいては都市の再活性化の要素となっている都市もある【原注2】。これらの計画は、明確にフーリガニズム対策となっているものもあるにはあるが、新たな形態の集団的利益活動や誰でも来られるスタジアム、社会化の手段としてのサッカーがフーリガンたちが生み出している状況と闘うことを可能にするとの考え【原注3】に重きを置いている。

しかし、この地域開発戦略はより金持ちのクラブによって採用される戦略でもある。例えばブラックバーンやニューキャッスルである。プロサッカーの創設当時からのメンバーでもあり、近年さまざまな幸運に恵まれた北部イングランドのこれらのクラブは、サッチャー政権下で築いた富をサッカーに投資しようとするビジネスマンたちに追い回された。ニューキャッスルの会長ジョン・ホールは市の周辺に巨大な複合商業施設と娯楽施設を実現させた。しかし、非常に野心的なラグビークラブでもあるこのクラブは、ジョーディー（北部イングランド住民）というアイデンティティーの存在を背景に、基本的にはシーズン・チケットをもち、白と黒の縦縞のユニフォームを着てスタジアムに足を運んでくれる老若男女で構成される地方の観客を動員することによって成り立っている。このような場合、その懸念は先に見た例ほどには社会問題とはならない。その懸念は、今のところヨーロッパの地図にニューキャッスルとイングランド北東部を強く印象づける唯一の手段であるこの道具（サッカー）を自在に使いこなすことによって発生する社会的、経済的、政治的影響力といった程度の事柄であるからである。

実はここに、サッカーの近代化が孕む緊張と、この言葉がもつ両義性が見える。しかし、その影響はサッカーにおいては明白である。ドイツの劇作家ベルトルト・ブレヒトは演劇について語った文章のどこかで、人々は演劇を見捨ててサッカーを見にゆくようになる、なぜなら次に何がおきるか知りたいからだ、と言っている。この見解をどう評したらいいのだろうか。サッカーの本質は即興、つまり対戦相手と観衆をあっと言わせる能力であり、それゆえどんなに結果が読めるゲームでも大方の予想を完璧に裏切ることもありうる。イングランドから見れば、状況はより複雑である。実際、サッカーを注視している人たちのあいだでは意見の一致を見ていることであるが、つい最近までイングランドのゲームスタイルであったキックアンドラッシュ以上に、サッカーにおいて予見可能なものはないだろう。結末がわかっていて、観客を驚かすとすれば感動のさせ方以外にない演劇とは異なり、イングランドのゲームスタイルは広く知られている。あまり予見できないのはゲームの結果のほうである。少なくともイギリスのクラブチーム同士の試合においてはそうである。まさにヘッド（頭）と抵抗力の問題なのだ。しかし国際試合となると、イングランドは自国開催の一九六六年ワールドカップでしか優勝しておらず、その他の国際的大試合ではことごとく勝利を逸している。反対にクラブチームにおいては、イングランド代表選手はすばらしい成績を残している。そのメンバーは基本的にFCリヴァプールにたよってきた。リヴァプールはイングランドスタイルにはほど遠いゲームスタイルを見せるチームで、その多くをアイルランド人とスコットランド人で構成し、ときにスコットランド人の監督に率いられることもある（現在のマンチェスター・ユナイテッドがそうであるが）【訳注2】。リヴァプールという都市同様にクラブを形作っていたものは、悪い典型だったわけである。観衆が好むものはまさに走って走って走りまくる大競争の戦法だったのだから。

では、このような頑ななこだわりはどのように解釈したらいいのだろうか。一九五〇年までイングランドは国際試合には参加しなかったが、このような他国のサッカーに対するイングランドサッカーの傲慢な蔑みは、力量の真の検証を遅らせてしまった。それゆえ新機軸を打ち出すなぞもってのほかだった。人は屈辱的な敗北をして初めて自らの不備に気づくものであるからだ。そんな敗北とは一九五〇年以前の対アルゼンチン戦でも、対ハンガリー戦でもなく、一九五〇年ワールドカップ（一次リーグ）でのアメリカ戦の敗北と一九五三年のハンガリー戦、ウェンブリーでの6―3の敗北である。ここで、選手をその技術的な能力よりも選手たちが示す体力、痛みに対する抵抗力、連帯、忠誠心などの徳性によって選別するというイングランドサッカーのもつ労働者的母斑をいま一度強調しておかねばならない。イングランドのプロサッカー選手はまず何よりも頑強な男でなくてはならない。そしてそのゲームスタイルは長い間、この頑強さが表現してくれるもの、すなわち駆け上がり、ヘッドで競り、タックルし、クリアーする、の原則を尊重することに基づいている。しかし、グラウンドの頑強な男はスタンドの頑強な男でもある。観客にとって威厳ある勝利を手にすることは、これらの価値を活用しつつ勝利することである。ただ、このときリヴァプールのサポーターたちだけがヨーロッパ大陸のテクニックに想を得た、より緻密なゲームの真価を認めることができたのである。

それゆえ一九六〇年代までは、つまり選手の年俸の上限が廃止され、移籍市場の拡大と年俸の引き上げが可能になるまでは、サッカーのヒーローたちはこれらあらゆる資質の体現者であった。そのうえ慎み深さや高い道徳性といった徳目をもっていなくてはならない地域や国民のヒーローであった。彼らの社会的成功は、もし成功が得られるとすればだが、あくまでサッカー選手ならではのその資質に拠るもので、サッカー界に限られた成功であった。紳士と言えば、マシューズ、チャールトン、バンクス、ムーア、ロブスン【訳注3】であり、ペナルティ・エリア内での真の頑強な男と言えば、ヴィニー・ジョーンズ、ステュアート・ピアースである。このことが、いろいろある理由の中でもことに、イングランドのクラブチーム内での黒人選手の統合（同化）を困難にしている。それでも一九六〇年代以降、サッカーのヒーローの幅は大きく拡がる。マンチェスター・ユナイテッドのアタッカー、ジョージ・ベスト【訳注4】はサッカーの世界でビートルズがポップミュージックの世界に持ち込んだものを表わしてみせる。長髪で、サッカー界のさまざまなしきたりを拒否するジョージ・ベストは、もはや労働者の英雄ではなく、ショービジネスの人物である。イングランドサッカーの近代化とはスタイルの変更、つまりこれまでとは異なる文体をした誇りの形態の発見である。このことはイギリスの選手たちのなかにあって、ポール・ガスコイン【訳注5】の才能を認めることに明確に表われている。あるいはリヴァプールの若手（オーエン、ファウラー、マクマナマン【訳注6】）、マンチェスター・ユナイテッドの若手（スコールズ、バット【訳注7】）、さらにはマルウィン（フォークランド）戦争【訳注8】につづくシーズンにトッテナムでプレイしたアルゼンチン人アルディレス【訳注9】やグリット、イタリア人のラヴァネリ、ゾラ、フランス人のカントナ、ジノーラ【訳注10】のような外国人プレイヤーの才能をも認めるようになっている。そしてあらゆる大会を制覇するために招聘されたホドル監督は、まずヨーロッパにおいて緻密なテクニックをもった選手としての自らの才能を認めさせ、その後に極めてヨーロッパ大陸的な原則に従ってイングランド人選手をプレイさせなければならなかった【訳注11】。

ここで興味深いことは、「頑強な男」という伝統的人物像を離れて、反逆のアーチスト、カントナを、あるいはグラウンドのレオナルド・デカプリオといえる「若者仲間《バンド》」の少年たちに等しい人物を登場させたことである。それは右に述べたマンチェスター・ユナイテッドやリヴァプールの「子どもたち《ベィブス》」【訳注12】、大衆的な人気のサイクルに組み込まれている若い選手たちでもある。サッカーで相変わらず頑強な男であることはできるし、カントナのように詩人にして頑強な男であることもできるのだ。

しかし、ここ数年の間に新たに発生したことは、ポップカルチャーの世界へのサッカーの大規模な参入である。すなわちサッカー神話は、もはやサッカーの世界や労働者の世界だけにその恩を受けているのではない。サッカー神話は明確に大衆文化の構成要素の一つとなったのである。

サッカー文化とポップカルチャー

ヒルズボロまでは、すべてが競ってフーリガニズム（フーリガン稼業）の高揚に手を貸した。一貫したメディアの興味本位ぶり、サポーター同士の国内あるいは国際的なライバルの論理、サポーターのなかに暴力を中心にして組織される頑強な核の形成がそれである。フーリガニズムの退潮さらにはその消滅は、当然にも判事（裁判所）と警察の活動によるものであることは間違いない。しかし、それは事の一面でしかない。例えばイングランドのフーリガニズムの諸問題は正確にはどの点でスコットランドのさまざまな問題を包含しないのかに注目すると面白い。実際、スコットランドではクラブ同士の抗争場面での「カジュアル」の暴力は、イングランドで見られる暴力に比肩しうる凄まじさであるが、代表チームの試合となると、よく指摘されるように様相は一変し、穏やかなものとなるからである。識者たちが挙げる仮説によれば、頑健で何事にも前向きなスコットランドの民族的なアイデンティティーの存在が、イングランドとの相違を際立たせながら、遠征時におけるアイルランドサポーターの祝祭的文化、惜しみない応援と底無しの酔っ払いを生んだというのである。それゆえアイルランドは、新たな伝統、すなわちヨーロッパ人というアイデンティティーのようなアイルランド人というアイデンティティー、それゆえ民族のアイデンティティーの創出は、それが世界への参加という積極的なビジョンに基づいているのであれば（スコットランドのグラスゴーが、一九九〇年にはヨーロッパ文化の中心都市だった）、暴力すら擁護するものであるという一例であろう。そしてフーリガニズムの「自然」史というものもまた存在する。麻薬がその好例であるが【原注4】、なんらかの社会的「災禍」はさまざまな社会的力の意図せざる効果が及ぶように、公的権力が強烈に介入する以前に減衰傾向を見せることもある。入場料の高騰が、さして収入のないフーリガンを価格／質（快楽の強烈さ）の関係でより収益性の高い別の活動へと向かわせるなど、市場のさまざまな力についてはすでに述べたところである。あるいはまた、まるで生命循環の効果のようなこのフーリガニズムの退潮について検討することもできる。大多数の者にとって家族生活の営みや労働は、おそらくはサッカー熱を冷ますわけではなくとも、余暇活動と日常生活とのバランスの回復を求めるからである。あるいは「ばかをやる」のが当たり前な一時期をすぎると落ち着くというのもまた事実である。新たな要因としては、最近までは確かにあったようなメンバーの交替が今ではなくなっていることである。おそらくもっとも金がない連中、つまりもっとも頑強と思われている連中はチケットの高騰と余暇支出の減少のせいでスタジアムから締め出されてしまったのだろうか。あるいは住まいとスタジアムがますます離れてしまったために、そのような連中のなかでももっとも不便な地区に住んでいる者は新たなテリトリーに自己のアイデンティティーを確かめさせてくれる別のものを見いだすか、ドライブや麻薬の消費、闇取引のような別の快楽の対象を発見したからだろうか。

あるいはまた、ある人々の動員、つまりその行動によって状況を決定づけ、サッカーを範として共通の文化を作り、新たな国としての誇りを見いだすことに貢献できる社会グループの存在を考えてみることもできる。すなわちサポーターたちのさまざまな運動がそれである。ある時期からフーリガニズムはもはや流行《はや》らなくなり、何某かは合法と認められた何ものかではなくなったのである。

イギリスにおけるサッカー文化の近年の発展の鍵の一つと、サッカーの近代化の様相の一つはともに、いわゆるサッカー文化とポップカルチャーとのあいだに形成されたつながりのなかにある。ここでいうポップカルチャーとは音楽、より一般的にはモード、麻薬、サッカーなどの大衆文化産業の生産物の消費の仕方を言っている。このような統合現象は、一九六〇年代以降リヴァプールのサポーターがスタジアムのアンセム（応援歌）にポップミュージックを取り入れてきていることが確認されているので、とりたてて目新しいものではない。サブカルチャーに言及することで、この非常に強烈なつながりを明らかにすることができる。実際、テディ・ボーイは実際のところサポーター文化にその痕跡を残さなかった。時間的な密接さを考えれば、あのスタジアムの騒ぎは街頭の騒ぎが波及してきただけである。しかしスキンヘッドは左翼のプチブル学生やヒッピーに対するその突出戦略のゆえに、ロンドン各地のサッカースタジアムのテラスにくり返し登場することで、サブカルチャー的な場面への登場を刻印したのである。このことは、フランスのあるロック評論家がスキンヘッドは初めてサッカーから生まれたサブカルチャーであって、ロックから生まれたのではないと言っているとおりである。一九七〇年代に入って、フーリガニズムが大きく発展すると、もっとも攻撃的なサポーターのなかにはT・レックス、スレード、ゲリー・グリッターなどフランスではあまり知られていないグループやデビッド・ボウイに代表される音楽と衣装のスタイルをもち、当時グラム・ロック【訳注13】と称したロッカーたちをまねたメーキャップをする者も現れた。あるいはまたゲリー・グリッターの「アイム・ザ・リーダー・オブ・ザ・ギャング」の一部分カモン・カモン、「ウィー・ア・ザ・チャンピオンズ」やクイーンの「ウィー・ウィル・ロック・ユー」のようなサッカーにおけるもっともポピュラーな曲のいくつかが拝借されたのはこのグラム・ロックからである。一九七六―七七年には、もっとも派手でフランスでももっともよく知られた形態をとったパンク、例えばセックス・ピストルズは、実際にはスタンドにその印を見せなかった。あまりに音楽に集中し、そのスタイルもあまりに衣装に凝っていたため、サッカーに関心をもたなかったからだ。反対に、この系統のなかには、とりわけパンクはドール・ク・ロック（失業者の列のロック）として分析されるべきという考えから、耳を傾けてくれる聴衆と各スタジアムのスタンドへの力強い受け継ぎ手を、当時再び発生したスキンヘッドのサブカルチャーに見いだす者もいた。シェイム69のグループは優れてスキンヘッドのグループとなり、ロンドンのイースト・エンドのクラブ、ウエストハムのもっとも暴力的なサポーターはグループのバッヂをこれ見よがしに身に着け、同じクラブの別のグループ、コクニー・リジェクツはクラブのサポーターソングのパンクバージョン、「アイム・フォーエバー・ブロウイング・バブルズ」を持ち歌にした。最近の発展はと言えば、一九八〇年代の中頃にマンチェスターで生まれた、エクスタシーの消費やレイブパーティ（ドラッグパーティ）をともなうネオ・サイケデリックな運動である。この動きはフーリガニズムに影響を与えたのだろうか。レイブカルチャー（ドラッグカルチャー）のリーダーのなかには、麻薬のもつ穏健化効果やダンスやモードへの積極的な投資、従前のサブカルチャーのもつマッチョ的な伝統とは断絶した動きとの混交、階級とかテリトリーによるアイデンティティーの確立の退潮、そしてときには危機を脱するための第三の道、つまり、もはや労働者至上主義的な誇大公約でも、大量消費主義でもなく、どのような状況からも快楽を引き出す技術、快楽主義の出現を進んで強調する者もいる。化学物質の魔法のような穏健化効果にはやはり疑問が残る。しかし、若々しい文化のさまざまな様相が強烈な統合を果たすとき、感情の転移、新たな対象への充当《カセクシス》、個としてのアイデンティティーの再確立の過程が生まれうるのもまた確かである。それでもなお、例えばナイトクラブやダンスホールなど夜の生活には非常に重要な個人の安全保障【原注5】に転用できる、スタジアム内部およびその周辺で得た知識と能力が用いられていると考えることもできる。

ストーンロージーズかハッピーマンデーのような現代の灯台の役目を果たしたグループは、スタジアムの衣装の流行を先導したり、そのモードを逆に取り入れたりし、自分たちのビデオクリップ（プロモーションビデオ）にスタジアムやサポーターの姿を取り入れている。マンチェスター・ミュージック（マッドチェスターとも言われたが）ではもっともよく知られたグループの一つ、ニューオーダーは、一九九〇年ワールドカップのイングランド・ナショナルチームの公式讃歌「ワールド・イン・モーション」の作曲すら依頼されたが、その曲にはレイバー（快楽主義者）用語では「E」とはエクスタシーを意味するというのに、「E・フォー・イングランド」などという珍妙な小節がいくつか入っている。このような統合の印《シーニュ》はいくつもある。オアシスはマンチェスターシティ・スタジアムでコンサートを開き、子どもの頃からの夢を実現できたと言い、ブラーはチェルシーに対して、スパイスガールズはリヴァプールに対して、それぞれその愛着を誇示している。次のワールドカップ・フランス大会へ向けてイングランド讃歌の作曲をすると言われているグループ（ブラー、プライマルスクリーム）もある。さらにはレイブ／ダンス／テクノミュージック（エイドリアン・シャーウッドやバーミーアーミー）で活躍しているレコード・プロデューサーのなかには、かなり以前からサポーターソングも含めたアルバムを作っている者もいる。これらの多くのグループはフランスでこそあまり知られていないが、ポップモードのさまざまなアヴァンガルド（前衛）に属しており、このような生活のあらゆる形態に参加しているイングランドの若者たちなら誰でも口にするグループである。

モードはポップカルチャーへのサッカーのこのような統合のもう一つの様相である。衣服は以前からサブカルチャーの構成要素の一つであった。一つのサブカルチャーに所属するとは、他とは異なる印《シーニュ》を見せびらかすことであり、それは「リヴォルト・イントゥ・スタイル（スタイルを通した反抗の表現）」の一要素である。こうして外見を通して、自らの社会的条件に距離を置き、消費の分野において他と競いあっている自らの能力を見せつけているのである。カジュアルと呼ばれるスタイルは、スタンドへの系統的で意識的なこの衣装による印の導入である。そしてそれがどのようにして都市対都市、地域対地域のライバル関係のなかに統合されているかはすでに見たとおりである。スコットランドのカジュアルをよく知る識者が言ったように、このようなライバル関係はフーリガンよりは、より多くの文化の仲介者たち、すなわちさまざまな産品（飲み物、ファッションブランド）の再循環とその伝播【原注6】に当たるグループを生み出している。

それは、雑誌が（『ザ・フェイス』がもっとも有名であるが）政治的、文化的理由の名の下にではなく、モードや、常に他より一歩抜きん出ていられる能力の名の下に世界中のサッカースタジアムの世界をまとめてみせるときに生じることである。初めのうちは、リヴァプールのカジュアルはマンチェスターのカジュアルよりもよりイン（友のように親しみがもてる）であるなど、ちょっとした違いに対するナルシシズム（自己陶酔）を誘うが、イタリアはよりエレガントで、概してヨーロッパ大陸に開かれているからイタリアを参照するとよいかもしれないなどと、新たなサポーターの地平を押し広げる。そしてやがては、スタジアムのモードを街頭に引き出し、ナイトクラブやダンスホールのモードをスタジアムに取り込み、結局はフーリガン活動にその専売特許を失わせ、スタンドに姿を現すことに別の意味を与える。毎週土曜の午後に自分の都市のクラブカラーを身につけることがウィークエンド生活の光景の一つとなり、モード競争に参加する一方法となることは、スタジアムの相対的女性化の原動力の一つなのだろう。それはいずれにせよスタンドの自動的な穏健化を保証するものではないが、スタジアムの観衆の多様化とサッカーの試合という出来事の再定義に、それゆえ「頑強な男たち」の独占に対する疑問視に寄与する。そのうえ、興奮に満ちたウィークエンドを送ろうとした者はある時期の一部のファンにすぎないのであるから、もっとも頑強な要素を追い求めてきたある種のファンたちを安堵させ、物理的にも精神的にもより危険の少ない快楽に打ち興じさせることにもなるのである。スタイリストたちに長く読み継がれてきたモード関係の新聞・雑誌は読者の拡大をねらって分野のクロスオーバーに乗り出している。同様に、ロックミュージックの新聞・雑誌（『ニュー・ミュージカル・エクスプレス』や『サウンズ』）は、『ザ・フェイス』のような雑誌にみられる、ミュージック関連ものを軽く扱う傾向に脅かされている。一九八〇年代の中頃から、音楽雑誌にサッカー選手のインタビュー記事が掲載されることはまれではなくなったからだ。

サッカーはもはや単にスタジアムだけの体験ではなくなり、光沢紙をつかった雑誌に載るおびただしい数のグラビアともなった。サッカーはまた読み物ともなった。高級紙《クオリティ・ペーパー》にはサッカーに関するまじめな読み物を寄せるジャーナリストたちが常にいる。例えば、デイヴ・ヒルはサポーターに関する非常に優れたルポや、リヴァプールの黒人選手ジョン・バーンズを扱った『彼の皮膚の外には』のような、サッカーの世界における人種差別主義に関する本を書いている。音楽雑誌やモード雑誌は、まだ大学生になっていないサッカー好きの読者を獲得している。これらの雑誌は、サッカーはすでに若い就学生の関心事、それゆえ社会的流動過程に入っている中産階級出の若者あるいは庶民階層の若者の関心事ともなったことを示している。このことはサッカーの社会的意味を著しく変える。サッカーは流行っているが、サッカーはまた、あの大量消費主義の様相のもとではサッカーなぞ考えたこともなかった階層の人々のあいだでも流行っているのである。

こうして一九七〇年代、八〇年代には庶民階級のメンバーを、あの小さな犯罪行為の最初の犠牲者が彼ら自身であることを理由に、安全への配慮があまりに足りないと非難することができたのである【原注7】。フランスにおける問題も同じような様相を呈していた。しかし、労働者階級のあの極めて民族的《エスニック》な定義の結果、リチャード・ホガートやバーミンガム学派の研究を受けて、庶民階級の若者たちの非行はすべてブルジョワの支配に対する抵抗の形態として解釈されるべきであると考えられた。フーリガンをサッカーのブルジョワ化に抗議しているサポーターであると解釈するのが、この典型である。テディ・ボーイからスキンヘッドまで、サブカルチャーのメンバーの振舞いのような、暴力的なサポーターたちの振舞いはときに人種差別主義的で、女性差別主義的で、民族主義的《ナショナリスト》で、そのうえなかには明確に極右運動に所属している者もいるということは後になってからでないとわからないものである。サポーター活動のある種の真実のこのような認識に照らしてこそ、サッカーにおける振舞いの進化を分析できるのである。まずヘイゼルは、つづいてヒルズボロは、普通のサポーターたちにとって、さらにはイングランド社会にとってはどの点でトラウマ（心の傷）を形成したのか、それらの出来事は誰にとって自省の機会となったのかを深く考えてみなければならない。なぜなら（極右に反対する）政治的動員、ヒルズボロ後の追悼デモ、あるいは平穏なサッカー文化の推進のための動員として現れた本物の自省こそが肝要であるからである。平穏なサッカー文化の推進は、ファンジン（ファンマガジン）【訳注14】や一九八五年にヘイゼル後に結成されたサポーター団体連盟（ＦＳＡ）のような独立したサポーター団体の隆盛となって表われたサッカーへの参加という民主主義的な要求、共生の価値の喚起、生命の大切さのアピールという形をとった。イングランドにおけるサポーター活動の最近のさまざまな進化は、サポーター世界内部にフーリガニズム（フーリガン活動）に対する規制形態が存在することの証明である。ヘイゼル後の、ヒルズボロ後の、このような社会的動員はまさしく、ギャング同士の伝統的な対立抗争が賭けるものとは別のものがサッカーには賭かっているとの定義に大きく貢献した。

一九八〇年代に始まるファンジンの発展は、このような流れの再検討の質をもっていた。パンクとともに生まれたファンジン・プロジェクトはファンを動員できる分野に介入しようとするファンが推し進めるプロジェクトである。初めは基本的に音楽の分野に限られていたが、ロック・アゲインスト・ラシスムやロック・アゲインスト・ファシズムの運動を中心とした人種差別主義やファシズム運動に反対するパンクのグループがファンを集め出すと、たちまち政治性を帯びるようになった。そしてファンジンとともに一九八〇年代はサッカーへの移行が進んだ。以来、ファンジンは一五〇〇種類近くを数えている。プロのサッカークラブそれぞれのサポーターに愛好家たちも加わって、それぞれのファンジンを発行している【原注8】。これらのファンジンこそ、クラブから独立したサポーター運動の発展の表われである。概してファンジンはサッカー近代化の商業形態に批判的で、伝統的なゲームスタイルの限界をも感じている。発行されたファンジンには、フーリガンとしてしか映してくれないメディアからのサポーターのイメージの防衛、サッカーの大衆的な価値の再確認、ゲイ（同性愛者）のサポーター活動の推進、観客へのＩＤカード義務づけや警察の介入拡大反対の呼びかけなどのテーマが見られる。これらのうちかなりのファンジンが共同体の所有物というサッカーの理念を守りつづけている。この点で、ファンジンは初めのうちは、つまりポスト・ヘイゼル、ポスト・ヒルズボロの時期にはサポーターによる自己規制を推進しようとしていたので、この動きが例えばスタジアムで人種差別主義や外国人差別を訴えるデモンストレーションに反対し、極右グループの影響と真っ向から闘おうとするキャンペーンの組織化となった。

このなかには、『ホエン・サタデー・カムズ』や今では消えてしまった『オフ・ザ・ボール』のように全国に購読者をもつファンジンもある。またリヴァプール地域では『ジ・エンド』などのファンジンが地域の注目を集めているのはもちろんのこと、サッカーとポップカルチャーと政治のあいだに作り上げた系統立ったつながりを通して重要な役割を果たしている。例えば『ジ・エンド』の創刊者ピーター・フートンは、労働運動の価値の革新に共感を示しているザ・ファームという名のポップグループのリーダーである。いずれにせよもっとも重要な役割を演じているファンジンはモード雑誌のように、サポーター活動をポップモードの世界に連れ戻し、このモードのさまざまな様相でサポーターの振舞いを形作っているのである。つまり今日、暴力はアウト（親しめない）なのだ。しかし、ファンジンはまた、上流階級の典型とも労働者階級の典型とも一線を画した中産階級の生活様式へのサッカーの統合（同化）にともなう、サッカーの知性化過程にも寄与している。

今ではイングランドの町々の街頭では、とりわけスタジアムの近くではウィットゲンスタインやオスカー・ワイルドやエリック・カントナの引用をプリントしたTシャツを着た人をよく見かける。なかでも例えば、その第一に挙げるべきは、ゴールキーパーが「人間の道徳性や義務についてわたしが知っていることで、もっとも確かなことはすべてサッカーに負っている」とのアルベール・カミュの引用をしているものだ。これらのTシャツはサッカーに関係する文化的イベントを組織している団体フィロゾフィ・フットボールが作ったものである。

サッカーの労働者文化からポップカルチャーへの、さらには今や文化そのものへの地位の向上は、サッカーの文学への登場に確かめることができる。その第一に挙げるべきは、一九九二年に発表されたニック・ホーンビィのサッカークラブ、アーセナルへの作者の愛の告白『フィーバー・ピッチ』（邦題『ぼくのプレミア・ライフ』）である。次がアイルランド出身の作家ロディ・ドイルらによる共著『マイ・フェイバリッツ・イヤー』で、すでに映画化に向けてシナリオ（『ザ・コミットメント』、『ザ・スナッパー』、『ザ・ヴァン』）も用意されているが、アイルランドの労働者階級の日々の暮しのさまざまな情景が描かれている。他にはアーヴィン・ウェルシュの『トレインスポッティング』【訳注15】がある。その道の通なら、ここにはスコットランドの首都エディンバラのサッカー界に対するあらゆる引喩（ほのめかし）を読み取ることができる。つい最近では、チェルシーのあるフーリガンの生活の年代記『フットボール・ファクトリー』があるが、フーリガニズム（フーリガン稼業）黄金期へのノスタルジーと言えるもので、コリン・ワード『スティーミング・イン』のような元フーリガンの物語やブリムソン兄弟の回想などの告白ものと代わり映えせず、文学的にはあまり評価されていない。サッカーの「文学化」あるいは文学の文化産業へのずれ込みの効果、これこそ、密かにしかサッカーを愛することができないか、サッカーへの愛を労働者階級への忠誠として偽装することしかできない階層の人々によるサッカーへの愛情の要求の可能性を表わしている。

たとえ進行中の進化過程の性質に、とりわけ文化的領域における市場のこの意思表示に何某かの留保を表明することはできるとしても、それでもこのポップカルチャーへのサッカーの登場はサッカーを独り占めできる所有者はもはやいないことをも示していると考えられるのである。

新たな文明化過程なのか

サポーター運動はその戦闘局面において、社会の社会そのものに対する介入を表象する。この文脈で言えば、イングランドの政策を、危険をともなうグループの排除、市民としての常識に反した振舞いの犯罪としての取り締り【原注9】、あるいはすべての監房を一か所から監視できる円形刑務所《パノプティコン》のようなビデオカメラによる監視措置の徹底による安全管理、商品管理であると批判することは易しいが、そうすると、このイングランドの政策はスタジアムの改築や振舞いの変化およびそれを支えるテクノロジーの発達が再度の習俗の文明化を形成するとの考えにどの点で支えられているのかという問題を浮かび上がらせる。スタジアムを平穏にするとは、ここ二、三十年にみられた社会階級によって異なる発展、つまり一部のフーリガン活動の代表者たちを支えてきた相異なる発展を見直すことである。政治の局面では、イングランド社会のもっとも「頑強な」構成要素である習俗の改革の必要性をめぐるこの妥協は、若い男たちの学校教育と職業教育にまつわる問題の根深さに、および、より一般的には個人の責任の明確化つまり権利と義務の新たな均衡というテーマに見いだされる。このような妥協はまた、街区のような地域的実体のメンバー全体が、今や明らかに市民としての常識を欠いているとされる振舞いに対して介入できるべきであるとの共同体のテーマにも見いだされる。このような妥協はサッカーに関する労働党の行動プログラム【原注10】にも、あるいはサッカースタジアムへの道はすべての者に開かれてなくてはならないが、フーリガンに対しては法が許す措置を厳正に適用し、アメリカのいくつかの都市で採用されている『ゼロ・トレランス』戦略【訳注16】を明確に打ち出さなくてはならないとのジャック・ストロウ内相の犯罪規定に関する発言にも表われている。

サッカーは、イングランド社会が抱える大問題のいくつかをサッカーが体現しているからこそ、サッカー以上のものなのである。サッカーは、イングランドチームが見事な健闘をみせたユーロ96（一九九六年ヨーロッパ選手権）の開催中、神経伝達物質セロトニンに関する勝利の快感について書いた記事を読んでいるときは、実に愉快だった。ひいきのチームが勝つのを目撃すればセロトニンを生成する、それだけのことだが、それだけですでにたいしたことだ。それは、ジョン・メージャーが選挙で敗北するまえに連日述べていたあの「フィール・グッド・ファクター（気分がいいもの）」の探求の一様相である。経済市場への心理的要因の影響が強調される社会、気力が保たれていなければならない社会においては、社会が気分がいいもので、社会がその良いイメージを与えてくれる場所と時を有していることは非常に重要である。ユーロ96は金銭をもたらし、気力も与えてくれたようだが、社会自らがもつさまざまな悪魔を退治できる社会というイメージをも与えてくれた。それゆえにイングランドは二〇〇六年ワールドカップを自国で開催しようともしているのである。

今日、イングランド社会は、社会の表象を形成した社会的力、さらには精神的力に対して良い距離を保つことが肝要である状況にあるかのようでもある。サッカーについて語るのであるから、大事なのは政治の言葉で提起される問題ではなく、もっと感覚的な言葉で提起される問題なのである。おそらくそれは、感動の問題や、イギリスにおける社会問題の議論の一部に見られる感情表現の問題が浮き彫りにする重要性を通して見ることができよう。そのためにはヘイゼルは、そして次いでヒルズボロは、何についての深い問い直しの契機となったかを想起してみなければならない。ヘイゼルとヒルズボロはまさにサッカーをこよなく愛する人たちを不幸にした出来事だった。サポーターたちの「このようなことが、いったいどのようにして起きたのか」という、管理の杜撰さを問う声が警察に、クラブに、FA（フットボール・アソシエイション）に、さらにはサポーター団体にまで殺到した。もちろんサッカーをいったん離れれば、みな乱暴この上ないことは以前からわかっていた。しかし、サッカーの内側にいる人々にとっての悲劇であったシェフィールド市ヒルズボロ・スタジアムの悲劇は、リヴァプール市の二つのカテドラルでミサが執りおこなわれ、アンフィールド・スタジアムがチームのマフラーで作った長い帯で巻かれると、数々の葬儀のセレモニーと大勢の人々の感動的なシーンを生み出した【訳注17】。この、さもリヴァプールらしいカトリック的でアイルランド的な嘆きぶりは、殉教の町という像の背後に隠れて眼前の諸問題を直視しようとしていないと大いに批判され、からかわれた。今日はっきりしていることは、単にその嘆きぶりだけでなく、その自省のあり様にも問題があり、サッカーに対する愛情にも、ある現象に対する一面的な思い入れにも、何か人をひどく傷つけるものがあることを許容してしまう共同体の能力にも問題があったということである。

このような反応はなにもサッカーだけに限らない。それがイングランドなのである。その八年後、レディ・ダイアナの死に際しても見られたことである。今度は涙を流したのはカトリックだけでなく、イングランド社会全体だった。では、そのとき、いったい何について語られたのか。人間らしさであるる。涙を流し、ともに集い、この超特上のプリンセスとその不幸な運命に感動できる人間らしさを見いだしたのである。シニスム（犬儒学派）の終焉、スティフ・アッパー・リップ（困難にもくじけない）の終焉、すなわち表現せねばならないであろうことではなく、感じたであろうことを表現する権利が語られた【原注11】。ヒルズボロとはサッカーであり、労働者階級であったが、レディ・ダイアナの葬儀は同様のもの、つまり公にその感動を表明する機会であることを表現した。サッカーの規制やレディ・ディの死に対する大衆の反応を通して見れば、そこに賭けられているものとは、たとえそれが労働者の男らしさや上流階級の慎み深さ「スティフ・アッパー・リップス」であるとしても、感動に対する無感覚とは違ったイングランド人らしいあり方が果たしてあるか、ということである。大きな成功を収めた映画『フル・モンティ』【訳注18】は、現実を受容して辛い仕事につき、頑強なる男という伝統的な振舞いをきっぱりと捨てることで、男のアイデンティティーの脆弱性を認めることによって、経済的に依存した状況からどのようにして抜け出すかという問題【原注12】を描いている。しかし、ある時には、この国はある出来事に対しても、ときにはあるチームに対しても巨大で、穏やかな「感動の共同体」しか形作らないというのもまた然りなのである。それでもサッカーの規制に関して提起されている問題とは、誰も傷つけないで感動を表現するにはどうしたらいいかということである。

それは決して単純な問題ではない。人の振舞いに対してスティグマを刻むリスクが大きいからである。こうして、テラス文化は（それゆえフーリガン活動もその一部であるが）、庶民階級の表現形態あるいは抵抗の表現であるとの考えをとると、サッカーに限らず、少数民族や女性に敵意を見せる男性文化全体をも含めた、この文化のもつ極端な愛国主義やマチスム（男性優位思想）に疑いの目を向けることに至る【原注13】。それゆえ労働者階級の「彼ら」と「われわれ」とのあいだに認められている伝統的な区分とそれを前提とした相対主義を越えて、サッカーであれ、女性、同性愛者、黒人あるいはアジア人であれ、その他すべてアイデンティティーをもったグループに開かれた相対主義へと拡大してゆくことこそが重要となる。このような新たな視線の下では、フーリガニズムは、もっと幅広い問題の一局面、若い男たちの何をやっても罰せられない、全能との感覚の一つの反映と見てとれる。なぜなら若い男たちのほうこそ別のグループが公共の空間で暮らし、楽しみを味わうのを許容するようにならなければならない【原注14】からである。このテーマは、イングランドの新聞・雑誌でくり返し定期的に取り上げられており、非常に根が深い。問題はもはや労働者階級の問題でも、それ以外の階級の問題でもなく、マーチン・エイミスの小説『ロンドン・フィールズ』に登場するヒーローに「典型化され」ているあの若者たち、あるいはもっと若い男たちの問題なのである。『ロンドン・フィールズ』の主人公はビデオとパブとダート、サッカーとちょっとした遠出と闇取引に明け暮れ、無責任で、実際に社会的に無用な男となっている。このような若者たちにスティグマを刻印することは、新たな道徳性の支持者たちとスタジアムの経済的な組織化の支持者たちとの同盟関係を強化するようだ。

このような観点からのみ考慮された近代化の動きには、何某かのリスクがともなう。一九九〇年のイタリア・ワールドカップ以来イングランドにおいては、クラブから独立したサポーターとファンジンが一緒になったより権利要求の強い、そしてチームカラーと応援歌にあふれた「イタリア調」で、少しばかりのエクスタシーの消費にたよったサイケデリックな、新たなタイプのサポーター運動が実際に発展してきていた。しかし、サッカークラブの商業政策と、公共の秩序を乱すあらゆる振舞いを禁止するさまざまな法律の適用によって、このサポーター運動はもはや生育力がなくなってしまっている。そして過剰な統制を拒否するリベラルな価値の名の下にとられる政策に対する根本的な批判に加えて、代表チームを追いかけるサポーターや下部リーグのクラブチームのサポーターの振舞いの捕らえ所のなさも問題として残る。あまりにおおげさな行儀のよさと自己規制の要求の背後には、偽善あるいは二枚舌が容易に読み取れるというのに、暴力が表現しているものを切り棄ててしまっている。おそらくは暴力が個人を圧迫するという点においてよりも、暴力が不平等な関係や相手に対する軽蔑、おとなしくしていられる人に対する支配を顕示するという点において、いわゆる自己規制を働かせた暴力というものがあるからである。さらには、暴力の移転という問題についてもよく考えてみる必要がある。スタジアムの安全対策の実施がフーリガンの活動を交通機関やスタジアムの周辺へと移動させたのと同じやり方で、イングランドのサッカースタジアムの穏健化は、社会の周縁に追いやられた一部の観衆を例外とすれば、イングランドの田園部や、地方のさらにはスペインの海水浴場で乱闘騒ぎをおこすラガー・ラウツ（暇さえあればパブで飲んだくれている若者たち）の発展とともに進んだからである。それらの地域は警察の取り締りや社会の統制があまり強くなく、ハードなドラッグのより大量の消費や麻薬市場における転用が可能なのである。イングランドをよく観察すれば、スタジアムが犯罪多発地域にあって平穏と消費の場である一方で、テレビ中継される大きな大会の最終ステージが近づくにつれて家庭内暴力や路上の暴力の著しい増加を引き起こすといったアメリカ型のシナリオをまざまざと想い描くことができる。さらには「一九九四年の犯罪と公共秩序法」が明記する集団的示威行動の規定は、サポーターの抗議運動を犯罪と認定する可能性もある。そして最後に言えば、サッカーは、庶民階級の観衆を中産階級の観衆と取り替えるときに安全のため商業のためという論理に打ち砕かれてしまった、あの社会統合という徳性を今もなお持っている。サッカーを通してイングランドがなした全世界への、現にある、貢献は経済と道徳の高潔なつながりであるかのようにである。

第3部

フランスのサッカー文化

第一章　サッカーの情念の間歇性

フランスは例外か

イングランドの欠点が情念《パッション》の過多であるとしたら、フランスの欠点はむしろその欠如だろう。このことはサッカーと経済的な関係をもって暮らしている人々つまり選手、クラブの幹部、象徴的には観客やサポーターによく指摘されること、しかも嘆きをこめて言われることである。そして、フランスにサッカー文化はない、フランス人は冷めすぎていて、自分たちのチームに自己《アンガージェ》を投じることをしないとも言われる。実際、数字がフランス人の冷淡さとまでは言わずとも、その温度差を如実に示している。一九九六―九七年のシーズンには、ドイツでは1部リーグ（ブンデスリーガ）は一試合平均三万人を超える観客を動員している。イタリアが二万九七七五人、イングランドが二万八四三四人、そしてフランスは一万四千人を少し越えた程度である。フランス・プロサッカークラブの幹部たちは、97／98シーズンにはなんとか一万七千の大台に乗ってくれないかと期待を表明している【訳注1】。スタジアムの入場率で言えば、レアル・マドリーの試合は平均で八〇%に近いが、これがマンチェスター・ユナイテッドの試合となると一〇〇%で、常時四万人の観客がつめかけ、六万余人がシーズンチケットの予約リストに登録されている。フランスのこの現象は今に始まったことではない。フランスでは、50/51シーズンに達成した一試合平均一万二千人をピークに、一九五〇年から一九六八年のあいだずっと観客は減りつづけ、ついに七千人近くまで下がり、これを戻すには87/88シーズンを待たねばならなかった。この低迷は一九八〇年代の終わりまで変わらず、九七〇〇人から一万一三〇〇人のあいだを変動していた。しかも、よく知られているように、その大きな数字はサンテティエンヌと、サンテティエンヌが低迷していた数年間はオリンピック・マルセイユ、ランス（RCランス）、パリ・サンジェルマンといった、いくつかのビッグクラブと1部リーグに支えられたものである。例えばイングランド、バーミンガム郊外にあるクラブ、ウルバーハンプトンのように、2部リーグにありながら二万人を越す観客動員力を誇るようなクラブはフランスにはない。フランスでは観客から上がる収入はクラブ収入の一六%を占めるにすぎない。マンチェスター・ユナイテッドは三〇~四〇%である。

そしてサポーター活動のなかでももっとも派手な形態については、もちろん例外はあるが、サポーターの側も「人はあまり集まらない」と認めている。イギリスの百花繚乱といった観のあるファンジンのような現象は見られない。フランスのウルトラ（ウルトラ・サポーター）はイタリアのウルトラスに比べれば、数においても演出の能力においても、その足元に及ばない。イタリアのウルトラスはスタンドを圧する見事な演出でチームを支えているのである。1部リーグ（セリエA）に限らなければ、イタリアのウルトラ・サポーターの数は二十万人に上ると言うイタリアの作家もいるが、フランスを五万人と言うのは買いかぶりだろう。ユニフォーム姿でスタジアムにやってくるのは、ドイツやイングランドでは今や年齢の違いを問わない日常的な現象であるというのに、フランスのクラブの営業担当者には、それは若者か、サポーター活動のもっとも熱心な中心的核をなしている人々で、その数はごくわずかであることはわかっている。さらに事実を追えば、これはサッカーに心酔する度合いの低さの結果でもあるが、サッカークラブのある市町村の長でもない限り、いずれかのサッカークラブに対する愛着を表明する必要を認める政治家はフランスにはまずいない。これがイタリアやイングランドの政治家であれば、どのクラブのサポーターであるかをはっきりさせている。フランスの政治家は、例外はあるが、サッカー関連の物事を思いやる心をあまり持っていないのでないかとも言われている。実際、一般のサポーターたちは政治家がサッカーに抱く関心はすぐれてご都合主義的で、政治家は「無理して」首にマフラーを巻き、サッカーについてたいしたことは知らず、そもそもサッカーが好きではないと思っている。政治エリートや知識エリートがサッカーを蔑《さげす》んでいるだけでなく、一般大衆の側もこれらのエリートに距離を置いている。

それでも、サッカー人気は確かにある。その指標が、膨大な数のテレビ視聴者（オリンピック・マルセイユ対ACミランのファイナルの視聴者は一七〇〇万を越えた【訳注2】）からのギャランティである。テレビ網は独占中継権を争い、クラブにかなりの額の収入（クラブ収入の二五％）をもたらした。地方の新聞・雑誌にとって当地のクラブの健闘は売り上げの増大につながる。サッカーにかなりのスペースを割いている『エキップ』は、フランスでもっとも読まれている日刊スポーツ紙である。サッカークラブに登録している選手の数は二百万人に近いなどという数字すらある。それゆえ問題は利益よりもスタイルの問題なのであり、目につく形で表明される情熱《パッション》は少数者のものである。よって当然にも、フランス人はフランスのナショナルチームのパフォーマンスには口うるさくなる。ドイツやオランダに比べてユーロ96（一九九六年ヨーロッパ選手権）の応援でイングランドに出かけるフランス人はずっと少ない。フランス人は代表チームがフランススタイルでよく闘う場合のみ、トリコロール・カラーを応援するのである。

このような状況をどのように意義づけたらいいのだろうか。果たして嘆かわしいことなのだろうか。これはフランスで愛好され、実際におこなわれているスポーツの多様性の表われとも言えるだろう。十九世紀の終わり頃、ヨーロッパの至るところにイギリスからあらゆる近代スポーツが到来し、初めは貴族社会や上流階級から、やがては庶民階級へと伝播していったが、一つのスポーツ、ここで言えばサッカーが庶民階級の娯楽を独占することはなかった。この一つのスポーツによる独占の欠如によって、この時代と一九二〇年代までの大衆化段階における他のスポーツとの競争の簡単な説明がつく。サッカーはその誕生の当初から、集団的な情熱を表現したり、フランス社会に訴えかける価値を演出したりできるスポーツとの競合に晒されてきた。ベルエポック時代のフランスのスポーツについて著した書物【原注1】のなかでリチャード・ホルトは「フランス人というのは実にさまざまなスポーツに秀でている」と驚いている一旅行者の声を紹介している。この時期、イギリスではすでにサッカーの大衆的人気は不動のものとなったのに対して、フランスでは上流階級がおこなう、これらイギリスからやってきた新たなスポーツと庶民階級がおこなう体操や伝統的スポーツが混在していた。この傾向は農村部でとくに顕著だった。一九一四年、ドーバー海峡に臨むパ=ド=カレ県には、サッカークラブよりももっと多くの体操やアーチェリー、自転車競技の団体があり、サッカーが真に全国的に根づくのは一九二〇年代になってからであると考えられる【原注2】。第一次世界大戦が間近に迫るころになると、すでに大都市や学生のあいだに浸透していたラグビーは、農民のあいだやラングドック地方の工業都市、さらにはローヌ河流域やアルプス渓谷に広まった。自転車競技はもっと早い。一八七〇年以来、競技場のトラックでも一般公道でも競技が実施されるようになると、庶民のスポーツとなり、一九〇三年からはツール・ド・フランス【訳注3】はフランス人の想像世界になくてはならない存在となった。ずっと下って、一九六〇年代にはラグビーの五か国トーナメント、ついでローラン・ギャロス【訳注4】がフランスのあらゆる社会階級の人々の心を揺さぶる行事となる。最近では一九七〇、八〇年代になって、中小の都市（オルテス、リモージュ、グラーヴリーヌ、セート）や、パリ、リヨン、マルセイユ郊外の都市（ルヴァロア=ペレ、ヴィユールバンヌ、ヴェニシュー、ヴィトロール）でバスケットボール、バレーボール、ハンドボールなどのスポーツが増えた。これと並行して、イギリスの「古い」競技スポーツに対置される体操やウォーキング、ジョギング、水泳のような健康志向スポーツ、さらにはサーフィン、ハンググライダー、ウィンド・サーフィンのようなカリフォルニア・スポーツも盛んになっている。十二歳から六十五歳までの住民で、自らからだを動かすスポーツをおこなっている人は一九六七年には四分の一だったが、一九八五年には四分の三となっている【原注3】。この身体活動の増加とより制度として定着していない、より個人主義的なスポーツ活動の高まりは、フランス社会のスポーツ機構化を物語っている。身体や健康へのより高い関心と同時に、企業内における競争とチームワークの精神の、禁欲的であると同時に快楽主義的でもある個人主義的な価値という観点から見た新たな社会的関係を描き出している【原注4】。それゆえに、一つの、しかもたった一つのスポーツを素材にして、一フランス人スポーツ愛好家の想像の世界、あるいは一つの社会階級の想像の世界がどのようなものかを表現することは困難であろう。こうして眺めてみると、フランス人はサポーターというよりはスポーツをする人であるのだろう。フランス人は、地域のしがらみから解き放たれていて、そのトレーニングのおかげで競争社会に立ち向かう準備ができているという意味では、また自宅でおこなうスポーツを楽しんでいることでも、現代的なのであろう。これは非常に励ましとなる。つまりフランス人は肉体と精神の理想的な均衡を保っているのである。フランス人の過度にあからさまな党派心の欠如の表われ、これこそ競技に対して距離をおいたまなざしの印である。このような血脈のなかでフランスは他の国々よりはもう少しうまい、サッカーの試合への参加の仕方を見せてくれるだろう。そのあり様は、観客とは言うものの一見散歩でもしている風情で、興味はもっているが少々冷めた、皮肉を交えたまなざしを試合に向け、スポーツであれ何であれさまざまなスペクタクル（見世物）の質を見定めようとしていて、その態度は単に知的な中産階級の特徴であるだけでなく、つまらない情念《パッション》に対するいい意味の不信の印《シーニュ》でもあるのだろう。果たしてこれ以上に力強い自己投入《アンガージュマン》があるなどと考えられるだろうか。

フランスサッカーの社会史——重要ではあるが、生命にかかわることではない

なぜ、フランスにはサッカー市場の発展がみられなかったのか。イングランドやドイツに比較すると、この状況は労働者階級がフランス社会に置かれた位置を反映しているとただちに考えられよう。フランスには、十八世紀末以来何百万人もの農民を路上に荒々しく放り出したエンクロージャー（囲い込み）運動もなかったし、ルールの工業地帯のように労働者を大量に寄せ集めることもなかった。しかし、より一般的には、それは人口の都市への集中過程の問題である。サッカーの継続的な定着、つまりイタリアやスペインのように観客を常時大量に動員できるビッグクラブの定着は、さまざまな価値や慣習が伝わってゆく大都市の存在を前提とする。おそらくはサッカー文化の形成は、すなわちなんらかの懸念や問題を共有する夥しい数の人々は、政治生活の組織化、つまり集団的アイデンティティーが十九世紀から二十世紀にかけて築かれてきたその仕方と関連しているのであろう。

フランスにおけるサッカーの観衆の社会的構成の進化を分析するには信頼に足る基礎的資料が欠けている。スタジアムにおける「庶民」の創出、すなわち第一次世界大戦後の工業地帯におけるサッカークラブの発展は、全体として他の社会階級に所属する選手や観客を認めないわけではないが、サッカーが速やかに庶民的スポーツとなったことを示している。今日、さまざまなクラブでおこなわれた世論調査を見れば、サッカーの観衆は庶民と若者で占められていることがわかる。スタジアムにもよるが、観衆の半分以上は労働者とホワイトカラー（会社員・役人）で、二五〜四〇％を大学生と中高生が占め、残りは中産階級のメンバー、自由業者、商人・職人である。他方、『フランス人の文化的実践』統計

によれば、レストランでの食事や映画鑑賞につづいて多いスポーツ観戦は（その最たるものがサッカー観戦であると考えられるが）、その構成割合は右の世論調査と同じで、労働者、ホワイトカラー、流通業者、職人・商人とつづき、大学生や中高生が少し多めである。実際、強い文化的蓄積をもつ上流階級を除けば、スタジアムにはあらゆる社会階層の出身者を見いだすことができる。労働者階級だけがスタジアムを埋め尽くしているのは、クラブが労働者地区にあるときで、これがパリだと、圧倒的に多いのはホワイトカラーと中堅幹部（中間管理職）である。フランスではサッカーは言葉の共和主義的な意味での庶民的スポーツなのである。つまりサッカーは、イギリスよりもずっと限定しない仕方、かなりイタリアに似た仕方で、市民《シトワイヤン》全体のスポーツなのである。情熱の欠如を説明するのに、社会的に不均質な性格を言うだけでは充分ではないのだ。

もっと別の考え方もできる。フランスにおいてサッカーは、その発展期とその後においては中小都市の出来事【原注5】だった、つまり現在ならオセール、ソショー、サンテティエンヌ、一九五〇年代のランス、スダン、両大戦間でいえばアレス、セートといった具合である【訳注5】。パリやマルセイユのような大都市のクラブは限られた一時期しか大きな力を発揮してこなかったし、しばしば下部リーグ落ちの苦悶はおろか、プロリーグからの撤退、純然たる消滅をも味わっている。そのような事例がリール、トゥールーズ、ボルドー、パリに見られる。同様に一つの都市にハイレベルのクラブが二つ存在することはまれである。ロンドンやブエノスアイレスにはクラブが八つあり、ウィーンには三つ、マドリード、バルセロナ、ローマ、ジェノヴァ、ミラノ、トリノにはビッグクラブが二つ、プラハ、ブダペスト、リオデジャネイロも同じであるというのに、である。第二次世界大戦以前のフランスには、リール—ルーベ—トゥルコアン【訳注6】のようなまだ人口密集地域となっていない都市にクラブがあったが、一九五〇年代には生きのびられなかった。パリならレッドスターやスタッドフランセ、それにレーシング（レーシング・クラブ）、最近ならパリ・サンジェルマンやマトラ・レーシングがあるが、マトラ・レーシングは成績も振るわず、観客も集まらず、消滅してしまった【訳注7】。しかし、一九六〇年代以前の経済的繁栄を謳歌したバーミンガムやリヴァプールのような連合都市に比べれば、パリを除いた大都市では当然のことではないのか。ここには確かに、非常に重要な諸問題がある。一つ、あるいは複数のクラブが生きのびるためには、大きな市場を必要とする。フランスのサッカーは今世紀の初頭から、大きく言って未だ農村的な社会で発展してきた。イギリスにおいては一九一一年に人口十万人を越える都市が三十六あったが、フランスは一九六〇年になっても及ばない。一九四五年にはフランスの人口の四五％は農村的共同体に暮らしており、一九五〇年代まではフランス人の大半は、大きな人口密集地帯や大きな産業のある地域よりは、行政区分上の小都市か小さな工業都市に、あるいは農村部の大きな村で暮らしていた。

イタリアやスペインなど、ヨーロッパにおけるサッカーの発展は、国家レベルで互いにライバル心を燃やしている大都市の存在を基礎にしている。ところがフランスは一地方のヘゲモニー（主導権）争いをしているのは小都市なのである。スペインではバルセロナがマドリードとあらゆる局面でヘゲモニーを競いあう理由は大いにある。イタリアでは弱い中央政府を背景に、ミラノやトリノが首都ローマと競いあい、経済的政治的重みを手に入れ、地方の支配階級としての権力を強めようとしている。ところが、フランスは違う。ジャコバニスム（革命的中央集権主義）と、パリによるすべての大きな決定機関の独占が、サッカーから、あのサッカーに賭けられるものを取り払ってしまっている。さらには、ロンドンのような都市に比べて控え目な大きさのパリは、確かに暮らしの場ではあるが、一種の政治的抽象でもあるのである。つまりパリにいるとは、共和国の中心にいることである。パリはより政治的行政的都市、自己規律とブルジョワ的規範を信じ、首都の高い中央集権的使命を信じ、スポーツの徳性よりは教育の徳性を信じるホワイトカラーの都市である。また、一九七〇年代まではパリ市長は選挙で選ばれるのではなく、任命制であった【訳注8】。そのため、庶民の余暇を組織して顧客を獲得しようとするような地域の有力者たちの競争がなかった。ミラノやバルセロナにいたような、サッカーチームの周りに大衆を動員しようとする地方の大ブルジョワジーはいなかった。長い間、クラブは善意の人々の創作物か、フランスに入ったイングランドスポーツの初期の社交サークルの延長にすぎなかった。実際、パリは本物のパリジャン（パリっ子）に作られた都市ではない。数世代にわたってパリに住みついている人はほとんどいない。多くはその出身地方との絆を保っている。根っこの表現としてのクラブは差し迫った意味をもたない。根っこは別のところにあり、パリは現代性の場、あるいは社会的昇進の場であって、新たな根っこを探す場ではない。したがって、パリのサッカーチームには強力で忠義な支援者がいない。ただ、パルク・デ・プランス【訳注9】や自転車競技のシ・ジュールに見物や散歩に来させたりする魅力があるにすぎないが、それも忠実なサポーターのいで立ちというよりは薄笑いを浮かべたぶらぶら歩きの風情である。パリではフランスのナショナルチームが愛される。そして、リーグ戦やカップ戦となると、地方からパリへ移り住んだ人が多いのと、根っこをなくした《デラシネ》地方出身者たちが首都に対して感じる曖昧な関係のゆえに、パリの人々は地元パリのチームよりもビジターチームを応援する。もちろん、ルノー、シトロエン、パンアール【訳注10】工場の周りには労働者の共同体が形成されたが、その間、ソショー（プジョーの自動車工場）とは異なり、いくつものスポーツクラブが生まれても、一つのプロチームを維持することもできなかった。それでも、このことはわたしたちフランス人に美しい心酔を与えてくれた。クープ・ドゥ・フランス（フランスカップ）の決勝戦にはおよそ四万人の観衆が集まり、フランス対イングランドの試合には五万人がつめかけたのだ。しかし、ランス【訳注11】では現在、リーグ戦の試合は常にわずか六、七千の観客を前にしておこなわれている。

　このような事情は、労働者の地域に目を移せば、変わるのだろうか。サンテティエンヌやル・アーヴルのような労働者人口の密集地帯となると、クラブの支援は、サッカーをすることもそうであるように、自然とより労働者頼みとなる。労働者のスポーツ組織、FSGT（スポーツ体操労働連盟、一九三四年以降に社会主義者と共産主義者が組織したスポーツ団体）や実業団大会（「同業組合《コルポ》」スポーツと呼ばれる）の組織が存在するからだ。しかし、もっとも産業化された地域だったロレーヌ地方やノール＝パ＝ド＝カレ地方（ノール、パ＝ド＝カレ両県）でも一九七〇年代までは大きな労働者都市はまれで、せいぜい町か村がある程度だった【原注6】。ロレーヌ地方で大都市といえばメスであるが、実際には工業都市といえるような都市ではなく、当地方では一九六〇年代までプロクラブを有したフォルバック【訳注12】がある程度である。ノール＝パ＝ド＝カレ地方ではリール、さらにはルーベとトゥルコアン、ランス、ヌー＝レ＝ミンヌ、オーシェルがある。これらの都市の場合、各クラブは地域の強い支援が受けられ、選手の発掘・補給も可能であるという利点があるが、上位のリーグへ上がったり、それを維持したり、ましてや一つの地方全体を動かすだけの資力はもっていない。フランスでは人口密集地域が分散していることが、イギリスやイタリアにみるような都市への大規模な観客動員を困難にしている。非力な観衆と選手採用能力の限界がこれらのクラブを脆弱な機構にしている。例外はプジョー自動車のような巨大なメセナ（財政援助者）がソショーでしているようにクラブを支援する場合である【原注7】。同様の例はランスのウイエール（石炭公団）、スダンやルーベの毛織物・繊維産業があるが、これらは当該部門の再編《リストラ》の行方次第である。

このような枠内で、また農村から都市への大規模な人口移動が遅かったという事実により、二十世紀の初頭においてはまだ労働者階級は長く極めて不均質な状態にあって、共通の娯楽への充当《カセクシス》（入れ込み）には適さなかった【原注8】。一九二〇年代の終わり頃にようやく実現されるフランスのサッカーの定着は、その出身地や職人の仕事場世界から少しずつ心が離れてゆく近代的な労働者階級の形成段階で達成されている。しかし、リヨンやパリのような大都市においては、大企業の労働者階級は一部分にすぎず、多くの人々はなお小さな仕事場で働き、都市空間に散らばっているか、さまざまな社会階級と混ざりあって暮らしていた。パリは労働者の都市ではない。パリはパリ東部がそうであるように、他の街区よりは庶民的な街区をいくつも有しているにすぎない。労働者の大半は郊外に暮らしている。そのパリ郊外もまたさまざまな社会的グループが混ざりあっている。パリやリヨンの郊外では故郷を離れ、根っこをなくすこと《デラシヌマン》（故郷喪失）はありきたりの経験である。宅地の取得が許されているパリ郊外に住み着いた人々は、余暇時間の大部分をほとんどいつも一戸建のマイホームの手入れに当てて暮らし、サッカーの試合を見に出かけることはない。テリトリー（領分）への愛着の形態としてサッカーへの充当《カセクシス》がおきるためには、時間が必要である。物質的にも文化的にも定着するための時間が必要なのである。両大戦間のサッカーは、その後もそうなのだが、定着するだけの時間がまだなかった。この頃のサッカーの支持者たちは、思うところはまちまちで、余暇を一緒にすごそうということにはならなかった。労働者は必ずしも労働者の息子ではなかった。鉄工業で、父子代々の鉄工業者といっても、ともに暮らしている子どもたちは農家で働いたり、地域の農民と多少なりとも付きあいがある農業従事者なのである。こうして同じ地域の労働者階級のあいだにも、政治的価値や社会的交流や余暇の面で大きな文化的違いが見られた。サッカーはよその国と同じようにフランスでも接着剤の役目を果たすことができたはずであるが、社会的文化的出自の不均質性のために、サッカーはおそらく共通の自由な時間の組織化という問題にはならなかったのだろう。土地とのつながりを持ちつづけている人々ほど、当然にもサッカーのような都市の娯楽にあまりのめり込まないものである。イギリスで労働者階級の生活レベルが目に見えて向上し(より良い住宅、より高い給料、余暇の週末)、さまざまな娯楽に金と時間を注いでいるときに、フランス人の経験は伝統的職業の転換、都市に移り住むことにより余儀なくされる生活、あるいは労働者階級の土地所有や小売業や自営業への脱出の想いに結びついたより大きな不安定性に彩られていたのであろう。そして、労働者の共同体がより均質なものになってくると、労働者共同体はその力や連帯の価値のより優れた表現スタイルをラグビーに見いだすのだった。それが、アルプス山脈やジュラ山脈地方の谷間の工業都市(シャンベリー、サン＝クロード、リュミリー)、ブルゴーニュ地方の金属工業都市(ル・クルーゾ、モンシャナン)、南フランスの坑夫の町(カルモー)の場合である。ヨーロッパの至るところでそうであったように、フランスでもサッカーが都市のテリトリーや社会階級に所属すること以上に他の文化的社会的定義づけをもたない人々の社会的つながりを強めることに貢献したときに、この集団的アイデンティティー構築の動きは、ここで、相対的に制限された共同体、そのうえ伝統的な農村社会とのつながりを全体としては断ち切らなかった共同体の枠内で起こったのである。そして、一九五〇年から一九七四年にかけてこの労働者階級がより重要になり、より均質化してゆくとき、労働者階級はサッカーとは別のさまざまな形態の娯楽に向かうことによって、一九七〇年代には数量的にも政治的にもその重要性を失っていったのだった【原注9】。

いずれにせよ、一九三二年に創設されたサッカーのプロ制度は労働者のための社会的昇進の道具としては長らく立ち現れなかった。選手が一般的に労働者階級の出であったイングランドや、選手がミラノやトリノに働きにきた農民の出であったイタリアとは違って、フランスのプロあるいはセミプロの選手は中産階級の出であることが多かった。それはときに学生であったりもしたが、サッカーは学生にとっては金儲けのできる、楽しい余技であったからである。一九五〇年代からはサッカーは労働者の一つの職業となったが、一九六〇年代までは才能のある選手はむしろアマチュアにとどまって給料をもらい、地元クラブのメセナ企業での昇進とボーナスに与かるほうを好むのだった【原注10】。それが結果として一部に痛みをともなうものであっても、やはりなお「優しい」フランス型の産業化は労働者階級にはこのプロ化がさして重要性をもたなかったことを説明している。プロのサッカー選手になることだけが苦しい生活から抜け出す唯一の手段ではなかったのだ。クラブから提示される給与は熟練労働者が仕事をやめたり、半農民的な労働者が農作業を放棄したりするほどのものではなかった。多くの者にとって、学校は、つまり役人になったり、家族経営の農場を再建したり、父親のように製鋼所に復帰したり、職業資格を得たりするための頼みの綱は、社会的昇進の現実的な夢をはぐくむものである。こうして一九五〇年代に始まる、プロ選手の世界への労働者の圧倒的な流入にみられる本当のプロ化への歩みは、そのほとんどが移民によって担われた【原注11】。最初はポーランド人とイタリア人の移民が、ついでスペイン人とマグレブ人【訳注13】の移民が、サッカーは真に炭鉱労働から抜け出す最良の手段であると考えることができたのである。コパ【訳注14】にとっては、ポーランド人に対する偏見のためになかなか就けなかった電気技師の職をプロサッカーの職が取って代わったように【原注12】である。長期間にわたって、概してサッカーは一種の「特別なもの」として立ち現れていた。その場合、それでもラグビーは、とりわけ自転車競技は、アマチュアとプロの中間的身分規定にあるものもすべて含めて、アトラクション的である。それはおそらく、社会的地位の変化が集団の戦略よりは個人の戦略に係わる事柄として見られてもいる社会のイメージになっているのだろう。

おそらく、人間精神にあっては、物的な関心以外にもいろいろな情念がサッカーおよび一般的にはスポーツと競いあっているとも考えるべきなのだろう。各都市の力のなさ、つまり労働者が形成しようとする支援の不均質性は、共和主義のフランスにおける集団的アイデンティティーを定義づける特殊な方法に関連するであろうし、しかもそれはサッカーがこの国で労働者の経験を価値の面においても社会的昇進への期待の面においても表現しているその方法に影響を及ぼしているのである。パリの中央集権主義への依拠は、この国家の、地域や社会のアイデンティティーよりも上位におかれるフランスという国のアイデンティティーの定義における極めて重要な、共和主義的な性格の端的な表われである。大革命以来、この国家はあらゆる地方主義《パルティキュラリスム》と戦ってきた。この国家は非宗教的で共和主義的な学校を創るとともに、さまざまな伝統的系列関係と相反する国としてのアイデンティティーを鍛えるための道具と、そのようなものからの離脱としての国家という空間への参入の定義の手段を創り出した。たとえ社会移動における国家の役割が、今日郷愁をこめて国家に求められる役割よりももっと控えめなものであってもである。より一般的には、フランス国家は市民権（公民としての資格）という観念とともに、この市民権の獲得を社会的政治的闘争に主要に賭けられるものの一つとしたのである。十九世紀と二十世紀の歴史のなかに表現されているようなフランス人の情念とは、あまりに特殊な文化的実践への自己投入《アンガージュマン》とは対立する政治的情念である。このことは、だからといって特殊なアイデンティティーの意味が失われていることを意味しているのではない。「赤い（左翼の）」都市と「白い（保守の）」都市とのあいだにも、ブルジョワの知事（共和国委員）と労働者の副知事（共和国委員補佐）とのあいだにも対抗関係は存在し、サッカーの観客は試合中ずっと他の人々と向きあって皆と一緒にいると感じている。自分は坑夫である、どこそこの街にいる、あるいは自分のチームを通してそれを表現しているとの感覚を皆もっている。またある村でサッカーが典型的な労働者のスポーツだったり、例えばスレートの切り出し場で働く人々のスポーツ【原注13】だったりすることもある。その一方で、教会が組織している体操やバスケットボールが、農民のスポーツだったり地域のプチブルのスポーツだったりすることもある。

しかし、長いあいだ、これら潜在的サポーターたちはすべて、市民権と国家の防衛のための闘争、あるいは国家による自分たちの権利の認知のための闘争に情熱をこめて自己を投入してきた。共和主義のフランスでは人は皆、町とか村の、市民権という小さな空間にまぎれもなく所属し、町や村とのつながりを大事にしている。町や村に愛着をもっていることが望ましいからである。しかし、この愛着は国家への所属、すなわち数々の戦争と共和主義の学校によってたたき込まれた感覚によって相対化されている。それゆえサッカーは国家という共同体への統合の象徴でもあれば、一つの社会階級あるいは一つのテリトリーへの所属の象徴でもある。フランスの農民はフランス語とサッカーを第一次世界大戦中の塹壕で学んだ【原注14】が、同様にフランスのチームでサッカーをするポーランドやスペインの移民の息子たちは共和主義的普遍主義の証しだったのである。

政治的な情念は、サッカーがその定着過程で強くイデオロギー化されてゆく程度に応じて、フランス社会におけるサッカーの地位に大きな影響を及ぼしもした。このとき、社会の不均質性さらにはイデオロギー上の対抗関係がサッカーが独占的な位置を占めるのを妨げた。一九〇〇年代にサッカーを始めとするさまざまなスポーツがフランスで発展したとき、サッカーは教会と国家のあいだの闘争といった性質を帯びたが、このことはさまざまなスポーツ間の競争にも影響した。南フランスでは、カトリックのフランス青少年スポーツ体操連盟（FGSPF）がサッカークラブの創設に動いたとき、非宗教の教員たちはラグビークラブを作った。これは共同の競技大会の組織化にも、それゆえサッカー好きの多数の観衆が多くの競技大会やチャンピオンを見られるという意味では、サッカーのより迅速な伝播の可能性にも影響した。一九〇六年、フランス陸上競技団体連合（USFSA）は所属するクラブにFGSPF所属クラブとの試合を禁止した。こうして第一回のクープ・ドゥ・フランスが組織されるには一九一七年を待たなければならなかったし、フランスサッカー連盟（ＦＦＦ）の創設は一九一九年を、プロ化の公式承認へとつづいたフランス・リーグ戦は一九三二年を待たなければならなかった。しかし、第一次世界大戦の前には、労働者のスポーツを作り出す試みがなされたことにも触れておかなければならない。これは経営者的家父長主義の枠組みから離れ、スポーツの社会主義的な倫理を発展させ、ひいてはイギリス労働党的なスポーツが創出されるとの懸念から出たものだった。実際、社会党系や共産党系のスポーツ連盟間の対抗関係が激しくなり、やがて競技大会や観客の分裂へと進み、再統一されるのは一九三四年のことだ。そして、一九三〇年代、フランス共産党が労働者階級に浸透するようになると、共産党の政治戦略は労働者の娯楽としてのサッカーの自立（自治独立）と反するようになる。したがって、共産党が階級対階級戦略を採用すると、サッカー界はいくつもの競技大会、共産党系の連盟と社会党系の連盟に分裂する。例えばアレスではサッカーチームが二つ生まれ、一つは「ブルジョワの」チームで、ウイエール（石炭公団）から財政支援を受けているプロのチーム、もう一つが共産党が創設したスポーツ連盟に加盟している「プロレタリアの」チームである。つまり地域の労働者階級はサッカーの二つの定義に引き裂かれたのである。一つはイデオロギー的な定義、もう一つがよりスペクタクル的な定義、そこに企業内での昇進が期待できる「同業組合《コルポ》」スポーツが加わる。共産党がいわゆる人民戦線戦術あるいは国民連合戦略を採用するとき、スポーツをプロフェッショナリズムが生み出すスポーツの偏向に抗した万民のためのものとすることを目的としたイギリス労働党的なスポーツが発展する可能性はある。

さらには、イギリスと比較すれば、フランスのさまざまな政党の政治戦略は、自立した労働者文化の相対的な弱さのなかで、どのような重みを持っているのか考えてみることもできる。社会党や共産党には、かなり早くから労働者階級の社会的昇進は文化の摂取を経るとの思想がある。文化の摂取は労働者階級の解放と真の市民権の獲得、さらには労働者文化の出現を促すからというのではなく、市民権のかなりの部分をなすものとしての大いなる普遍的文化の獲得の様相の一つであるという思想である。もちろん、パリを取り巻く郊外の赤いベルト地帯や製鉄業で名高いロレーヌ渓谷に見られる労働者文化はある。しかし、そのような労働者文化が素朴さと連帯と男らしさを前提とするものとして評価されるとしたら、労働者文化はイギリスとは異なり、それ自体としては目的ではない。イギリスでは労働党は文化政策をもたないし、社会階級がそれぞれ自立した方法で発展するように階級間の妥協がなされたからである。しかし、活動家や前衛にとって、労働者文化は真の文化ではない。フランスでは、労働者組織はすべて労働者文化や自立した大衆文化という観念とは対立して構成されている。社会党の組織にしろ、共産党の組織にしろ、政治的な権力の掌握のために闘うように、普遍的なものの獲得のために闘っているのである。このような考えは職業資格をもつ労働者のエリート階層によく受け入れられている。これらのエリート階層にとっては労働者の解放は疎外をはらむ、お定まりの娯楽の拒否を経て達成されるものなのである。それでもやはり、個人のレベルではサッカーが好きになれるが、このサッカーへの愛情は一つの価値とはならない。フランスでは一九六〇年代まで、文化とは大いなる文化、すなわち統一された社会的国家的単体という観念と常に結びついた何ものかであったのである。

サッカーがその一部をなす大衆文化とは、集団の定義のなかで付随的に生じたものであり、その定義においては社会階級間の断絶はさして強いものではなかった。イングランドの情熱のモデルは共同体的なものといえよう。つまりスタジアムへ赴くのは似た者同士で、クラブや選手との生物学的共生関係をもったグループなのである。このなんらかの方法で存在した関係が崩れるときでさえ、スタジアムへ行くという事実は容易に想像できる。このことは、普通のサポーターかフーリガンを想い起こせば、納得がゆく。サッカーは、階級間の境界線が水も漏らさぬように出来上がっているか、そのように見える社会、そして一九六〇年代以降は年齢層などの別の境界線が現れた社会で発展している。フランス社会におけるサッカーの相対化は、(階級、地方、性、年齢などの)ありうるどの所属グループにも還元できない、自立した諸個人の総和としての社会のこの共和主義的な表象と関連しているのであろう。もしサッカーが意味をもつとしたら、サッカーは常に共同体と社会のこの緊張のなかで意味をもつ。つまり、公的な空間に姿を現わすとはいうものの、間違いなく「自然な」グループへの自らの所属を表明することであるという事実と、それにもかかわらず政治的闘争を国家全体のなかに常に市民共同体への参加政策として書き留めている行動形態に、政治的闘争を通して姿を現わすことであるという事実との緊張のなかで意味をもつのである【原注15】。もし、サッカーが与える影響は社会移動の可能性の形として、権利においても事実においても平等であろうとする情熱に関連していると思われるとの仮説【原注16】を受け入れるとしたら、社会移動が社会的闘争を通したり、さらにはその国固有の規則に従って生きる権利のためでなく市民権を獲得するための政治的闘争を通したりして実現される国においては、社会的流動性という、この理想の実現の障害とならない限りは、人は結局は個人の領域に属するさまざまな情熱に、副次的な地位を与えることができるということが理解できる。サッカーの、この第二の性格は、サッカーをその他の私的な諸活動、すなわちあらゆる形態の消費や娯楽と比べて脆弱なものにしている。もしイギリスやドイツでサポーターの活動モデルが共同体的なものであったら、フランスではその活動モデルが動員のモデルとなりえたであろう。つまりクラブは、政党のように、クラブが提案するものはスポーツをする者としてもスポーツを観る者としても金銭的にも心理的にも大いに投資するだけの価値があると納得させなければならない。しかも、その理由は、一緒にいる、親しい仲間同士でいる、質の高いスペクタル、つまり何か別のものに向けた自己の投影に係わるなにものかを観戦する、など多くあげられる。

一九四五年以降のフランスの経済的社会的変貌はフランス社会の情景を一変させた【原注17】。都市は増えつづけ、農村から都市への大規模な人口移動は、農民を決定的に労働者とホワイトカラーに変えた。しかし、この変動は世代別の区分によってより組織された、あるいは日常生活が目に見えて改善されてきたことによってより個人主義的な生活スタイルと娯楽スタイルの多様化への動きでもあった。労働者階級の数的な増大は、労働者階級への所属意識の強化をともなったわけではない。労働組合への加入や政治組織への入会を網の目のように張り巡らした強固な共同体はそのままに存在しつづけているが、進学と労働者街の断絶とより快適な日常生活は伝統的な連帯の形態を弱体化させた。このような文脈のなかで、サッカーは相変わらず興味を引くものではあっても、現代生活を楽しもうとする人々、とりわけ若者たちにとっては、映画や外出、新たな形態の音楽、ショッピングやテレビ、日曜大工、車やマンションの購入ほどには刺激的ではない。これら新しい都会人は皆、この新たな生活環境に馴れ親んでしまった。そして新たな住宅団地に居を定めた家族とその出身地とのあいだに強く残っているつながりは、ウィークエンドともなると都市の一部を空にしてしまう。こうしてパリのクラブがなかなかうまく観客を獲得できないような可能性はやはりあるにはあるが、それでも大都市ならどこでもサッカークラブの一つぐらい立派に存在しているのも事実である。

アンリ・マンドラ【原注18】は、伝統的なフランスと現代的なフランスとの断絶を刻印する年を一九六五年とすることを提起している。一九六五年とは、フランス最初のスーパーマーケットの開店の年、マスプロ教育の象徴であるパリ大学ナンテール校開校の年、リーヴル・ドゥ・ポーシュ（文庫本）の普及の年、出生率の低下が始まった年、そして働く女性の数が増加し始めた年である。それゆえ、象徴的には、快楽主義的で個人主義的な文化革命の発生の年である。この瞬間から、社会化を促す巨大機構（教会、学校、政党、軍隊など）は危機に陥った。サッカーに関して言えば、それは衰退の始まりの時、観客の減少とゲームの低迷の時である。大衆文化の世界では、期待と当惑の新たな表現分野が開かれる。それが、大量消費の飛躍的発展の要素でもあり、同時に文化の大衆化現象への異議申し立ての場でもある、カウンター・カルチャー的な戦闘主義を介したポップカルチャーである。大量消費と異議申し立てという、この二つの様相は一九六〇年代以降、政治的戦闘主義として、集団的行動の古典的な形態を競いあう。

そして、この数年間はあらゆる新しい音楽とも、モードの飛躍的発展とも、快楽主義的で個人主義的な新たな価値とも同一視されたポップカルチャーであったが、フランスでは従来の娯楽の名残りのなかの新たな開花の場の発見が、ポップカルチャーを妨げ、進歩が伝統と対立するように、サッカーの発展をも妨げた。ベビーブーマー（団塊の世代）とその親たちは消費という間接的な方法で現代性を見いだした。親たちにとってはテレビ、車、家庭電化製品だったものが、子どもたちにとっては、その生まれゆえにアングロサクソン（英国系）のポップカルチャー、カウンター・カルチャー、あるいはそのフランス版であるイエ・イエ【訳注15】だった。現代性とは学問の獲得、より端的には小学校での就学、さらにはリセ（高等学校）や大学への進学でもあり、またより一般的にはこの頃もはや中産階級や上流階級の子どもたちだけの特権ではなくなった若者であるという経験の獲得でもある。

このような文脈のなかで、サッカーは一つの強烈な象徴的価値を持てないでいた。サッカーは幼年期と伝統的生活様式を想い起こさせるのだった。長い学生生活を送るか、現代生活の恩恵に浴したいと思っている若者たちにとって、サッカーに興味を示すことは恥ずべきことでもあった。この頃はまだ、サッカーは意義深い実践ではなかった。ロック文化、カウンター・カルチャーの月並みにされた形態あるいは外出文化（ナイトクラブ、映画、レストラン）のほうがよほど適切な行動だった。カウンター・カルチャーや左翼主義の世界により戦闘的な方法で自己投入している若者たちにとって、サッカーを拒否することにはより建設的な理由があった。つまり、もっとも政治化されたその言外の意味にもかかわらず、ロックとはやはり、ブルジョワの生活様式に対する真の非難と思われるイベント、ウッドストック【訳注16】であり、サッカーは人民の阿片であり、排外主義であり、マッチョ主義であるのだった。

それゆえ論理的には、一九六八年のスタジアムの観衆の数が最低であるのは、あの五月の出来事【訳注17】の直接の影響のためとなるが、実際には一九五〇年以降ずっと減少しつづけていたのである。ヨーロッパのどこかの国でも同じように、サッカーが本当には定着していない社会では、サッカーは経済的機構としても文化的機構としても定着していないのである。

実際、一九六〇年から一九六八年のあいだに、プロリーグの創設以来のメンバーでフランスのもっとも魅力あるクラブのいくつかが途中で勝負をあきらめたり、2部リーグに落ちたまま上がってこなかったりした。セート、レッドスター、ル・アーブル、アレス、CAP、CORT（ルーベートゥルコアン）などのクラブがその例で、観衆のまったくと言っていいような無関心さにさらされた。一つのプロクラブの運営に要する資金は観客からの収入だけで賄われるはずはなく、自治体からの助成金もあてにしている。一九六四年、ロンドンのクラブ、トッテナムの一試合の収入はルーアンのクラブの年間収入に匹敵した【原注19】！ フランスのサッカーはまだ充分にはフランスの大衆文化に一体化（統合）されておらず、とりわけイタリアのサッカーがその範を示す、より一層防御を固め、ゴールシーンがますます少なくなるレアリストのゲームが見せる新たな技術・戦術的方向づけに耐えられなかったのだ。確かに、一九五〇年から一九六二年までのランス（スタッドゥ・ドゥ・ランス）【訳注18】と一九五八年のスウェーデン・ワールドカップでのフランスチーム【訳注19】は大観衆を沸かせた。しかし、クラブチーム、代表チームともに、フランスサッカーが失墜すると、観衆はスタジアムに寄りつかなくなった。サッカーの質とサッカーの人を感動させる能力の低さゆえに別の形態の娯楽に席を譲ることになった。クラブカラーに対する愛情はスペクタクルの魅力の欠如を埋めるほどには強くなかった。一九六〇、七〇年代、多くの大人たちにとってサッカーとは、ランスのスタジアムへの、一九五八年ワールドカップ・スウェーデン大会への、学校の運動場へのノスタルジーと、テレビが見せてくれるヨーロッパのビッグクラブの映像にほかならなかった。

サッカーの新たな提案

それゆえ、スタジアムの観客とテレビ視聴者の関心の高さという基礎的条件を備えたフランスのチームのスポーツ面での成功は、クラブと指導機関という厳密な意味でのサッカー界と、観衆、選挙民、従業員、視聴者を動員しようとする政—財—メディア界の出会いの結果である。このサッカーの大量動員作用は、都市、地方、企業の動員力の効果もあるが、一九八〇年代以降は、サッカーの世界にその独自の介入ぶりを目に見える形で演出し、サポーター活動の伝統を再度作り出そうとするウルトラ・サポーターたちの戦闘作用に遭遇しているからである。

この過程で、演出されたアイデンティティー、つまり男としての、地方の、国家の、社会のアイデンティティーはその時に賭けられているものに応じて現代化され、さらには先鋭化される。というのは、サッカーを愛するという、今もなお力強い反撥力をもつ伝統的な理由に、フランスの統合モデルとアイデンティティーの定義モデルの危機を一層深める新たな理由が加わるからである。これらの新たな争点が、フランス流のサポーター活動とフーリガニズム（フーリガン稼業）の発展をも説明してくれる。

ところで、最近のここ十年ほどつづくサッカーへの関心の回復については、スポーツ面での理由がいくつか挙げられる。まず第一に、一九七四年から一九八〇年にかけたヨーロッパの大会でのサンテティエンヌの「赫々たる武勲」【訳注20】、代表チームの一九七六年ワールドカップ・アルゼンチン大会、一九八二年スペイン大会、一九八六年メキシコ大会での好成績、そしてジロンダン・ドゥ・ボルドー、オリンピック・マルセイユ、パリ・サンジェルマン（PSG）のようなハイレベルのクラブの出現である。これらの好成績のおかげで、テレビの前に陣取ってフランスのチームの活躍を観戦したり、スタジアムに詰めかけたりするようになったのである。

この成績の向上は、フランスサッカー連盟（FFF）とフランスサッカーリーグ（LNF）の後ろ盾を得たサッカークラブの現代化に結びついている。一九五八年のワールドカップ・スウェーデン大会につづいた長い低迷の後に、スポーツ関係当局はフランス人選手をヨーロッパのレベルに引き上げようと、育成センターの創設（各クラブが一つの育成センターをもつことを義務づける）を柱とした系統的な政策を採用した。一九七五―七六年のヨーロッパ・チャンピオンズカップで決勝まで進んだサンテティエンヌのチームは、二人を除いて、クラブの育成センターで養成された選手たちで構成されていた。各クラブに育成センターが出来たために、一九六〇年代はおろか一九六八年以降のプロクラブの危機の時期にあっても、支出のますます大きくなる部分を占めていた選手の移籍金の引き下げが可能になり、選手市場を生み出す「有期の」契約が交わされるようになった【原注20】。それでも一九八〇年代の初めまでは、フランスのクラブは極めて伝統的な形態を守っていた。プロとはいっても、クラブは営利を目的としない社団法人として運営されていたのである。クラブの運営資金はスタジアムを所有し、管理する自治体によって保証されていた。このサッカーと政治のつながりは、クラブがスタジアムの建設や装備に必要な資金を市町村に求めた一九二〇年代にさかのぼる【原注21】。一九七〇年、自治体は助成金を支出するという形で各クラブの資金調達に一八％の参加をした。一九六〇年代には自治体が助成金の提供を拒否しつづけたために消滅したクラブもあったが、この助成金の復活で数年後にはいくつかのクラブが再建された。こうした流れのなかで、育成センターの存在はその教育的使命と倹約の名の下に、大いに評価され、プロフェッショナリズムとの良好な関係を再び探る動きにもつながった。

それでも一九八〇年代の初めまでは、クラブを、大企業がクラブを通して社会生活の一モデルを形成してみせる(プジョー)ための教化の道具とみる、あるいはロジェ・ロッシェ会長率いるサンテティエンヌの場合のように、労働に基づいた成功という理想の実現とみるという相関関係にとどまっていた。クラブは会長の働きと選手たちの働き、さらにはクラブの世話をするボランティアたちの献身のおかげで成り立つ一つの現実と見られていたのである。成功はつらい労働の褒美であり、公共の福祉に奉仕する幹部たちの熱意の報いであるから、クラブは継続に結びつく。それゆえ、長い間サッカーは、サッカーを地域の名声や全国的な名声を得る手段とみる実業家、商業者、地域の名士たちの事柄であった。大半はずっとそんな具合であったが、サッカーの新たな経済面を見直し、自らを新たな行為者と自負するクラブの責任者たちの新しい波《ヌーヴェルヴァーグ》も現れた。このようなサッカーへの参加の仕方は、サッカーは全世界的なスポーツであると同時に、全世界的な市場でもあるとの基本的な認識に基づいている。こうした展望のなかで、フランスのチームが国外で活躍し、ユーロビジョン【訳注21】の画面でその成功が伝えられると、フランスのサッカーは興味を引くものとなり、フランス製品の販売を促進するだけでなく、新たな商品(スポーツ市場あるいはメディア市場)を開拓したり、新たな管理形態にうまく融合できるようにもなった。企業は新たな管理方法を探求していた。スポーツの用語、特に団体競技の用語(チーム、「やった!」、連帯)は企業の従業員を、拘束から解き放たれている競争という文脈のなかでの競技や組織というテーマに動員するための道具として役立つ。それは、個人は強くあらねばならない、個人は自らをたよりに社会にも企業にも進んで同化（統合）しなければならないと言うための一つの方策である。それゆえサッカーは、社会や団体のプロジェクトのもとに従業員を連帯させようとの構想から、社会や団体内部の意思の疎通に利用される。しかし、それはまたブランドや起業家の評判を高めるための外部への情報発信の道具でもある。一九四五～七五年の高度成長期の、あの「輝かしき三〇年」が終わりを迎えるとともに、企業は新たな市場に向けて舵を切り、競争相手に対して強い立場を得ようとした。つまりスポーツがそんな企業に価値を付与したのである。

こうして、多様な富を有する新たな投資家たちが現れた。マトラ・アシェットに投資したジャン＝リュック・ラガルデール、オリンピック・マルセイユに投資したベルナール・タピ・ホールディング、パリ・サンジェルマンに投資したカナル・プリュスである。主要なクラブの構造は変化し、スポーツ関連の株式会社になった。それゆえオリンピック・マルセイユは最近までにスポーツに関わるクラブ、テレビ、アディダス社、スポーツイベントを主催するエージェントを擁する持株会社の一部となった。一九九〇年代の初めには、有料テレビ網カナル・プリュスはパリ・サンジェルマンＳＡの筆頭株主となり、バスケットボール、バレーボール、ハンドボールのクラブをも有し、レアル・マドリーにならったマルチ・スポーツクラブの形成に乗り出した。

テレビの国家的独占の終焉と三つのチャンネルさらには六つのチャンネルの創設をもって、サッカーはメディア間競争の焦点となった。一九七四年にはフランスのテレビ網におけるサッカー放映は年間十時間に満たなかったが、一九九四年には、サッカーはスポーツで第一位の年間五百九時間放映され、最高のテレビ視聴者数の一つを達成した。サッカーの大きなイベントの中継をめぐるチャンネル間の競争はクラブに巨額のテレビマネーを流入させた。この集金力が、裕福なクラブの選手獲得政策を変更させた。選手の養成に力を入れるよりは移籍市場にアピールする、出来る限り手早い成功をおさめるなどなど、である。こうしてクラブは新たなドラマツルギー（作劇術）と新たなアイデンティティーの確立法を提案した。

この新たな経済体制は次のような形で現れている。一九七〇年に三七五〇万フランだった1部リーグ全クラブの支出は、一九九一年には一二億フラン（約二七六億円）に達した。97／98シーズンのクラブ収入は、二五・一％がテレビ放映権料、一〇・八％が地方公共団体からの助成金、一九・七％がスポンサー収入で、観客収入はわずか一三・一％にすぎず、選手の移籍料は二〇・二％を占めた。クラブ予算に観客の入場料収入が占める割合は一九七〇年には八一％だったものが、85／86シーズンには五〇％となった。ここに、ヨーロッパの至るところで見られるサッカーの進化がある。この進化は、スタジアムに赴くということが、フランスではサッカー好きの支配的な形態ではないこと、さらには流れとしてはスタジアムの観客数が増えてはいるが、サッカーを生で見るという経験とサッカーをテレビ観戦するという経験との、多様な価値を含んだ二重の経験となっていることを示している。たとえテレビやスポンサーから流れ込むマネーが、量的には観客からの収入よりも大きくとも、やはり観客をスタジアムに引きつける必要はある。なぜなら精力的な企業家にとっては満員のスタジアムこそ、情熱もエネルギーも感じられない空っぽのスタジアムより価値があるからである。それゆえにカナル・プリュスとパリ・サンジェルマンは、92／93シーズンのコマーシャル・キャンペーンで、パリ市内の住民とパリ郊外の住民に「愛郷心を抱こう」、「毎週土曜の夕べ、パルク・デ・プランスに来てミサに参列しよう」と呼びかけたのだ。

これらの企業家ならではの戦略に、政治戦略がともなう。こうしてベルナール・タピは財政戦略と政治戦略を同時に発動する。オリンピック・マルセイユの会長であることは、ブーシュ＝デュ＝ローヌ県【訳注22】選出の国民議会（下院）議員、マルセイユ市長、果ては大臣にまでなるチャンスを大いに高めてくれるからだ。しかし、より一般的には都市や地域圏【訳注23】のレベルでは政治政策が優先する。例えばパリでは、一九七七年の市長選挙は首都パリにサッカーのビッグクラブを復活させようとする試みの出発点となった。ところがこの分野では初のはずの大がかりな政策は、一九六五年のマルセイユ市長選でのガストン・デフェールの政策だった。では、一つのサッカークラブに何を期待できるのだろうか。地方の政治家たちが統一された単体としてのフランス社会の表象が地方の社会に、とりわけ地域圏の新しい主要都市や新しい地域に移し置かれるのではないかと思うとき、「愛郷心を持ちたまえ」が、そんな地方の政治家たちにとっては良きスローガンとなる。地方公共団体の政治参加が見せる様相の一つは、ポピュリスム（大衆迎合主義）や経営家族主義の古典的なモデルに応えること、つまり人々に人々が望むものを与えることである。いや、それ以上である。都市は企業のように、その内部とも、外部とも意思の疎通に気を配りつつ進むからだ。サッカーチームは公共の福祉のために働く市町村にならってその支えとなることができるし、スタジアムは市の中心部やチームや市長の周りに住民を動員することで支えとなることができる。都市を「売り出せる」ことこそが重要なのだ。ビッグクラブがあり、経済状況が良好で、ハイテク関連の現代的な企業や大学があり、そして時に応じてロックのコンサートもある、これが本物の都市だ。他のスポーツもそうであるが、サッカーは投資家たちを呼び込むために幅広く展開される戦略の一部なのである。というのは、地方分権諸法令の制定以来、都市はこの点では互いに競争の関係にあるからである。都市はさまざまなイメージを開拓する。叡知と労働の倫理（ル・アーブル、ソショー）、才覚（オセール）、一大プロジェクトの豊富さ（マルセイユ、パリ）といった具合である。サッカーはこうしてもっとも力のある都市、あるいは地域圏の情報発信戦略が繰り出す手段の一つとなったのである。地方分権法によって、地方公共団体や大都市の市長により大きな権限が与えられたことにより、サッカーはパリや競争相手の都市に対する独立心、対抗心を表明する手段となった。観衆の動員はクラブにとっても都市にとっても義務となった。これは失業に対する奮起、新たな地域のアイデンティティーの呼びかけであり、地域の覇権をかけた、あるいは他のヨーロッパ諸国の「姉妹」都市との絆の確立のための動員でもある。

一例をひいて、この進化を確かめてみよう。多くの観衆に知られていたわけではないが、地域の開発計画にサッカーを連節させようとしたクラブ、ル・アーブルの例である。ル・アーブルは人口二十万人、北フランスのノルマンディー地方に位置する労働者の力の強い港湾都市で、高い失業率（就労人口の二〇％超）をともなう経済危機に見舞われていた地域にあった。ル・アーブル・アスレチック・クラブ（HAC）は一八七二年にイングランド人によって設立されたフランス初のサッカークラブである。フランスの何処もそうであったように、サッカーは初めのうちは地方のジェントルマンのスポーツだったが、たちまちのうちに港湾労働者、製鉄労働者、職人たちのスポーツとなった。以来ずっと、ル・アーブルには企業チームや街区のチームがHACと競りあうという伝統が生きてきた。ル・アーブル・アスレチック・クラブは一九五九年のクープ・ドゥ・フランスの優勝を除けば、成功を体験したことがないクラブである。一九六四年にはクラブは観客のサッカー離れと、伝統的にプロフェッショナルなサッカーに敵意をもっていた共産党市政の助成金打ち切りのために、プロチームを放棄してさえいる。そして数年間は成績は極度に低迷し、クラブは下位の地方リーグでプレーしていた。一九七二年、サッカーの国内競技体制が再組織されると、クラブはその年功の評価と、ＨＡＣに対するル・アーブルっ子の忠義な支持の証しである、それなりの観客動員力のゆえに救われる。クラブはその後も浮き沈みをつづけるが、幹部たちはプロ復帰のための長期戦略をもとに選手の育成機構を設置する。一九八二年のことである。これが市の政策とクラブの会長の野心との妥協を生む。共産党に率いられたル・アーブル市政は、社会労働団体や社会労働組織を基礎にした社会・文化政策を推し進めてきていた。好況期には進歩を共有し、他の地方自治体よりも先を歩むことができた。しかし、経済危機とともにその弊害を手当し、市政の社会的基盤、また選挙のときの支持団体を統制する必要も出てきた。その戦略では、サッカーの出る幕はずっとなかった。イデオロギー上の理由から、市議会はクラブのプロ復帰については冷淡だった。しかし、経済危機が深まるにつれて、市政の見通しに変化が生じた。ＨＡＣの謙虚で聡明な会長、Ｍ・ヒュローがプロ化の支持者だったからだ。サッカーは、ル・アーブルにフランス地図の上に一目《いちもく》置かれる地位をもたらし、同じセーヌ＝マリティーム県の中心都市ルーアンとの闘いに決着をつけてくれるかもしれなかった。県庁所在地ルーアンはブルジョワの都市で、保守の市議会は共産党市政を選挙で選んだ労働者の力の強い都市ル・アーブルに対抗し、ときには地域圏経済推進計画にも加わらないでいた。サッカーを通して、ここに賭けられているもの、それは労働の共産主義的倫理とヒュロー会長という地方企業家の倫理とを調和させることで、危機に直面している都市の集団的努力の意味を確立するのを助けることである。「レ・ヴェール（緑）」と愛称され、素晴らしい武勲を重ねた時代のサンテティエンヌで働いていて、サッカーの都市へのインパクトの大きさを知り尽くしている文化担当責任者が市のチームに加わると、サッカーは市の新たな情報発信戦略の要素の一つと化した。ル・アーブル市の新たなロゴが、クラブの伝統のカラーに彩られた、空高く海に架かったタンカルヴィル橋の図案化したものであったことは、まさに象徴的である。

サッカーが新たに提案するものは、新たな制度的、経済的枠組みだけに限られはしない。大衆の支持というものがある。新たな企業家精神（タピ・モデル）、地域圏の主要都市の再生と、それにともなうさまざまな野心は、観衆とサッカーの権威たちとスポンサーと投資家と市長の出会いに新たな条件を提示している。しかし、この出会いは、もはや田舎を大都市へと導く動きを象徴している公民権や快適な暮らしや現代性へとつながる道とは見なされず、たどり着くことがますます困難になっていて、そこから排除される危険性すらある中心部と見なされる社会で発生している。そこにこそ、アイデンティティーの意味と、テリトリーの意味、そしてサッカーに自己投入《アンガージュマン》する新たな理由を再発見するための社会的諸条件がある。

第二章　もうひとつのサポーター活動へ

フランスのサポーター活動に関する報道記事を追ってみると、始まりは地方のクラブであったことがわかる。クープ・ドゥ・フランスのような極めて特殊な試合に際して地方の新聞・雑誌がサポーター活動を報じているからだ。一九七二年のランス（RCランス）対バスティアのような暴力行為をともなう試合にいつもサポーター活動が現れている。この試合ではランスのサポーターは、バスティアの選手が泊まっているホテルの窓の下で一晩中トランペットを吹き、太鼓を打ち鳴らし、爆竹を破裂させて、その支援の役割を充分に果たした。騒動は試合中もずっとつづき、バスティア側のペナルティ・エリアは常に物が投げつけられ、ランスの一点目が入ったときにはグラウンドにファンがなだれこんだ。その前のコルシカ島バスティアでの試合でランスの選手やサポーターが受けたもてなしへの仕返しだ、ということである。サポーター活動の新しい波《ヌーヴェルヴァーグ》は、ASサンテティエンヌのジョフロワ・ギィシャール・スタジアムの試合中ずっと熱狂している雰囲気のゆえにその名がついた「レ・ヴェール（緑）」と「煮え立つ緑の大鍋」とともに現れたと言える。スタッドゥ・ドゥ・ランスのあの偉大な大冒険以来初めて、一九七六年にはヨーロッパ・チャンピオンズカップで優勝を争うフランスのチームが出現したのである。しかし、チームは中央山地《マシーフ・サントラル》の東麓の都市サンテティエンヌのチームであって、RCランスが北フランスの炭鉱地帯にあったように、やはりパリのチームではなかった。ヨーロッパ・チャンピオンズカップの試合は、フランスを代表するサンテティエンヌとしてフランス中にテレビ中継されたため、観衆が十二人目の選手となるという、フランスではまったく新しい現象が生まれた。もちろん極度の熱狂というものは地中海側のクラブが先輩格であったが、サンテティエンヌの観客はクラブカラーの緑に身をつつみ、緑のマフラーを手に、緑の幟《のぼり》を押し立て、絶叫し、歌をうたった。しかし、一九七〇年代に広く用いられたスポーツや社会の支配的な表現という観点から見れば、演技はまだ軽いものだった。小さな都市や町がクープ・ドゥ・フランスでその名が知られるようになる（当時ならクヴィリー、今日ではブール＝ペロナ）と、決まって愛郷心が語られる。あるいはこれらの都市や地域圏が労働者の力のとくに強いところであったり、試合が労働者階級の祝祭か、バスティアのようにコルシカ島の分離独立主義の表現の場で南部の地であったりすれば、強烈な文化的決定因子の効果について語られる。このサポーター活動はけっして消え去ることのない大衆文化の一様相なのである。

しかし、一九八〇年代に入ると、雰囲気としてはその民俗的《フォークロリック》な性格は失われてゆき、過剰な自己表現がマルセイユからパリへと、少しずつフランス中のクラブに浸透しはじめ、より組織化された形態をとるようになった。フランスのあちこちにコップと呼ばれる過激集団が出現した。そしてウルトラの運動、つまり運動も言葉もイタリア生まれの過激主義が現れた。一九八四年から一九八七年にかけて大きなサポーター団体がいくつも設立された。一九八七年にはコップやウルトラの全国的な連盟を結成しようとの試みもなされたが、考え方のあまりの違いやそれぞれの自主独立を守ろうとするグループの配慮から頓挫してしまった。

この進化の結果、今日フランスの至るところにコップやウルトラのグループがいる。初めのうちはコップは北部ロワール地域のクラブに、ウルトラのグループは南フランスのクラブにいて、この区分けがサポーター活動の二つのスタイルを示していた。より簡素で、より共同体的なイングランドスタイルと、よりスペクタクル的で、より組織されたイタリアスタイルである。最初はコップが多かった。大きなサポーター団体を設立しようという運動以前は、それが標準モデルだったからだ。その後、イタリア流のサポーター活動の傾向がフランスのあちこちで際立つようになったが、それぞれの出生を表わす呼称は残った。

これらのグループが結集するのがヴィラージュと呼ばれるところ、すなわちゴール後ろのカーブしたスタンドで、そこに一九七〇年代には占めるべき場所があったのである。一般的に言って、そこは雰囲気も興奮の度合いも最高であった。もちろん、ゴール後方以外のこともあった。例えばランス（RCランス）では、過激なグループがもっともよく現れ、熱くなる場所は長い間、両サイドのヴィラージュではなく、メインスタンドやバックスタンドだった。ここに若者だけでなく、大人たちまでもが、血と金《きん》（RCランスのクラブカラー）のユニフォームに身をつつみ、頭にはかつての地域の繁栄の象徴である、ランプのついた坑夫帽をかぶって集まったのである。このスタンドは進んで相手チームのサポーターを受け入れ、ハーフタイムにはともにビールとフライドポテトを楽しんだ。当然にも、このような混交は、友好クラブ、ル・アーブルやサンテティエンヌのような労働者の都市からやってくるクラブとのあいだに起こった。反対にリールやパリのクラブが来たときは、ホームとアウエーのサポーターの分離は厳然としていた。この新たなサポーター活動には二つの様相があったからだ。一つは速やかな進化で、RCランスはもはや以前のRCランスではなかった。もう一つがさまざまなサポーターズクラブ間の競争である。実際、最近の一般的な性格、コップやウルトラに対する評価は、彼らこそスタジアムの緊張した雰囲気や暴力的な環境を生み出す元であり、これらのスタンドにはしばしば極右のグループがやってきているとされている。「フォルコの」サポーターから「ファッショの」サポーターへと変わってきているのだろう。

フランスのサポーター団体

この新たなサポーター活動の特徴は多数のサポーター団体の存在に表われている。今日、フランスでは約五十あるプロのクラブのほとんどに二つ以上のサポーター団体がある。しかし、オリンピック・マルセイユには八つ、パリ・サンジェルマンのようなクラブには十五か十八ある。サポーター団体は生まれ、消滅するので、その数に変動はあるが、全体で約二〇〇と言われている。会員の数ともなると、把握はさらに困難になる。力のある団体には、RCランスのように会員数が六〇〇〇に達するところもある。オリンピック・マルセイユ、パリ・サンジェルマン、ジロンダン・ドゥ・ボルドーのようにウルトラの大きなサポーター団体は二五〇人から二六〇人の会員をかかえ、そこに不定期にやってくる同調者が加わる。また十人にも満たないサポーター団体でも地域の、あるいは全国的な評価を得ているものもある。動員力はチームの成績にも、分裂のような団体のあり方や創設者で会長の辞任による変化にも左右されるので、サポーター団体の実数は激しく変動する。しかしこのサポーター運動の力は、会員だけで一試合の観客の二〇％以上という、チームがアウエーのときのサポーターの大部分を占めるほどである。97／98シーズン、RCランスのようなクラブは敵地に三千人のサポーターを引き連れていた。

この現象の大きさと安定性（サポーター団体、実際に参加するサポーター、会員の数、チームの成績に左右されない動員力の相対的独立性）は実にさまざまである。オリンピック・マルセイユ、RCランス、パリ・サンジェルマン、ジロンダン・ドゥ・ボルドー、サンテティエンヌのようないくつかのビッグクラブは大きな実員数を誇っている。実際に参加してくれる大勢のサポーターを獲得するには、大都市が確かに有利であるが、大都市である必要もなければ、大都市だからといって充分というわけでもない。まず1部リーグにいることである。そして成功すること、サンテティエンヌのように過去に成功した歴史があること。あるいはランス（RCランス）がそうであるように、サッカーをとりまく社会的交流《ソシアビリテイ》の伝統が存在せねばならない。ランスには一九二〇年代以来、いくつものサポーター団体がある【原注1】。しかも、そのサポーター団体は力をもっていて、オリンピック・マルセイユやジロンダン・ドゥ・ボルドーのように、2部リーグに落ちたときも高い動員力を保っていられた。試合に勝つ、よい戦歴を残すという結果がサポーター活動のダイナミズムにとって非常に重要である。成績がクラブとそのサポーターをフランスの地図上に突出させ、サポーター同士の競争の渦に巻き込むのであり、「クラブとサポーターが誇り」となる。モンペリエやニームでは、クープ・ドゥ・フランスでの好成績がウルトラ・グループの誕生を呼んだ。メスではサポーター運動の発展を確かなものにしたのは、数シーズンつづいたそのダイナミックな戦歴だった。反対に、ナントの観衆はここ何シーズンかのぱっとしない成績をなかなかはねつけられない。同様のことは最近までパリ・サンジェルマンの観衆も味わっている。

マルセイユに関するクリスティアン・ブロンベルジェの著作以外にも、サポーター活動の形態に関する研究は進んでいる【原注2】。それでも、観衆を集める社会的または文化的要素、さらには必要とされる動員形態あるいは観衆を呼ぶための動員網に焦点を当てた、サッカーに対するあらゆる形態の熱狂の、程度の差こそあれ、その強力な力を理解させてくれそうな仮説をいくつか立ててみることはできる。例えば、クラブが観衆を基本的に、一つの都市（ル・アーブルもそうである）で、あるいはちょうどランス（RCランス）の炭鉱のように一つの支配的な経済活動の記憶を託されている一つの県、一つの地域圏で集めていると、サポーター活動はそれぞれ異なる意味と潜在力をもつ。そして相対的に均質な経済的諸活動によってその性格が決定されている、それゆえ他に比べて社会的にも文化的にもより一様な住民を擁する都市あるいは地域圏においては、（つまりはソショーのことを考えることもできるが）、サッカーの記憶に関して幾世代も断絶がなく、住民たちの精神世界にサッカークラブが自然と目に見えてある可能性は、おそらく他の都市や地域圏より高い。それゆえにランスやサンテティエンヌのような都市には、さらには全体的にみれば最近まで高いレベルのサッカーをしていた都市（カーン、オセール、パリ）と対抗している古い工業地域には、サポーター活動の長い伝統がある。サッカーが最近になって盛んになった所では、その熱狂ぶりは凄まじく、ブルターニュ半島のガンガン市は二万五千人の人口でありながら、驚くべきことに一万から一万五千の観客を集めている。ブルターニュ地方はサッカーが強く根づいたところで、同地方全域から観客が集まってきているのである。したがって、小都市がサッカーを通して全国にその名を知ってもらおうとする期待は非常に大きく、しかも全国に知られるための唯一の方法でもあり、またサッカー以外の娯楽活動は限られているので、動員の面での利点となることもある。

あるいはまた、伝統ともなっている住民の政治的、社会的取り込みの影響について考えてみることもできる。このような取り込みは往々にして、家父長主義的経営者（プジョーまたはウイエール（石炭公団）の後継）あるいはノール＝パ＝ドゥ＝カレ地方の社会民主主義の影響である、より大きな経済的、社会的均質性と歩を一にしている。このような取り込みはサッカークラブ、政界、経済界、これら三つの要素のあいだの緊張が存在する都市あるいは地域圏とは別の、これら三つの要素の強い相互浸透が存在する、あるいは単に相互浸透がパリのようにあまり強くないかごく最近のことである都市あるいは地域圏で起きている。すなわちベルナール・タピは一九六〇年代以降にガストン・デフェールが企てた仕事の二番煎じをしたのである。要するに、全国的な評価にもつながる人口の国内移動の現象を考慮に入れねばならないのだろう。かつてサンテティエンヌは、チームの成功を自分たちが生むものとするサポーター団体の支部をフランス中にもっていた。今日のオリンピック・マルセイユがそうである。ところが、パリにおけるレンヌ、ガンガン、バスティアの人気には人口の国内移動の動きを思わせるところがある。

これらの要素はクラブに対する自立の程度によってさまざまに異なるサポーターの結集形態に明らかに影響している。一方には、クラブにほとんど完全に取り込まれていて、そのメンバーはボランティアの形でサポーターの安全面、飲食コーナー、グッズ販売に関わる任務すべて、さらにはクラブの商業活動にまで参加しているサポーター団体があるが、多くの場合、サポーター団体はクラブとは法的に独立していて、クラブの商業政策の担い手として組み込まれている。サポーター団体はクラブから補助金をもらっていたり、飲食物やグッズの販売から一定の比率で得た資金で運営されたりしている。このような金銭は遠征資金や小さな催し物に充てられたり、サポーターたちが作るサッカーチームの維持に使われたりするが、サポーターたちの商業活動から得られる金はクラブの育成部門の支出など、クラブによってさまざまな支出に向けられることもある。一般にこれらのグループはサポーター団体連盟（FAS）に加盟していて、「公認《オフィシャル》」団体と呼ばれ、イタリアモデルを援用するか、イングランドの伝統的なサポーターの「支援すれども拘束せず」というスローガンに応えるかしている。フランス（RCランス）のようないくつかのクラブを除けば、これらの団体は試合中は特殊な行動を滅多に起こさない。メンバーはスタジアムの特別の場所にかたまってはおらず、団体として派手な行動を組織したりはしない。サポーター団体はただ、社会的交流のきずなを維持し、チームのための感動的な参加を尊重し、自ら進んでクラブ生活の受取人となることによって、サッカーが果たす役割を際立たせるだけである。

このような「公認の」サポーター団体に対抗して、一九八〇年代の中頃から新しいグループが現れた。クラブに対する自主独立の意思と、試合に目にも鮮やかな形で参加しようとする願望と、はるかに戦闘的な精神を特徴としたサポーター団体である。これらのグループは「ティフォス」、つまりチームがアウエーで闘うときの遠征を組織し、自立した情報誌、ファンジンを発行している。一九九二年から一九九五年まで『シュプマグ』というファンジンが存在したが、この雑誌は、それぞれのグループがウルトラな運動の内部に生み出している効果の大きさを測り、情報を交換したり、活動の意味についての意見を交わしたりする場となって、さまざまなグループの連絡会報の代わりを務めた。

このような団体の多くはクラブから補助金を受け取っているが、これでティフォス（遠征）に必要な物資を購入したり、試合によっては特別なデモンストレーションを組織したりできる。団体はまた、物資を備蓄しておくための建物をもっている。しかし、さまざまな形態の協議機関に参加はしていても、クラブがウルトラ・サポーター団体を対サポーター政策に取り込んでしまっているときには、クラブから完全な財政的独立を維持するために補助金の受け取りを拒否している団体もある。パリ・サンジェルマンその他のクラブの場合がそれである。サポーター団体はファンジンの発行、試合中に撮った写真の販売、さまざまなグッズ（Tシャツ、ジャンパー、ピンバッヂ）の商品化はもとより、アウエーのときの移動や小さな催しなどグループの活動に投入するためのその他の財源も確保している。

これらのサポーター団体にはいくつかの論理を見いだすことができる。まず第一に他のクラブのサポーター、同じクラブの他のウルトラ・サポーター団体、そして自分のクラブとの有利な力関係を得るために会員を最大限動員しようとする論理である。サポーター団体の力量は団体が集めるその人数、ティフォス（遠征）の見栄えのする特色、売れるグッズの数によって測られるからだ。もう一つ別の論理がある。自らを前衛、あるいはサポーター活動のエリートと定義づけるのである。たよりになるのは、メンバーの数ではなく、その質、つまり至るところにチームを追い、あらゆる試合にその勇姿を見せ、グループが関与する出来事には必ず一丁加わっているという、その真の参加ぶりを見せつけられる能力であるからだ。それゆえ、グループを際立たせる特徴は市場で売られているものではなく、オリンピック・マルセイユのサウス・ウィナーズがそうであるように、もっぱらほとんど加入儀礼的な行程（忠誠、精勤、任務への協力、グループの精神の理解など）を経た後のグループへの所属の証しのようなものなのである。パリでは、パリ・サンジェルマンのホームスタジアム、パルク・デ・プランスのブーローニュ・ヴィラージュに集まるコップのサポーター・グループの一つ、ファイアーバーズが少しは揃いの態度を示していた。このサポーター団体はエリートを再結集させたものと思われていて、サッカーと政治に対するイデオロギー的な考えの共有に基づいた新入会員の認定をしていたが、戦闘組織としてよりは一つのサークルとして運営されていた。

さらには、これらのサポーター団体のいくつかをウルトラよりは公認のサポーター団体に近づけようとする論理も見いだせる。人は彼らをウルトラと呼び、ウルトラたちも自分たちをウルトラと称している。彼らはメンバーが若いこと、クラブになかなか自分たちの要求を聞き入れてもらえないことなど、いくつかの共通点をもっているからだ。例えば、選手を中心にしたファンクラブでかなりの数の会員を擁していて、その基本的な活動や要求はアイドル選手に会うことである。また、スタジアムを盛り上げるための活動に積極的に参加したり、会員とクラブとの接触を求めたりすることを基本的な目的としている団体もある。同様にクラブによって認知された唯一の連盟の中核をなし、クラブの目標に強く結びついたウルトラの団体もある。その好例がル・アーブル・アスレチック・クラブ（H

AC）である。HACのサポーター活動は積極的なサポーター活動を生み出すための戦闘行為の結果であると同時に、ある種の家父長主義とスタジアムの秩序への気遣いの結果である。ル・アーブル市長と同じくHACの会長は、クラブと市の名声を汚す恐れのある統制不能なあらゆる運動を嫌悪している。こうしてサポーター連盟の会長の役目は、自発的に結成されたあらゆるサポーター団体を説得して公認の連盟に加入させることとなる。この連盟はクラブのイメージ商品（マフラー、ピンバッヂ、小物、ユニフォームなど）を開拓し、広める権利をもっていて、サポーターの好みや特徴の商品化、移動の組織化、HACが組織する示威行動への参加、クラブとサポーターのイメージの向上、サポーターの家族への必要に応じたさまざまな支援などの使命を託されている。この点で、ル・アーブル・サポーター団体連盟は、全市をカバーし、ここ二、三十年間市の繁栄とその後の衰退と社会的影響をともに味わうことを責務としてきた重要な非営利社団ネットワークに参加しているのである。

サポーター団体間の相違はいくつかの大前提に基づいている。まず年齢である。ウルトラであるとは、若いということである。ウルトラの世界は十五歳から二十五歳まで、団体内で責任をもっている人々や社会で然るべき地位を見いだせないでいる人々の場合は、ときに三十歳までの年齢層で構成されている。一般的には二十二〜二十五歳でウルトラの運動から離れてゆくが、これは若者たちがなんらかの形で社会のあるべき位置に納まってゆく年齢である。カップルでの生活を始めるか、定期的な仕事に就くか、再び学校へ行くか学校をやめるかするのである。要求が強く、戦闘的なタイプのウルトラ・サポーター団体から、社交の場とかクラブとの接触を求める場と位置づけているサポーター団体への変貌は、スタンドでどのようにして満足のゆく仕方でふけてゆくかに係っている。つまりウルトラはやがて他のウルトラから離れて陣取るようになり、より年のいった、社会により定期的に組み込まれている「普通の」観客たちとの接触を許るようになり、「一緒に何かをし」つづけるようになる。

というのは、タイプによるサポーター団体間の年齢の相違は、社会的地位の違いや社会に組み込まれているその度合いによるからである。ウルトラの世界は学生、中・高校生、失業者、非正社員の若者、学校を出て最初の職に就いた人で成っている。公認のサポーター団体の世界は、社会的にも経済的にもより統合された人々で構成されている。そのような世界をオリンピック・マルセイユの公認団体の説明書に見いだすことができる。オリンピック・マルセイユのサポーター団体の中央クラブは大人、労働者、ホワイトカラー（会社員・役人）、職人、小商人で構成されていて、マルセイユの庶民階層はカフェに集まって、トランプのブロットをして遊ぶ。あるサポーターズクラブはベルナール・タピの成功にとり憑かれた若い管理職やマネージャー（店長）で構成されている。パ=ドゥ=カレ県ではランス（RCランス）のサポーターズクラブの支部が、それぞれ根づいた町ごとに、カフェには労働者を、もう少し金のかかる場所にはクラブの役割を社会的成功のイメージと見なしている管理職や会社の幹部たちを集めている。それゆえサッカーの世界は、社会的に非常に分化しているが、そのような枠のなかで自らをある職業か所属網の一員と定義できる人々の興味を引くのである。しかし、社会的地位はウルトラ・サポーター団体の間の相違をも明らかにしてしまう。ロレーヌ地方、メスでは、どちらかと言えば中・高校生や大学生で構成されている団体と、労働者にしろホワイトカラーにしろ働く若者や非正社員で構成されている団体とは容易に見分けがつく。パリではオートゥイユ・ヴィラージュはブーローニュ・ヴィラージュよりは少しは若い人々、より多くの学生で占められている【原

注3】。マルセイユではウルトラの団体は、市南部の街区ではウルトラの戦闘員用にブルジョワの若者を、市北部の街区ではかつてはノース・ヤンキー・アーミー、今日ならサウス・ウィナーズ（学生が多くなっているようだが）向けに、より庶民的な者か移民を、と明らかにその違いがわかる環境でメンバーを集め、パリのようにグラウンドの南北両端に陣取っている。

この新しいサポーター群の一方の端に位置するのが、クラブとのあらゆる接触を拒否し、自らを独立派《アンデパンダン》、ときにはイングランドや北ヨーロッパの言葉を借りてフールやカジュアルと定義する人々である。概して彼らには、サッカーの試合はサポーター同士の、あるいはサポーターと警察の対決の場、さらにはよりイデオロギー的に固まったグループとなるとファシストのシンボルの誇示、ナショナリストや外国人嫌いのスローガンの誇示の場であるとの思想がうかがえる。はっきり言って、このようなイデオロギー化現象をあの唯一の極右（「国民戦線《フロン・ナショナル》」）だけに絞って考えることはできない。なぜならウルトラ・サポーターや公認サポーターにしても政治的見解をもっているという事実のほかに、極左を標榜するグループがますます多く生まれているからである。それゆえ、より確かなことは、イデオロギーに関わる、ときに非常に多様な動機によってサポーターたちが非難している社会に対する対決の組織者として自らを押し出すことが重要であるサポーターたちもいるということである。チームを前面に出した自己投入《アンガージュマン》の政治的意味を強調する人々によってもたらされる利点とは、政治制度やメディアに関わる人々にとって直に理解しやすい語彙や行動様式を彼らが用いたということである。それでも、このスタンドへの観客動員がもたらす利益は、政治的立場の明確化、あるいは陰謀という仮説による特徴づけを越えるものである。

第三章　サッカーの新たな意味――パリの場合

パリはサッカーに対するフランス人の情熱《パッション》の特徴をなしている距離というものを極限にまで押しやると言われる。ところが、あるチームなり、ある観衆が注目を集めると、人は即座に、サッカーに対する熱狂の本質的な特徴としてフーリガン活動や極右への自己投入《アンガージュマン》を言い立てようとする。しかし、それは問題の一部分にしか関心を寄せていないと言えよう。まず何よりも、観客やサポーターの世界はそのイデオロギーにおいても行動様式においてもはるかに多様であるからだ。それにスタンドのあり様を観察したり、サポーターたちと実際に討論してみると、他の大都市と比肩しうる（歴史と記憶のなかに書き込まれ、その価値を維持し、共同行動を組織し、もちろんかなりの数のメンバーを動員する）サッカー文化とサポーター活動を生み出し、育むために成し遂げねばならない任務の大きさを強調することのほうがもっと興味深いように思える。パリにおけるサポーター活動の特殊性を示すことは、そのまとまりと力について長々と語ることでしかない文化を描写することよりは、サポーターの共同体を作ろうとする試みと、クラブと観衆と地域のアイデンティティーの同時進行の形成につながるような伝統の創出を分析することにほかならない。つまりこの場合、競技とは関係のない論理の力、ここでは政治的イデオロギーは、この形成中の文化が直面している諸問題の一つにすぎない。

「オレたちの歴史は伝説になる」──自分のために心配している

他の大都市と比肩しうるサッカー文化とサポーター活動を生み出し、育むために成し遂げねばならない第一の任務とは、歴史の欠落を一掃し、サポーター同士の競争に参加できるようになることである。年代的に見て、サポーターが直面するまず第一の問題は、クラブの問題や地域のサッカー文化の問題が刻まれている伝統の問題である。サポーター活動に言及することは一般的に言って、サッカーチームがその不可欠の一部を成している特殊な文化的アイデンティティーの表現としてのサポーター活動について語ることである。わたしたちは街区《まち》の人々を自然にスタジアムに向かわせるある種の力や、一つの集団とスタジアムとチームとの間の有機的な関係を容易に想起することができる。カンプ・ノウとカタローニャ人のアイデンティティー、サン・マメスとバスク文化、アンフィールド・ロードとスカウサー(リヴァプールっ子)としてのアイデンティティー、ウエストハムやミルウォールやイースト・エンドと港湾労働者《ドック》について触れることもできるし、さらにはイタリアの主要都市の対立や、「旧住民」と「移民」の対立などを表わすジェミト(ジェノア、ミラン、トリノ)のクラブとサンジュ(サンプドリア、インテル、ユヴェントス)のクラブとの対立について述べることもできる。フランスではコルシカ人のバスティアの成功や、炭鉱労働者のランス(RCランス)やサンテティエンヌの成功は、あの都市とプレイスタイルを連節させる社会有機体論者の、あるいは精神分析文化学派の読解をより強固にするばかりである。ところが、パリのサッカーはこのような読解にはあまり適してはいない。このことこそ、実際に行動しているサポーターたちが残念に思っていることなのである。

この結果、一九七〇年代の始めには、『ぼくのプレミア・ライフ』でその著者ニック・ホーンビィが描いているようなクラブ、つまり自分をクラブの配下におき、クラブのために苦しむことを少しずつ教えてくれるクラブ、しかもその苦しみのために他のものよりもあまり意欲をもてないクラブ、そんなクラブはパリには存在しないのである。このフランス社会の特徴をなしているサッカーとの距離というものが（深く内に隠された価値の名において一つのチーム対する参加の必要性のあまりに文化学派的な像に惑わされることなく）、どのチームを応援するかという選択や、チームのファンクラブに入会してますます大きくなる感動の、実に当てにならない性格を理解する手助けとなる。ニック・ホーンビィはこの点を実に見事に説明してくれている。アーセナルを好きになるのは、ロンドンのアーセナルのある地区に住んでいるという事実とは何の関係もないこと、いやむしろアーセナルの試合をスタンドで観戦するという初めてのサッカー体験をし、自らの存在をクラブとその幸不幸に結びつけることは喜びと苦痛に満ちて生きてゆけること、ウィークエンドを形成する時間と世界の組織化を確立できることだという発見をしたという事実と関係があることを説明している【訳注1】。このようなことはイタリアやイングランドでは実によくあることで、非常に早い頃、小学生の頃からあるクラブが好きだと言い出し、そのクラブをずっと好きになるのだが、それは自分の住む都市のクラブである必要はなく、ただその時々のもっとも名高いクラブか、家族その他の歴史との関係でなんらかの特別な条件を満たしているクラブなのである。それは母親か父親のクラブで、どこそこのクラブに合わせたイデオロギー的なコノテーション（共示）【訳注2】なのであろうが、イタリアでは特に出身国に自己のアイデンティティーを見いだそうとするとか、あるクラブのアイルランド的な性格、あるいは一般大衆のイメージ、ビッグクラブよりは小さなクラブなどといった言外の暗示が父親や母親からおこなわれるのである。おそらくフランスにおいてはもっとよくあったことなのだろうし、ほかでもないパリでは、よくあったのだろう。

それゆえ実際に、一九七〇年代初期の若いサッカー好きのパリっ子の経験から出発しなければならない。パリの若者がヴァカンスでスペインへ行く、あるいは語学研修旅行でイングランドへ行く、そこでイギリスのサブカルチャーのもつ微妙な味わいに触れたり、テレビでサンテティエンヌ戦が放映されているのを見て、スタジアムに観戦に出かけ、群衆、スタンドのサッカー・アンセム、バーやパブの楽しい雰囲気や酒などを発見する。つまり群衆のなかで仲間やファンに囲まれて、もっと興奮に満ちた土曜、日曜のすごし方を発見するのである。この頃、パリでは、パリ・サンジェルマン【訳注3】が生まれたばかりで、パリのサッカーは一九六四年にレーシング・クラブが2部に降格して以来、空白の時期にあった。サッカーはパリの人々の生活習慣の埒外にあった。サッカーフリークの父親か伯父さんでもいれば、観衆で一杯になったコロンブ【訳注4】や旧パルク・デ・プランスか、パリFCとレッドスター93の試合の古い写真を何枚か残しているだろうが、新しいパルク・デ・プランスは空っぽだ。したがって、パリのサポーター活動の起源を、あの、よその都市でおこなわれているような参加形態をパリに実現したいという熱望に求めなければならない。あんた、どのチームを応援しているんだ？　なぜパリにはサッカーチームが一つしかないんだ？　一つしかないのになぜ、パルク・デ・プランスは一杯にならないんだ？　サポーターなんて、どこにいるんだ？　なんてやっているフランス人の奇妙なサッカー観戦の問題に応えたいという切望に求めなければならない。

このようななかで、73／74シーズンに一つのクラブが立ち上げた。パリ・サンジェルマン（ＰＳＧ）である。こうしてダニエル・エシュテルのパリ・サンジェルマンはフランスのサッカー風景にゆっくりと沁み入ってゆく。初めのうちは成績が奮わずとも、サッカー愛好家たちの生活習慣に取り込まれるためには継続が必要なのだ。そしてクラブは一九八〇年代に転機を迎える。まず一九七七年からパリ市長の直接普通選挙が始まると、市長からすぐさま市の助成金交付という形で首都のクラブに向けて興味が表明される。さらに91／92シーズンにはカナル・プリュスのような力のある機関が登場する、こうしてパリは共通の制度を戴いた。つまりサッカーは一つの争点となったのである。パリはすべての領域でその姿を見せ、そのチームはビッグチームでなければならない。観衆は収入源としても、十二人目の選手としても、ビッグクラブたるものの不可欠の一部としても動員されなければならない。スター政策（カルロス・ビアンキからマルコ・シモーネまで）を採用し、ブラジル人選手専門の出世コースと言われるのも構わず、（クラブが設立されたばかりの頃は）動員につながるとあれば、ポルトガル人、アルジェリア人、イスラエル人選手、さらには郊外のクラブから来ている若い選手までも使ってさまざまな階層のパリ住民に対する呼びかけがおこなわれた。91／92シーズン前には観衆に向かって、「愛郷心をもとう！」、「毎週土曜の夕べにはパルク・デ・プランスに来てミサに参列しよう」と呼びかけるＰＲやデモンストレーションまで登場した。

これら将来サポーターとなりうる観客は皆、その活動の場となる空間の開放をクラブにたよった。一九七九年、クラブの新会長フランシス・ボレリは若い観客を集めようと試みる。ブーローニュ・ヴィラージュの入場料が極端に値下げして（二〇試合で一〇フラン＝約四六〇円）売り出され、パルク・デ・プランスが若者たちのチャンスの場となる。ここに家族連れのサッカー観戦から独り立ちしようとする若者たちが少しずつ集まりはじめる。こうして、ブーローニュの「コップ」が生まれた。次いで一九九〇年代の初めにはオーテゥイユ・ヴィラージュが生まれる。安い座席料にとどまらず、クラブは補助金、施設の貸し出し、移動資金の援助などといった形で次々と手を打った。後に、93／94シーズンのことであるが、パリ・サンジェルマンは「サポーター」ブロックを備え、やがてはステュワード（場内整理員）チームを結成する。フーリガン活動の問題とブーローニュ・コップの一部のメンバーの行動によるクラブのイメージダウンに対処し、実質的にはもっとも忠実な観客であるブーローニュ・コップとの接触を保ちながら、オーテゥイユ・ヴィラージュと競合するこの新たなスペースにウルトラ・サポーターの新形態の出現を促す必要があったからである。このことはサポーターのもつ重要性、すなわちパリはよその都市と同じく本当に一つの都市となったという事実、さらにはクラブの気がかりはそのイメージのコントロールであることを表わしている。

こうしてようやくサポーターは、喜びと苦しみの動機をクラブに求めるのである。リーグ戦やヨーロッパ・チャンピオンズカップの集団ドラマに参加すること、その結果に期待し、結果が得られた方法を学び、ついに自分のために心配しているという参加には、人を興奮させる何ものかがある。この観点からすれば、パリのサポーターの感動を誘う場面は実に豊富である。なぜなら、名声を得ようとする試みと、競技と精神の継続性とそれがもたらすあらゆる運不運、すばらしい武勲と浮沈する戦歴を生みだす試みをパリのサポーター自身が実際に見ることができるからだ。リーグ戦でチームがほとんど負け知らずで進んでも、シーズン終了時に下部リーグ落ちが待っていることもある。クラブ内の選手、監督・コーチ、幹部のあいだに頻繁に訪れる危機、緑のピッチ上の失敗をもたらすクラブ運営のミス、あるシーズンは攻撃的、次のシーズンは防御的と、チームのアイデンティティーを壊してしまいかねないゲームスタイルの変更、オレたちは派手なゲームをするチームなのか、効率的な展開を得意とするチームなのか、クラブに成功をもたらしたのに売られてしまったスター選手たち、本当には「地域の」選手たちを拠り所としていないので遠慮がちに掲げられる地域とのつながり、フランスはおろかヨーロッパの至るところで勝利をおさめるためにあらゆる手立てを活用できる豊かなクラブ、首都のクラブという自らの社会的地位を受けとめようとしないクラブ。別の選択をするか、なぜこれほどまでにクラブの運命に自分を巻き添えにしているか理解できない同僚や友人と語るとき、パリのサポーターたちは返答に窮する数々の質問にうんざりさせられる。もし、PSGがときどきでも栄光をもたらしてくれたら、と思う。いや、PSGは恥をもたらし、サポーターたちを不幸にすることもある。それが何某かの利点を意味する。というのは、犠牲願望《ヴィクティミスム》は普遍的な動機であるからだ。パリのサポーターたちは自らを、クラブの幹部の犠牲者（なぜなら幹部たちは必ず勝つようにしてくれてないから）、多くのサポーターが自らに圧し当てているイメージとチーム（「オレたちサポーターは貧しいが、選手や幹部は金持ちじゃないか、だから何かをしてくれなきゃ」）とのずれの犠牲者、パリの住人であり、常によその都市の住人にからかわれる恐れがある犠牲者となっているサポーターと見なしている。それゆえ、サポーターの参加と忠節はもはや価値以外の何ものでもない。なぜならサポーターはクラブの無能力を克服し、幾多の失望にもかかわらず忠節を守り、よりすばらしい応援を繰り出さねばならないからだ。こうしてサポーターは、ベルナール・タピのマルセイユと対抗しあったあのよき時代のように、成功するには「闇取引」にたよるしかないライバルクラブを非難できるとき、一徹さ、労働、正しさという徳性で自己を飾り立てる。一つのクラブの応援に心的エネルギーを注ぎ込むとは、試合とサッカー、さらに一般的には試合の前と後を充分に活用させてくれる差異システム全体を設置することである。

今日、パリには、まさにサポーター世界と識別しうる何ものかがある。まずは、クラブが力をつけるのに合わせて増加する観衆がいる。81／82シーズンのクープ・ドゥ・フランスと85／86シーズンの初のリーグ優勝、その後のヨーロッパを舞台にした好成績というパリ・サンジェルマンの成功は、また成功の約束は、かなり確実に観客をくり返しスタジアムに足を運ばせた。75／76シーズンには観客は平均一万七二五〇人だったものが、81／82シーズンには二万四〇〇〇人、ところが84／85シーズンになると一万六二五四人に落ち、85／86シーズンは二万四五七一人、そして90／91シーズンには一万四四六五人と再び落ち込み、91／92シーズンになって二万六六〇〇人に持ち直し、96／97シーズンには三万人を少し越えたのである。

そして、もう少し正確に言えば、ヨーロッパの他のビッグクラブに比べた「遅れ」は、部分的ながら補われたことを自分たちの行動で鮮明に示しているサポーターがいる。これらのサポーターは、ここ十五年ほどははっきりそれとわかる形態をとったこの文化に参加している。つまり、ブーローニュ・

ヴィラージュの一画やオーテゥイユ・ヴィラージュでのスペクタクルあるいはティフォス（遠征）をともなったウルトラ文化と呼ばれるものはもちろん、ブーローニュ・ヴィラージュの別の一画でのフーリガニズムの文化や極右の信仰告白に参加している者も、サッカーの楽しみをもう少し系統的に味わおうとする社交仲間が単に集まっただけの者もスタジアムのあちこちにいる。このことは、今日PSGのサポーター団体が十八存在し、そのメンバーや戦闘要員は団体生活のリズムを基にして暮らし、デモンストレーションを組織するためにクラブと、また他のメンバーや戦闘要員と交渉し、さまざまなサービス（費用の安い移動、選手との会合）を提案し、製品（マフラー、ピンバッヂ、ジャンパー、ビデオなど）を販売することに表われている。

では、誰がクラブの呼びかけに応えたのだろうか。初期の頃の統計資料が欠けているとしても、少なくとも一九九〇年代前半のパリ・サンジェルマンの観衆の横顔を描くことはできる【原注1】。まず九〇％が男性で、パリ圏全域から来ていること（二〇〜三〇％の観客はパリ市内から）、第三次産業に働く人々の数が工業労働者の数を上回っている地域が代表的であること（三四％がホワイトカラー、一三％が中間業者や中間管理職、八％が工場労働者）、そして若者たち（観客の四一％が二十四歳以下、三十五歳以下で括ると六四％に達する）である。また、目で見ただけで、観客はポルトガル、スペイン、アフリカ諸国、アンティル諸島（西インド諸島）、北アフリカ出身のユダヤ人移民の第一世代などさまざまな移民たちから、新たな流行の場にその姿を現したい一部のショービジネスやメディア関係者までに彩られていることがわかる。基礎的な資料に欠けてはいても、女性とパリの人口密集地域の住人のなかにおけるその地位に比べて低く見られているマグレブ地方出身者の観客を除いては、パルク・

デ・プランスの観客構成は第三次産業の従業員が圧倒的に多い、多民族からなる地域に倣っていると言える。

そして一九九六年には、もっとも熱心なサポーターたちが集まる両ヴィラージュの観客にあまり違いはない。一言で言って、それは男性（女性は八・五％）で、パリ郊外からやってくる観客（市内の住人は二三％のみ）である。そして、若い（五四％が十五歳から三十四歳で、三六・五％が二十五歳から三十四歳）こと、三分の一（三四％）を学生が占めているが、その一方で、半数近くがホワイトカラー（四九％）である。それでも両サイドのヴィラージュにはいくつかの違いがある。ブーローニュは学生が少し少なく（オーテゥイユの三八％に対して三〇％）、少し年がいっていて（三九％が二十五〜三十四歳、オーテゥイユは二四・三％、ブーローニュでは一九％が十五〜十九歳であるのにオーテゥイユでは二四・三％）、その時代先行性《アンテリオリテ》に倣っている。さらに付け加えれば、ブーローニュ・ヴィラージュの観客は、ここを占めている一部の者のイデオロギー的な参加の影響のために、白人種である。オーテゥイユはそうではない。オーテゥイユのウルトラはアフリカやマグレブ出身のサポーターを集めているからであり、またこれらのウルトラはパリの文化的モザイク（寄せ木細工）をそのまま映したような庶民的な区画に陣取っているからである。

試合のたびに逮捕され、訴追の対象となる、大ざっぱに括られてフーリガンと見なされる者に関して言えば、まず若者（十六歳から二十二歳）で、パリ圏全域から来ていて、失業者もいるが、多くは仕事に就いていて（職業資格を必要とする仕事と必要としない仕事、半々で）、学生も多く（サッカーがらみで「非行」に走る者は別の範疇で非行をおこなう者に比べて明らかに学業レベルが高い）、その社会的出自は多くは庶民階級に近いが、中産階級や上流階級に近い者はもっと多い。

サッカーに新たに賭けられるもの

このような観客動員の内実は、いったい何を表わしているか。ここには、議論の余地なく、クラブ生活への参加の意志と人から認められたいという願望と、権力者たちに対して不信を抱くサポーターの自主独立の傲慢な防衛とのあいだで揺らぐ、一つの大義がある。スタジアムの目につく区画に陣取って、ウルトラたちは、自分たちなりの言葉と自分たちが参加するスペクタクルとを通して、自分たちこそ本物のサポーターという正統性、自分たちの集団としての防衛、つまりチームの大義のための参加を表現する。ウルトラはユニフォームに対する敬意、自分の都市と自分のチームに対する忠節、栄誉、テリトリー、連帯、自立、労働、スペクタクルの組織化、一つの歴史への参加、クラブの伝説への貢献、サポーターのヒロイズムを語る。こうしてウルトラは、消極的で移り気と見られている単なるサポーターたちと一線を画す。ウルトラはクラブと選手たちに一般的にはサッカーに対する、特殊にはサポーターに対する、その義務を想起させることを忘れない。ウルトラは、自分たちを中傷し、無視し、貶《けな》すという自分たちになされる不公正を告発する。ウルトラは自らをサッカーの商業的進化、つまりサッカーのメディア化あるいは着座式座席の拡大の犠牲者と見なしている。ウルトラは、サッカーの行為者として、サッカーの大義と、彼らウルトラの大義に自己を投じて《アンガージェ》いるのである。

この事態を見据えるための第一の方法は、要するにここ三十年間体験してきた情念《パッション》の、この拡大過程の継続であると見なすことである。日曜大工、趣味の旅行や音楽、動物の愛玩、からだを動かすさまざまな運動を念頭に置けば、フランスで、またテレビの画面上で、サッカーに関する提案が取り上げられ、いろいろ改善されるにつれて、イメージやスペクタクルの欠如に不満を感じている人々が、自分を忘れさせてくれ、他の人々との出会いもあり、好きなものについて議論ができる何ものかに没頭したところで、それもまたかなり普通のことなのであろう。あるいは、個人や集団としてのアイデンティティーの形成過程においては尚のことであるが、フランス人の娯楽のなかで大衆文化によって増した重みの表明であると見なすこともできる。あの大義の行為者たちが現にいるのだから。これらの新たなサポーターたちは若者で、もしくは若い男たちで、不均質な社会階層の出である。彼らは、オレたちの娯楽をどうやって組織したらいいんだ、などと陳腐な質問をする。しかし、こうつづける。意味のある娯楽をどうやって組織したらいいんだ? サッカーに向けられる充当《カセクシス》は、大衆文化の発達と諸個人の形成における大衆文化の重要さに結びついた、快楽主義的、個人主義的諸価値の適用の場の拡張を物語っている。若者にとって、それは、フランスの若者をイングランドやドイツの隣人たちに近づける世代ごとのグループ化の増加と一対をなした、いくつかの社会的拘束の軽減化なのである。若者にとって、一九七〇年代、八〇年代とは、進学して学業を積むことや家族の後ろ盾による将来の保証が終焉を迎えた時代である。ポップカルチャーのさまざまな様相により激しく入れ込むことは、枠にはめられて生きてきた若者の経験から実験モデルへの移行を表わしている【原注2】。若いとは、もはや両親が引いた航路をたどることではない。例えば、若い労働者は大学生が両親と同じような人生を歩むようなことをもはや期待できない。労働の世界(失業もある)に入るとは、自分の目を通しても、他者の目を通しても満足できる自己定義に至るまで、諸個人が試行錯誤をくり返し、結局は皆が納まるところへ納まるような仕組みが整っている社会に出ることである。若い労働者が積む経験は、それが学生の経験の特徴であるように、大きな組織や機構を嫌悪するような気質を帯びている。このときサッカーは、サポーター・グループ発展の鍵であるアイデンティティーを形成する可能性の一切を提供してくれる。パリにおけるサッカーチームの創出とサポーター世界の発展は、差異化を求める場、つまり一九七〇年代の若者たちに特徴的な（ロックコンサートに集まるのであれ、ナイトクラブに通うのであれ、とにかくアイデンティティーを探し求める）、文化的実践に強く取り込まれてはいないグループが参加できる大義、あるいは運動の形態をとったより広い全体への包含を求める場を提供した。そして、サポーター・グループに存在する分業のなかで割り当てられる役割が、ときに転換可能な社会的能力であるかのように見える。すなわち、フランスやヨーロッパ各地を旅しながら、サポーターたちのなかでグループの運営や交渉技術を学び、企業精神を育むのであり、これが、国内的および国際的な相互理解のネットワークの一環を成すのである。サッカーとサポーター活動は一つの社会的地位、評価を与えてくれる。キャリアを得る手段を与えてくれるのだ。

ロックやラップ、テクノミュージックのように、あるいはさまざまなサブカルチャーへの所属がそうであるように、サッカーは若者グループや若い盛りを少しばかりすぎたグループが社会と自分たちとの関係を演出し、集団としての経験に形象を与えようとする多様な行動形態の一つである。それゆえにウルトラのサポーター活動は彼らなりのやり方で、自分たちが社会で占める位置や、社会や社会的な結びつきの形態に作用する活動様式や、自分たちが自らの経験に与える意味についてなんらかのグループが発した疑問に答えているのである。ウルトラのサポーター活動はまた、社会的進化の予測し難い性格によって生み出される緊張の表明であり、この事実に由来する不確かさを払いのけるための多様化した戦略の集合である。このような特性すべてを働かせることによって、サッカーは、サッカーのもつあらゆるテーマとその変形を通して、人間社会を組織し、図案化し、そうすることによってサッカーの位置を考えさせてくれる「別格の存在」として機能する。サッカーの近代化、ことにサッカーのメディア化によってサッカーは、サッカーの進化についての態度を決めることで、自らを目に見えるようにし、行為者にならせてくれる充当《カセクシス》の場を形成するのである。ウルトラにせよ、フーリガンにせよ、サポーターであるとは、この新たな可視性と行為の場を自ら掴みとることである。ここに立ち現れる問題は、サッカーの世界でこのような立場をとることは社会的経験として、また社会との関係として、何を表わしているのかを知ることである。

ところで、それを喜ぶのであれ、嘆くのであれ、フランス社会の非政治化が多く語られてきた。市場経済を受け入れた一九八一年のフランソワ・ミッテランの選挙（フランス大統領選挙）以後の、共産党の崩壊と社会党の漸進的なイデオロギー的変化は、民主主義的な諸価値をめぐるコンセンサスの問題化とあらゆる社会改造計画の終焉と、それゆえの全体主義の危険性のあれほど多くの意思表示として現れた。崇高なイデオロギーあるいは大いなる自己投入《アンガージュマン》に比したこの後退は、個人をその一員とするもの一切に対する不信をもたらしている行動の個別化の疑いようのない効果とも見られている。大衆文化（音楽、服装、娯楽、からだを動かすこと）が強調されるのが、このときである。大衆文化は自己投入なしに、別の願いをかなえる形で、個人を昇進させてくれるからだ【原注3】。この大衆文化の強調こそ、社会のアイデンティティーや政治的なアイデンティティーは二、三十年前ほどには枢要なものではなく、自己実現は個人的なものであり、一つの集団への加入を経ない、ましてや政治的大義を必要としないと考えられていることを意味している。

それでも実際はフランス社会の非政治化が問題なのではなく、社会の異なった政治化が問題なのである。日常生活あるいは大衆的な文化の様相はすべて、一つの集団的アイデンティティーを掲げて主張するために大いに心的エネルギーが注がれることがあるからだ。一九七四年まで、あるいは一九八〇年代の初めまでは経済成長という文脈のなかでは、このような動きは、大きな組織や機構に対する人々の心の離反が世代的、性的あるいは文化的所属願望のより大きな不安定さによって際立てば際立つほど、自由主義や個人主義の諸価値の進歩と見なすこともできた。人々は大いなる社会的、政治的自己投入を相当しており、自分のことに専念するなり、あらゆるもめ事を避けようとするなりしていると言えたのである。

外部からみれば、抗議グループとして集団をなして行動してきたし、今も行動しているウルトラ・サポーターは、人を驚かす、危険な存在である。サッカーの特殊性は、この集団という側面の強調に由来している。サッカーは庶民のスポーツである。人がサッカーを好きになるのは、人はどのみち一般の人々の側に立っているからである。しかし、ここで一般の人々とは何かという問題が発生する。サポーターは一つの共同体を形成する作業を通して、観客とかテレビ視聴者という語による表象に還元されることのないこの一般の人々という形象を作り出そうとする。これが戦闘的サポーターの基本的な定義の一つであり、この形象によってときには多様なイデオロギー上の違いを乗り越えることができる。こうすることによって、サポーターは、オレたちは単にサポーターであるだけなのだろうか、オレたちの活動がねらいを定めるべき別の集団的アイデンティティーはあるのだろうかと、自分探しでもある一つの当惑を表明しているのである。こうしてサポーターは、大衆迎合的で偏狭な見方とより普遍主義者的な見方とのあいだで、距離を置きたいという誘惑と戦闘家の心遣いとのあいだで、企てのあらゆる難しさを示す。

いずれにせよサポーターは、スペクタクルの感覚、マネージャーの精神、一つの大義の防衛、個人的な自己実現の探求、登場したいという熱い思い、可視性への欲求そして道徳主義をも併せもったこの新たなスタジアム文化に参加する。それゆえサポーターは彼らなりのやり方で、現代社会の主要な価値の実践は民主化であることを指し示すのである。すなわち、サポーターは個人にして、他者と平等、自らの人生の行為者にして、可視的な存在でありたい、つまり単なる観客では決してなく、サッカーの完全なる行為者になろうとする行為のなかで極点にあるすべてのものを望むのである。この「登場したいという熱い思い」【原注4】は必ずしも暴力をともなうものではなく、まさにスペクタクルでありたいという欲求なのである。しかし、この欲求はときに暴力をともなう。より一般的には挑戦の態度をともなう。挑戦の態度こそが価値と理念の意味作用を劇《ドラマ》化してくれるからである。あるいは挑戦の態度が社会的文脈を変形させ【原注5】、実存を実感させるのに有効な道具であるからである。実感することが肝要である実存、それが両サイドのヴィラージュに集まる諸個人の実存である。

「パリっ子であることを誇りに思う」

チームを信奉しての自己投入というものは、パリっ子（パリジャン）のアイデンティティーとは何かという新たな課題を投げかける。なぜ、パリにビッグクラブがあってほしいのか、と問われれば、群衆のなかで偉大なる時間《とき》を生きるため、と言うだろう。パリっ子の尊大さが、どんな地方にもその地方の習慣があり、地域に対する誇りをもつ権利があると認めたのだから、「エッフェル塔と同じようにサッカーを誇りにし、他の都市と違ってはいないと思う、それにブルターニュ人はブルターニュ人の誇りをもっていて、わたしたちもわたしたちの誇りをもちたいと思う」そんな権利を他の都市にも認めたのだから、そのような都市と対抗するため、と言うだろう。また他の国々のサポーターと競りあうためだとも言うだろう。確かにパリを一連のテーマに掲げているサポーター・グループもあり、そのようなグループはリューテス・ファルコ、ガヴゥローシュ、ティティフォシ【訳注5】などと名乗っている。スタンドの一画から名をとって、ブーローニュ・ボーイズ、グループの「職業上の」出発点から、パリ・アサス・クラブ【訳注6】と名乗っているサポーターたちもいる。一つの都市に依拠することはサポーターの行動規則のなかで一つの意味をもつ、すなわち、根っこを手に入れ、他者と対照させた自己を定義し、都市のカラーでもあるクラブカラーを見せびらかす、こうして他者と相対することで速やかに自己のアイデンティティーを確認できるという、なによりの条件を備えるのである。この観点からすれば、パリ対地方の古い対立は、広大な反首都戦線が正面に浮かび上がってくるだけに、充分に機能させ、スローガンとして復活させることができる。他者との対立システムのなかで、事が進むからである。しかし、このことはナントやボルドーには人は本当に住んでいるが、パリには、いま住んでいるだけだという事実を照らし出す。

なぜなら、パリのサッカーが危機にあった時代に、パリ空間はすっかり変わってしまったからだ。つまりフランスは都市社会となった。パリは、次第しだいにパリっ子となってゆくパリっ子のパリであり、次第しだいに郊外の住人となってゆくパリっ子のパリなのである。フランスの都市が増加することにより、都市性を定義する社会的あるいは文化的ダイナミズムが厳密な意味でもはやパリだけのものではなくなり、郊外の住人たちのものとなり、それと同時に郊外もまた変化してゆくにつれて、パリは他の主要都市が羨望した都市経験を象徴化する独占的地位を部分的ながら失っていった。もはや郊外の小さな一戸建の家に住む者、あるいは団地の先占者たちは先駆者の空間にはおらず、郊外に住んでいることは必ずしも追放（降格）の空間にいるわけではない。サッカーの観衆の増加とその社会的多様性は、先駆者的な段階がすぎた今となっては、このような、パリっ子（パリジャン）よりももっと幅の広いアイデンティティーのなかに身を置いていることを意味している。サッカーの提供は共通の習慣に参加したいという要求に行き当たる。パリらしさ、ジャコバン主義、行政の中心、文化への所属という象徴体系は、経済的に大きな主要都市の住民の生活を送っている、大いなるイデオロギー的自己投入《アンガージュマン》に冷淡な人々によって大きく相対化されているのである。

より若い人々の側から見れば、パリ空間のさまざまな変化はパリの観衆の伝統的な冷たさとの決別を、とりわけブルジョワと化したパリを描き出している。パルク・デ・プランス通りの街区をほとんど毎週一回占有することを通してパリっ子であることを誇りに思うとは、高級住宅街パルク・デ・プランス通りの沿道住民の敵意が象徴するパリ経験のブルジョワ的な形態に対する抗議のようなものである。パリのサポーター活動には、このようなパリの世界にはもはや所属していないとの意思表示が、情念《パッション》、大衆、熱気、そして冷淡さと無関心と相対化をはねのける参加という、これまで脇に置かれていたものを求めているとの意思表示が込められている。チームは新たなパリ首都圏《ル・グラン・パリ》の、つまりありとある出自をもつ人々が生きる開かれた一地域の表象として姿を現すことができる。そのようなパリで、郊外は一つの地位を見いだす。郊外のクラブやクラブの育成センター出身の若い選手たちは、チームと、そのもっとも忠実な（「子ども」、学生、失業者、ちょっとした仕事に就いている者からなる）サポーターたちとの相応の象徴である。サポーターは自分たちを社会とサッカーの利益のために見捨てられた者と思っているので、この若い選手たちは成功した「街区」の典型である。こうして、パルク・デ・プランスは二重の資格で、サッカーのなかでも、チームのなかでも、観衆のなかでもより目に見える存在でありたい郊外の社会的昇進を目指す。ここにはパリ中心部と郊外の経験とのあいだにあるあの距離を乗り越えるという問題、限られた社会的交流、つまり年齢や団体などによって区画を分離したり、スタンドを小区画《ブロック》に分けてしまう傾向に顕著に見られるあの距離を乗り越えるという問題がある。ヴィラージュを再び見いだすことは、知人を見いだし、他者とすばらしい時間をすごし、定期的に会う約束を交わし、週間の計画表に時と場所を記すことである。そして、ふとしたことからサッカーの闘士となることは、自らの娯楽にいま少しの意味を与えるチャンスなのである。

仲間内にいるということ

しかし、スタジアムのテリトリーの専有に対する別の定義もある。この定義はより排他的な側面に注目する。フランスが都市社会となったことは、自らの住居に係わるステイタスに不満を表明する人がますます増えているということも意味する。あまりに家賃が高くなって出なくてはならなくなったり、中心部から郊外へと追いやられて、もっと広いアパルトマンに家族で引っ越すことがある。また反対に、都市空間のなかでももっとも生活水準の低い地域に住んでいて、動くに動けない人々もいる。それゆえ、上昇するのであれ、下降するのであれ、社会的流動性を表わす動きに関わっている。この都市の新しい地理学は、フランス社会の二極分解傾向の空間への投影である。フランスにはアメリカ流のゲットー（特殊居住地区）も、ブラジル流のファベラ（スラム街）もない。しかし、実によく社会統合されたグループと経済の近代化と都市改造に脅かされているグループとで共有される社会や、この上ないハンディキャップに圧しひしがれた街区で暮らす羽目に陥る人さえいる社会へと向かう動きは確かにある。このことは、フーリガンの、あるいはウルトラ・サポーターのすべてがパリ地域の、あるいはフランスの都市郊外のこのような街区からやってきていることを意味しないが、フランス社会の二極分解の危険性は見棄てられたという感覚や社会的没落の恐怖心を培うことは間違いない。

郊外から来ている若いサポーターのなかには、社会的、文化的均質性を特徴とする街区からではなく、社会的細分化を特徴とする街区から来ている者がかなりいる【原注6】。ブーローニュ・コップにおける、そのような若いサポーターの存在は「白人」と「フランス人」と「黒人」と「ブール」【訳

注7】のあいだの街頭での対抗関係を表わしている。とくに、若い白人が一戸建住宅地域か「良好な」HLM（低所得者用集合住宅）地区に住んでいるときか、両親の失業か家族の破綻のために社会的没落を味わってHLMに移り住んだ若者がいるときがそうである【原注7】。郊外では庶民階級の若者の伝統的な街頭文化はより異国的《エキゾチック》な形態との競合にさらされ、周縁に追いやられている。アフリカ人やマグレブ人の若い男たちの見かけだけでしかない自由は、自らの社会経験を表現し、街頭を取り仕切る権利に対してなされる不公正と見られている。男らしさの不確かなステイタスが試される時期（十四歳から二十歳ぐらいの若者やもう少し年上の者）には、マグレブ人や「黒人」の組《バンド》（若者仲間）は男性のステイタスの偽りを暴く世界としても、自分たちが一つの共同体に所属していて、そのおかげで強いのだという観念としても現れる。郊外では、異なる権利、すなわち「白人」であったり、「フランス人」であったりする権利を求めるグループあるいは組《バンド》は同じ団地の住人ではなく、テリトリーを求めるか、防衛すべきテリトリーを自ら作り出すそれぞれに個性をもった個人の集まりなのである。それゆえに、ステイタス喪失の恐れを演出したもっともスペクタクルな形態であるスキンヘッドは、生活水準の低い街区出身の若者たちばかりではなく、もっともブルジョワ的な地区出身の若者たちも含まれているのである。

サッカーが解決策として現れるのは、このときである。伝統的なサポーター活動とは別に、自らにその一員であることを求めながら、共同体として現れるものを対照させて自らを定義してくれる一つのサポーター活動が、楽しみや地域に対する誇りのために、自らの社会統合でもっとも脅威を感じている諸個人のあいだで発展する。スタジアムで目に見える存在でいることは、中心部とその周縁部との関係、民族的《エスニック》な敵による郊外の専有に対する報復としての中心部の要求との関係を表現している。ブーローニュ・コップの構成にみるその傾向は、他のテリトリーに向かいあわせてテリトリーを形成し、似た者同士が集合する場を形成するとの、あの論理にぴったり当てはまる。

政治的舞台

このような大義のゆえに、政治的言説は、サポーター共同体の成員とそうではない者とのあいだの強固な境界線の確定に必要な非妥協性を形成することに優れている。パリのサポーター活動のイデオロギー上の立場の表明への縮減は、転じてまったく新しいサポーター活動は、ブーローニュ・ブロックの開放時に、内実のある、しっかりした回答はスキンヘッドによって提案されたものだけだったことに起因する。一九七八〜八一年はまさにイギリスのサブカルチャー、とりわけスキンヘッドのサブカルチャーのフランスにおける大衆化の年であった。パリのスキンヘッドはパルク・デ・プランスのスタンドに、すでにイングランドの兄弟たちがその足跡を刻んでいるのと同じ場所に自らの位置を占める方法を見いだしたのである。イギリスでは、なかでもロンドンでは、スキンヘッドは一九六〇年代の終わり頃からエンド戦争の新局面の「牽引役」であった。パリでは、スキンヘッドは、一九八一年の大統領選の左翼の勝利に対するポップの最初のリアクション（つまり大衆文化のなかに記された反応）、およびこの時期のフランスの極右再建の様相の一つと見られた。サッカーは白人共同体と民族の根っこの表現、「左翼順応主義」や「国際色豊かな《コスモポリタン》資本主義」や「混血」に対する反逆と見られた。

『血とビール』や『一杯のビールのために』などのファンジンは、「一〇〇％ナショナリストのコップ」ピットブル・コップの結成と活動を祝い、ブーローニュ・コップの前衛として描いた。極右政党「国民戦線《フロン・ナショナル》」の月刊誌『今月の衝撃《ショック・デュ・モワ》』はこのコップを左翼＝警察秩序との戦いの機軸として紹介した。一九九〇年代の初めにかけて、スキンヘッドの存在は警察の規制（スキンスタイルがあまりに目立ちすぎたため）と逮捕、メンバーの高齢化、政界入りや政商化のために減少した。しかし、スタンドでの極右の目につく存在はコマンド・シュイシッドやアーミー・コールなどのグループ、最近ではチームのアフリカ人選手に向かって民族主義や人種差別主義的なスローガンを叫んだり、試合後にブールや黒人に対する襲撃を組織したりすることをその任務としている「独立派《アンデパンダン》」を名乗る一部のグループとして続いている。

さまざまな政治組織への加入の要求を、このような政治的イデオロギーの入り混じった光景のなかにどのように正確に位置づけ、そのような要求をもつ者をどのスタンドに登場させたらいいのだろうか。実際、政治的イデオロギーへの依拠は、各団体の類型による区別化において無視できないものがある。極右への政治的誘導と自らを「独立派《アンデパンダン》」と定義することとのあいだには、しばしばつながりがあると言われている。一九八〇年代の政治的文脈がそれを説明してくれる。すなわち左翼が政権にある時期には、極右であること自体、非常に激しい挑発を孕む。再建中の極右の小集団がその戦闘活動を意識的に引き出そうとして、サポーターから徴兵しようとするからである。まさに、その場が見いだされたのである。スタジアムでの、可能な限りのあらゆる形態をとった他者の尊厳の大仰な否定の表現は、左翼や極左よりは極右の政治的語彙のなかに表われたり、極右の言葉によるより安易な自己正当化となった。加えてメディアは、このような意味で初期のフーリガンの行動に認定を与えた。パリ・サンジェルマンのサポーターは、ブーローニュ・コップの飛躍はヘイゼルの悲劇の直後にカナル・プリュスのジャーナリストたちによっておこなわれた、当時クラブのサポーター・グループのなかでももっとも急進的だったスキンヘッドのグループを対象にしたルポルタージュによって確実になったと考えている。カナル・プリュスのルポルタージュは全メディアが中継したため、フランス全体が、ついに「自国の」フーリガンが出現したこと、このフーリガンはイングランドのサポーターと連帯していて、同様の行為に及ぶ準備ができていること、多くのデモンストレーションをともなう極右への参加を演出し、さまざまなトークショーでそれをくり返していることを知ったのである。ウルトラの運動が発展した一九八四年から一九九〇年の間に、このウルトラの現象の解釈において、始めはスキンヘッドによって、ついでファッショ的な小グループのスポークスマンたちによって表明されるイデオロギーとは別のさまざまなイデオロギーに委ねられていたスペースは減ってしまった。パルク・デ・プランスのスタンドは事実上、フランスのその他のスタンドがそうであるように、庶民階層の出の十八歳から二十五歳の若者に向けた極右の勧誘の場と化し、外国人嫌いと人種差別主義的な感情、若者の一部にみられる下層《プチ》白人の犠牲妄想《ヴィクティミスム》が渦巻いていた。もちろん、同時にさまざまな価値を相対化して見ることを求める意思表示もあるにはあった。

したがって当然にも、人種差別主義に根差した意思表示は、その意思そのもの、他者に対する憎しみと見なされる。しかし、そうではなく、その意思表示が異質者嫌いを基盤にしているときには、そのような意思表示はより複雑な像をとって現れる。まずなによりも、他者の尊厳を否定することは、サポーターたちの一つのゲーム、党派心によるプレイであるからである。と同時に人間社会にあっては、異性とであれ、違う人種とであれ、違う村の者とであれ、「他者」との同居《コアビタシオン》は決して簡単ではなく、その違いは軽んじられないもので、いずれにせよ他者との関係の中立化なぞ問題にならないときには、他者との関係が葛藤を呼ぶことは「みな」わかっているとされている。しかし、集団的行動の引喩《メタファー》としてのサッカーは、「新参者」や「あいつら」、ここではアフリカやマグレブ諸国から来た選手たちは既存の集団にどのようにして一体化してゆけるかという問題をも提起する。もし、このよそ者が「あいつら」と一緒にいるか、黒人であるか白人であるかはともかく「裏切る」かすれば、そいつは敵で、もはやあいつらよりも価値がない。つまり、もし、その男が「オレたち」と一緒にいるか、集団に何かより以上のものをもたらすかすれば、その男はオレたちの仲間であり、同じ資質をもつ者である。よって外国人選手に対する観客の態度は、ヨーロッパ社会への移民の社会統合の条件を分析するときに見受けられる論理の多様性を反映している。現代の人種差別主義は、大きくは、ヨーロッパ産業社会の組織崩壊の一つの表われである。現代の人種差別主義は、社会的地位の低下の危険性から自らを守りたいと願っている人々と、かつては周縁に追いやられていたが、今は自らの不幸の原因と、一つのアイデンティティーの維持に必要な距離とを、民族的《エスニック》な違いのなかに見いだしている人々の回答である。それはまた、自らの生存条件に対する決定力の喪失感と、日々の暮しのなかのさまざまな具体的問題に関連する権力機関からの疎遠感の表われでもある。外国人嫌いの態度を正当化するときによく用いられる侵略論は、まさにここにその根を下ろしている。同様に、あの移民たちは仕事をもち、家族手当ももらい、妻子もいて、チームに地位も占めているのに、何も貢献していない、だから不公正だとの感覚も、先住者と移民とのあいだの相互性の欠如にほかならない。この不公正感は侵略者と見なされているグループに対する排除の意思に行き着く。この不公正感はまた、仕事においても、都市空間においてもより公正な地位を割り当ててほしいという要求に変わる。サッカーは、サッカーなりのやり方で、一般的にはスポーツは、侵略されているという感覚やステイタスの喪失感に想像上の解決策を提供する。自信たっぷりの人種差別主義者たちにとって、チーム内での外国人選手の存在は当然にも国家の衰退の充分すぎるほど充分な証しである。これが、「国民戦線」ジャン＝マリー・ル・ペンがフランスサッカーのナショナルチームや一般の陸上競技の選手たち、あるいは地域に根差していることを表明しているクラブや「傭兵にすぎない」選手たちに気をつかって持ち上げているブーローニュ・コップの一部の「イデオローグ」たちに向けて吐いた言葉の意味である。そして、生活レベルの低下に苦しんでいるだけの人種差別主義者たちにとって、チームのなかでは各々の選手はその功績に従って、また共通の利益に対する寄与に従って地位を占めているのであるから、サッカーのチームは、他者の拒絶と受け入れの妥協の方法を提供している。こうして、パリ・サンジェルマンのコップのメンバーに相手チームの黒人選手を罵倒する者がいても、このコップのひいきチームに、アフリカ人選手シンバ、ニューカレドニア人カンブァーレ、ブラジル人ヴァルド、最近ではリベリア人ウェア、ギアナ出身のラマ、あるいはエンゴティの姿が見られる【原注8】のである。

もし、選手市場の変化が外国人嫌いの感性を強めているとしたら、地域の政界とサッカーとの重なりあいは、政治的階級に関する「国民戦線《フロン・ナショナル》」のテーマ体系が特定のサポーターたちのあいだに共鳴を引き起こすことにもなる。つまり、サポーターを悪しざまに扱うことへの抗議は一般的にはＲＰＲ

（共和国連合）や社会党の議員、サッカークラブと地域の政界との多少とも強い結びつきに向けられ、ベルナール・タピへの抗議はサッカーの世界でますます盛んになったマーチャンダイジングと（社会党に向けた抗議でもある）八百長に向けられる。またこれは、社会党が政権に着いたことによって管理する者となり、もっと別の感性、サポーター活動の意味を定義するもっと別の方法が機能しはじめるまでは、イングランドやイタリアとは逆にこの大衆的情念《パッション》の分野にいることが難しくなった左翼の不在、あるいは左翼の社会への影響力の喪失の実例ともなっている。

イタリアの例をとって考えてみよう。イタリアにおけるウルトラ・サポーター運動の誕生は、まさに政治生活の進化との関係をもったことによるもので、サッカー文化と政治文化との非常に強い重なりあいを表わしている。ミラノのインテル（インテルナツィオナーレ）の最初のウルトラ・グループは、実際はＭＳＩ（イタリア社会運動）【訳注８】に近いクラブのある幹部が一九六九年に作ったものである。その後、スタンドに大量のサポーターが登場すると、スタジアムの表現言語の政治化が進んだ。それは極右と極左が対峙する街頭の延長で、それぞれのサポーターがスタジアムの常連となったものである。左翼の象徴とその政治的呼称（チェ・ゲバラのポートレート、さまざまな「旅団《ブリガータ》」や「権力《ポテーレ》」の誕生）は革命指向のプレグナンツ（安易な典型）を表わしていて、それに応える極右のものがケルトの十字架、ＭＳＩの党旗の紋章である炎、「コマンド」や「コルポ（軍団）」のような呼称である。最近では、イタリア北部ロンバルディア同盟（『北部同盟』）の台頭、警察にも他のサポーター・グループにも襲撃を仕掛けるある種の極右グループの急進化、「子ネズミ狩り《ラトナード》」【訳注９】や移民家族に対する襲撃へのウルトラ・グループの参加は、明らかにスタンドにおける極右や極左の行動派のプレグナンツを示している。しかし、ウルトラの世界のさまざまな観察者と行為者とのあいだには活発な議論も始まっている【原注9】。ある者にとっては、極右によるスタジアムの制圧の傾向は明らかであるが、ある者にとっては、この極右の台頭はスタジアムでくり広げられる多様なタイプの忠誠心の手段化戦略とぴったり一致していると映っている。すなわち、外国人嫌いと人種差別主義がまさに勢いづいているのではあるが、チーム同士の対抗関係のなかで、また大きなウルトラ組織とそのソフィスティケートされた演出を拒否し、スタンドを盛り上げるようないでたちをするよりはむしろ恐ろしく悪意にみちた服装をするほうを好むサポーターの小さな独立グループ【原注10】の先鋭化の論理のなかで、政治的象徴がどの点で意味をもつかを見極めなければならない。なぜなら、政治的象徴とは別に、社会秩序に反するさまざまな形象が持ち込まれているからである。その好例が、映画『時計じかけのオレンジ』【訳注10】の主人公、アレックスである。アレックスは映画の封切り当時イングランドのある種のフーリガンたちにとってはモデルの役を務めた。イタリアでも一九八〇年代に封切られるとモデルとされた。イデオロギー的な影響以上に、社会運動や紛争の呼びかけを求めるよりはコンセンサスを求めることに特徴的な政治的文脈のなかで、一部の若者たちが段階的に先鋭化しているのである。非情で、悪意にみちていること、ナチのスキンであったり、ウルトラな暴れ者であることは、コンセンサスを重んじるより面白い。そして、フランスやドイツのようにイタリアにおいても、この先鋭性は、自らを極左と定義し、右に腑分けされるグループとの戦闘に加わる、とりわけ人種差別主義や外国人嫌いに対する戦いの場や絶えざる騒擾を引き起こす戦略に登場するグループの活動を通して現れていることも見逃してはならない。

事実、一つのウルトラ運動の誕生によっていくつもの戦線が潜在的ながら切り開かれたのであり、その加入の仕方は個人が抱く期待やグループからなされる提案によってさまざまである。つまり、クラブとの関連でグループを決めることもでき、与えられた政治的状況との関連でグループを決めることもできる。もちろんイデオロギーに基づく信念との関連でもよい。「公認の」サポーターということでグループを決めることもできるし、ウルトラの団体との関連で、その組織形態や組織原則との関連でグループを決めることもできる。「独立派《アンデパンダン》」との関連でも、とりわけ暴力行使とその規範化、イデオロギー的要求の問題との関連でもグループを決めることはできる。ウルトラは、一般的には、自らの非政治性を強く主張する。ときに、それは紛れもない偽善となって現れる（「鉤十字《ハーケンクロイツ》が何を意味しているかなんて知らなかった」）が、政治的所属が一般的にはウルトラ・グループへの加入条件ではなく、グループといってもばらばらであるので、グループ内部では触れるのを避けている事柄であるという意味では、それもまた真実なのである。

しかし、ブーローニュ・コップの活力は、このような政治的曖昧さを漂わせているのもコップであるから、都市社会の新たな表象に結びついてもいる。この新しいサポーター活動としての肯定と、習俗の穏健化の動きと逆転した公衆の認知との符号にはただただ驚かされるばかりである。フーリガンを新たな都市暴力の様相の一つと見ているのである。それが現実にしろ、単なる道徳的パニックであるにしろ、ただはっきり言えることは、ここ十年間のあいだに、穏健化され、開かれ、より快適な方向（自分が安全であると感じるという事実が生み出す快適さ）へと休みなく進んでいるように見える社会から、確実とは思えない社会、それ以上は行ってはならない場所、つまりテリトリーがいくつもできている危険で非情と感じられる社会、そしてこれらの問題の解答を、個人自体が強いという個人の能力や、個人的にしろ集団的にしろ自らを守るという個人の能力を高める形で探さねばならない社会へと徐々に変わってきているということである。もし極右がこのような変化からイデオロギッシュなテーマを紡ぎ出せば、若者たちがそんなテーマから都市経験の最初の形態を単純に導き出すこともある。なぜなら、このような社会で心を捉えるものこそ非情さであり、スタンドなら、クラブと警察に抗し、社会の視線をはね返して仲間内だけでいられるために勝ちとったテリトリーを防衛する能力であるからだ。それは、ほとんどピューリタン的な抗議【原注11】、すなわち確固たる信念と純粋性と参加の表明である。この表明によって、一個の強烈なアイデンティティーを生み出し、自らの姿を認めたり、仲間内で互いに認めあったりすることができるのであり、チームの敗北、規則の軽視、選手の解雇、マネーゲーム、イメージの操作などを受け入れている観客と選手とクラブの幹部の馴れあいに異を唱えることができるのである。一部のウルトラ・サポーター活動のテリトリーの特色は都市経験の新たな表象にある。このテリトリー（領分）にこそあるがままの、そして夢見られた、さらには懸念されたような主要都市、つまり社会的、文化的な混合の場、追放の場、他のグループあるいは社会を向こうにまわした空間とこれらの空間の統制のための闘いの場としての主要都市の年代記が刻まれているのである。

スタンドで発生する事件は、たいていは別のサポーター団体のテリトリーの侵害や、裏切るんじゃないか、臆病風を吹かすんじゃないかという疑心がもとになった仲間内の喧嘩や相手チームのサポーターとの乱闘の結果である。男の名誉は、同僚を相手にしても、敵を相手にしても決まる。スタンドにいるとは、一目《いちもく》置かれる存在でいるということである。サポーターのさまざまな行為に関して、よく土曜の夕べの熱気について言及されるが、それはウィークエンドに大きな意味を与えなければならないからだ。サッカーの諸規則は、どちらのチームを応援するか決まっていることと、相手チームのサポーターがいることによって、敵のテリトリーへの移動が呼ぶ冒険によって、さらにはグループが強烈で試合やスタジアム全体にプレッシャーをかけられるときには、クラブの幹部たちの恐れや警察との避けがたい軋轢やメディアの四六時中の注視によって掻き立てられる連帯を生み出す。暴力は、つまり警察との乱闘は、もしいれば相手サポーターとの乱闘は、それが状況を劇《ドラマ》化すればするほど、一個の実体のアイデンティティーをくっきりと浮かび上がらせ、さまざまな境界線を確定する基礎をなすものとして現れる。暴力は常軌を逸した行為に走らせ、違法行為の共犯という形態を創り出す。実体としてのコップあるいはヴィラージュの存在が、コップやヴィラージュが及ぼす脅威によって立証される。このとき暴力は、対立によって生まれた一時的な連帯感を実感させることで、一つのグループという意識の構成に一役買う。暴力は、伝達可能な記憶、すなわち一つの歴史の証しの創造に参加するのだ。この過程で、暴力は、非政治的なウルトラ・サポーターたちと（警察との対決が集団的生活の発展を妨げている人々に対抗する同盟となるとき、しかもこの同盟が、役割の分担があり、殴りあいが好きな人々が普通のサポーターの保護者と見られる、かつて言われていたような実質的な同盟であるとき、とりわけチームが敵意に満ちた環境にいるとき）、緊張戦略をとっている戦闘的な行為者たちとを結びつける。団体からすれば、挑戦とか脅威は警察やクラブといった機構とのやりとりの形態を決定する機会でもある。例えば、クラブの上層部から参加の方法やスタンドの使用権で便宜を得ようとして紛争状態や緊張関係を利用するときが、それである。しかし、いくつもの団体がサポーターたちの活動にイデオロギー的な意義を押しつけようと、あるいは逆にそれを避けようとして、コップの活動や組織化の法的定義をめぐって争っているときには、団体間の仲裁の形態ともなる。暴力は一つの方法であるとともに、一つの好機でもある。たとえ故意に暴力を引き出そうとしなくとも、状況の定義を変えてしまうものが暴力である。いずれにせよ、この暴力は、行為者として、期待されてもいなかった、あるいは望まれてもいなかったのに、それでも自分たちの役に立つようにメディアの注目を逸れさせ、サッカースタジアムで起こることを違ったふうに定義する行為者として身を置くためのサポーターにとっての一つのやり方なのである。それゆえに、男にして、反逆の徒、競争のなかに姿を現し、皆とともにいることとは、面白いものなのだ。

街区から見たパリ・サンジェルマン

ここにこそ、サッカーチームを有する一地域の充分で完全なアイデンティティーの確定を難しくしている諸要素がある。パルク・デ・プランスのブルジョワ的な環境が、サポーターはパリ空間のいくつかの表象に関連した断絶を味わっているとの想いを強めているのと同じやり方で、パリ・サンジェルマンが郊外から見られている方法は、排他的な側面を強調した定義をさらに色濃くするのである。例えば、ブーローニュ・コップに近いスタンドにアルジェリアの旗を掲げる、カップウィナーズカップの優勝につづくファンの集まりを利用して「ファシストたち」との対決を求める、ＰＳＧのスキンとサポーターがどこそこの都市の相手方に接触していることを示す敵味方の分布図を描いてみせることで、その排他的な色あいを強調できるのである。郊外におけるテリトリー形成の論理を通して眺めれば、郊外と路上と学校の経験とは、パリ都市圏の中心部とその周囲との分裂の経験でもある。PSGは街区《まち》に対して距離を置いている人々のクラブ、その街区ではくつろぎを感じられない人々のクラブである。PSGを応援するとは、他者からはよそ者の世界、敵意に満ちた世界と見られている中心部を選択することであろう。なぜなら、アフリカ人であれ、アルジェリア人であれ、あるいはフランス人であれ、「都市の若者」の観点からすれば、中心部はブルジョワ的で、金持ち連中の住むところで、そのようなものを表象しているクラブはやはり、ブルジョワ的で、金持ちなのだ。この場合、サッカークラブに依拠しているサッカークラブは、住んでいる都市のクラブですらない。これでは、信用してもいない教育機関やスポーツ組織への一体化のようなものだ。いっそ都市のチームや路上サッカーのほうがもっと確かだ。もっと別のもの、ブラジル人とか、アフリカその他のチームのほうがもっと確かだ。パリと対抗するという枠組みでは、マルセイユ（オリンピック・マルセイユ）を選択する、郊外都市として売り出された都市、既成の社会に抗して掴んだ大衆的成功のモデル、タピの、高い地位を手に入れようとして（八百長の果てに）罰せられたタピの都市マルセイユを選択するほうがもっと確かだ。まるで鏡に映し出されるかのように、いくつかの郊外は、ブルジョワのイメージであろうと、ファッションのイメージであろうと、PSGとそのサポーターを思わせるところがある。

それでも、パリ・サンジェルマンはパリ郊外のクラブでもあるのであって、パリ市西部だけのクラブでもなければ、フランス人の住む一戸建住宅地域だけのクラブでもない。スタジアムのピッチでは、本物か急ごしらえかは別にして、選手たちはPSGのユニフォームを着て、プレイを楽しんでいるように見える。選手の一人というアイデンティティーを確認できるから、あるいは何人かの選手にとっては劣悪な境遇から抜け出すというあの夢を実現できたからだ。そして、パルク・デ・プランスへ試合を見にゆくのは、そこでおこなわれているのが、パリのサッカーと言えば、それしかないサッカーであり、PSGは特別な存在となったクラブ、パリ空間への統合の象徴であるからだ。パルクへ行くとは、首都パリでの生活のあらゆる様相に参加すること、他者と情熱《パッション》を共有し、議論し、冗談を言い、こうして腰をおろした席を、このパリ空間に刻印することを意味している。その席こそ、小さなテリトリーの、エスニシティ（エスニックな集団への帰属）という狭い定義の席ではなく、大都市に生きる個人の、他者とひとときをともにできる能力の証しとしての席である。

「みんなと一緒に」

このような排他主義的な試みがはっきりし、現象のイデオロギー化の内容が明白になったところで、では、そのような試みは、クラブの支援やサポーター運動の存在の名の下にすべての者を結びつけ、一切の政治指向から自由になろうとする極めて強烈な傾向に逆らって、どのようなものに行き着くかを見極めなくてはならない。問題は、良き平衡点を見いだすことが難しいということである。サポーターはチームに対する最高の支援を保証するためには強くあらねばならないが、ウルトラの世界は分裂の世界である。イングランドやスペインを、あるいはイタリアを考えて、そこには観衆がいて、その人々は自らを一体化している社会、どちらかと言えば下層で、熱気のある社会を表象していると思い描いていただけるなら、それだけで充分だ。なぜなら、パリのウルトラは他とたいして違わないからだ。パリにおいても、フランスの他の都市やヨーロッパ各国のスタジアムで見られるのと同じような多様性、スタジアムへ向かう同じようにまちまちな光景を見いだせる。サッカーを愛しているから、お祭り騒ぎをしたいから、挑戦を味わってみたいから、出会いを求めているから、政治的闘争心があるから、スタジアムに向かうのであり、そこにはあらゆる色調の政治的信念がある。実際、ブーローニュにも、オーテゥイユにも、その他のスタンドにも、試合やチームの応援への参加に貢献できるさまざまな意味作用をもったコントラストのついたボードを差し出してくるウルトラはいる。選手や共同体としてのクラブなどに対する参加の微妙な言い回し、暴力やフーリガニズム（フーリガン稼業）と、これらへの参加によってたまたま発生したりする政治的意味に関する曖昧さ、身なりに関する決まりとの関係、サッカーとはまるで無関係な自己投入《アンガージュマン》までである。

しかし、始めはブーローニュ側で起こったのであるから、問題の基礎をしっかりさせておかなくてはならない。このブーローニュ・コップにはパルク・デ・プランスを、サポーター活動の強さで高いランクに育て上げるという長所があった。一九八五年の直後にスタジアムを訪れた人々のなかには、ブーローニュ・ヴィラージュでくり広げられるスペクタクルを見て、ヴィラージュに加わり、試合経験をより強烈な仕方で味わいたいと思った人々もいる。そこは、フットゥ（サッカー）に対する愛情、一つのグループに所属しようとする意志、ウルトラ文化への参入をはっきりと表明し、何ものかの創出に参加できる唯一の場所であった。戦闘的サポーターとは、より激しく生き、喜びを増大させるためには、他者のそばにいるだけでなく、他者と一緒にいなくてはならないと考える人々である。だが、ひとたびその中に入ってみると、フーリガンの活動は、とりわけそれがファシストのイデオロギーの誇示をともなっているときには逆効果を生むこともあって、本質的にサッカーを中心に据えた団体を作ろうとする者も出てきた。それが、ブーローニュ・ボーイズやガヴゥローシュである。何某かのイデオロギー的な類縁関係にあった者たちでさえ、必ずしもそこでそのような方法で意思表示しなくてはならないとは考えなかったのだ。フーリガンならではの混乱が、ばらばらの情況を乗り越えられそうな一つの集団の一員であると感じたいという意欲を萎えさせるのである。そうなると政治化あるいは正当とは言えない暴力はサポーター世界の伸長の妨げと見なされる。こういう連中がサポーター活動の評判を落としている、と。ある人々にとって公衆の敵と見なされることが良いことであっても、別の人々にとっては、不快にさせているのは、この連中なのである。もし実際にスタンドに登場したいという意欲があるなら、その方法はどんなものでも良いというわけではない。事実、この極右と暴力の問題はウルトラ文化に参加したがっている人々が直面する困難さの典型ですらある。自らウルトラ文化に向かいあって位置し、ウルトラ文化を活用できなければならないからだ。

このような緊張を好む者もいる。例えば、組織を割ろうとしないことは、その信念はどうであれ、ブーローニュに一種の挑戦として留まっていることを意味する。ましてや、団体に属しているときや、団体内部で一定の評価を得ているときは、そうである。そこには、自分たちだけの小グループを形成し、団体としてのアイデンティティーを維持しながら、パリのサポーター活動の創設の基となった絆に対する連帯への愛着を表明しつづけようとする、またサポーター活動の内側にあるものとその外側にあるもの、すなわちイデオロギー上の信念と極右の重圧との平衡を維持しつづけようとする何かヒロイックなものがある。しかし、この緊張は疲れさせもするし、なんとも苦々しいものでもある。

では、どのようにしたら、名誉を保ちながら、自分なりの距離を置けるのだろうか。第一に、新団体を作ることだ。新しい団体を作ることは、匿名性を捨て、大きな団体に所属していては許されなかった一個のアイデンティティーと、スタンドに集合する少数グループへの単なる参加を獲得することである。ウルトラの世界は、クラブへの支援の集団としての表明と、独自のサークルを作りたい、スタンドに自分たちだけの空間を生み出したい、自分たちだけのロゴだって持ちたい、選挙による幹部の入れ替えを促進したいという意欲との、あの矛盾に捕らえられている。あるサポーターたちにとって、巨大サポーター団体の不具合とは、大きな団体はあまりに階層秩序が堅牢にできあがっていて、結局はすべてを取り仕切り、仕事を割り振っている小さな一サークルを中心に機能していること、つまり機構という機構がすべてそうであるように、団体が匿名の存在となってしまっていることなのである。ところが新しい団体なら、互いにたよりにする。例えば、あるグループの行動を言外に追認したり、見逃してくれたりしたのは誰か、選手やクラブの活動などに関する考えを共有してくれているのは誰かがわかる。大きなサポーター団体では自主独立の要求も悪く思われる。自主独立を言い出したら、ばらばらになってしまうからだ。そんな要求は、クラブがサポーターグループへの補助金の支出に同意しているときには特に、クラブに接近しようとする目論みをぐらつかせる。クラブから補助金を受け取ることは、ティフォス（遠征）を実行するために非常に重要な資金をもらうことであるが、クラブに依存する立場に立つことでもある。

第二の解決法は、他の区画に移ることである。サポーター活動を展開する場が一区画しかない限り、面子を失うことなくそうすることは難しい。何らかの計画があるか、あるいは候補に上がっている区画が、ウルトラの活動の充分に満足できる定義を提案できる場所でなければ、実行に移せない。オーテゥイユ・ヴィラージュはスキンヘッドやその他のカジュアルたち、あるいは極右によって決めつけられていたサポーター活動の定義を拒否する人々を受け入れることで創り出された。

パリのサポーター活動のスタイルの変化は、イデオロギー化に対してその人なりの距離を置くことができる自立したサポーター運動を次第しだいに構築してゆくなかで、そして一九九四年以降はフーリガン活動や極右活動家たちの行為というクラブのアイデンティティーを破壊しようとするクラブの活動のなかから生み出されたのである。

イングランドモデルからイタリアモデルへ——一緒に何かをする

新米のサポーターはまず、他人まかせで一つの歴史を生きる。最初は、他国で見られるような、原則的にはイングランドで見られるような参加形態をフランスの地に活かしたいという欲求から、サッカーの試合への活力溢れる参加方法をイングランドモデルから借用する。大規模な大衆的支援とサッカー面での成功という、フランスのいくつかの例はどれもイングランド的であるだけに、容易なのだ。サンテティエンヌのゲームスタイルを考えてみるがよい。このクラブが部分的にでもクラブの伝説を築いたのはイギリスにおいてである【訳注11】という事実、ジェフロワ・ギィシャール・スタジアムは「イングランド」風に建築されているという事実、サンテティエンヌはサッカー産業の想像の世界に完全に刻み込まれているという事実を想い浮かべていただきたい。パリジャンにとって、またフランスの若者にとっても、イングランドモデルの見習い修行をすることは容易である。イギリスに語学研修旅行や名所めぐりに行って、流行の服やCD、最新情報の載った、サブカルチャーのあらゆる正統性を体現している雑誌を買うためにロンドンに滞在した折に、もしサッカーに興味があるか、旅行の世話人が先導役を果たしてくれれば、サッカーの重要性を発見し、ロンドンにあるクラブ間の微妙な違いをおぼえる。もちろん、フーリガニズム（フーリガン稼業）もスキンヘッドもおぼえる。事実として、イングランドモデルには少なくとも二つの回路がある。一つが、実際のフーリガン活動で、今の時代ではスキンヘッドである。もう一つが、スタジアムへ至るロード、試合前後に入るパブ、一緒に飲むビール、身体的な接触、応援するクラブのチームカラー、スタンドの歌などさまざまな慣行をともなう一つの共同体体験であり、まったくの異国情緒、すなわちパリ式の機能形態との断絶である。つまりは大衆がインテリを凌駕し、社会的所属が政治的自己投入を凌ぎ、具体的なるものが抽象的なるものを超えているのである。ヒット曲を取り入れた歌やファッションの文化とポップ文学の文化、つまりポップカルチャーとのつながりがそこにはある。

しかし、イングランドモデルは実施するには骨が折れる。まず、充分な数がいて、みんなで塊とならなくてはならない。そして、さまざまな能力（歌を知っていて、歌えること）がなくてはならない。イングランドモデルには人を魅きつける力がある。イングランドモデルは自発性と集団を演出するからだ。マフラーを首に巻き、隣の人をふと見ると、その人もマフラーを巻いている。バスに乗るか、歩いてスタジアムに行き、自分たちのエンドに陣取り、応援歌や勝利の歌を歌いはじめる。実際、任務の分担があって成り立っている（作曲をする人、または人々までいる）のであるから、それは目に見えているほどには自発性信奉主義のモデルではない。それでも、もし、この精神分析文化学派的な偏りを受け入れたいのであれば、サッカーが、もちろん地域文化と新たなポップカルチャーが長続きしていることが、イングランドモデルがそんなふうなものとして自称するのを許しているのである。それゆえ、パリにおいてはイングランドモデルは失敗したのである。つまり、観衆はあまりに遠くから来ていたし、数もあまり多くは集まらなかった。スタンド文化に期待されているものが何であるかが、あまりにも知られなさすぎたのである。所詮、スペシャリストの小集団だけの文化にすぎなかったのである。

やがて一九八〇年代の中頃になって、ウルトラたちのあいだのサポーター活動に対するアプローチの多様化と効率の追及の表われとして、イタリアモデルが見いだされる。イングランド流の「自発性信奉主義」に、イタリアのウルトラグループの政治的出自を継承した組織化されたサポーター運動が対抗する。サポーターたちはいくつかの団体に再結集し、階層秩序のなかに位置づけられ、さらに試合に対する意思表示はあらかじめ計画されたものとなり、スタンドのアニメーション（出し物）はさまざまな色と音響と多種多様に工夫されたトリックを使った演出技術（メガホン、そして紙吹雪などを使って皆が参加することを想定したスタンドいっぱいに張り渡される大横断幕）に支えられたものになる。イタリアモデルはじつにスペクタクルである。イタリアモデルは耳に聞こえ、目に見える。それは参加型といえる。一人ひとりが何かをできる。イタリアモデルはビデオや写真で何倍にでも増やせられる。この意味で、イタリアモデルは人の心を魅きつけ、イングランドモデルほどには人に強要しない。(イングランドモデルはスキンヘッドモデルですでに知っているか、暴力に及ぶ危険を冒すことを前提とするからだ)。

イタリアモデルは、その組織化と数々の演出を通して、自然発生的なサッカー文化の欠如を糊塗し、サポーターたちが企業家精神を養うチャンスを提供してくれる。遠征の組織化、ピンバッヂやシールの販売、マフラーのデザインの考案と製造、ビデオの販売、ファンジンの編集、クラブとの交渉などである。このようななかで、サポーター団体は戦闘家であると同時に、賦役を課せられた者でもある。サポーター団体は集団性とともに企業家じみた個人主義的価値を表わしているのである。

イタリアモデルにおいては、任意団体の世界は、物品を取り扱う世界のように、戦略についての議論、特別な能力の活用、継続させる可能性によって一つの社会的な秩序を作り出す。常に分裂の危機に脅かされている世界にあっては、任意団体の世界というのは、事業の集団的な遂行を核とした妥協点を見いだす一つの方法でもある。あるテリトリーに諸個人だけでなくさまざまな作品をも住まわせる。こうなると、暴力が発生する可能性は常にあっても、作り上げた作品の防衛、あるいは最後には極めて合法的なものとなる活動を知らしめるためにプレッシャーを与える手段としてのその作品の利用が優先され、暴力はメディア向けの二義的なものとされてしまうのである。

パリの新たなサッカー風景か

イタリアモデルを含めたサポーター活動が盛んになりはじめてから二十年少々たって、今やパリのサッカー愛好家はサッカー文化へのあらんかぎりの参加形態を手にしている。ひいきチームの成功やいつもの悪い癖（連敗）に向きあうファンのあらゆる感情を体験できるし、群衆のなかに身を置いてみたいという気持ちが少しでもあれば、スタジアムをふらりと訪れ、フランスやヨーロッパのチームがプレイするのを見ることもできる。一時期パリのサッカーの意味作用を独占していたイデオロギーやフーリガンの圧迫を免れた今では、ウルトラでいることもできる。だからといって、果たしてパリ・サンジェルマンは場所恋着の三角形《トポフィリー》【原注12】と呼ばれるもの、すなわちクラブがサッカーの長い歴史のなかに刻まれ、ファンの側からは愛着の対象であるスタジアム（グラウンド）に結びつき、クラブも含めた集団の感動的な支援の恩恵に浴するようにするものを形成したのだろうか。このような形状構成は確かにサッカーのメディア上の進化によって損なわれている。ビッグクラブの観衆はテレビ視聴とスタジアムでの観戦からなっていて、このテレビの前とスタジアムの観衆がクラブの運命とのあいだに保つ関係は、スペクタクルの法則（人は成功するものを好む）にも凝り固まった忠誠心にも基づいている。しかし、このクラブ―ファン―スタジアムの三角形構成はクラブのイメージの一部なのである。たとえそれが、観客がクラブ収入の少なくとも一五％をもたらしてくれるのでなければ、ビッグクラブとはいえないから、あるいはクラブはすべて近い将来に公的な助成金を受け取れなくなるからにすぎないとしてもである。それでもパリ・サンジェルマンがもつ観客動員力をみると、この場所恋着《トポフィリー》の三角形が部分的ながら形成されたのではないかと思える。クラブがあり、そのホームスタジアムも立派に存在するのであるから。

この観点からすれば、パリの場合は結局はかなり道義にかなっている。実際、パリは、パリに見事ビッグクラブを作り上げられるかどうかという、サッカー界における成功の不確実な特徴を見るよき典型である。相当の資金投入にもかかわらず、ジャン＝リュック・ラガルデールのマトラ・レーシングのように、スポーツと都市の風景のなかに一つのクラブが根づくのに必要な時間が明らかに考慮されていなかったために、失敗に終わった例もある。戦闘的なサポーターも、クラブ内で継続を確かなものにしようとする新参者も含め、さまざまな世代の幹部たちの働きが必要だった。成功か失敗は選手、監督・コーチの選択、従業員の管理法、さらには観衆の管理法の選択に懸かっている。したがって、パルク・デ・プランスの観衆の変化は、クラブがサポーター管理の「イングランド」流の方法を導入したのであるから、サポーター世界に押しつけた作用の結果である。

しかし、パリ・サンジェルマンに係わる集団はどうなるのだろうか。スタンドのあちこちに散らばって、ウルトラたちはある程度の評価を得た。常連の観客もいる。それでもパリは、イギリスの都市が表象できているような集団を一度も形成したことがない。パルク・デ・プランス通りの沿道住民によって形成される共同体、そんな共同体にもっともよく似ている集団はクラブへ温かい支援を寄せているとはとても言い難い。クラブという観念に愛着を感じているだけだ。それが問題なのである。PSGの観客やファンと議論すると、他にチームがないので仕方なく応援しているという印象をしばしば受ける。そのスタジアムにいることに利点《メリット》があるクラブを応援しているのだ。と同時に、いま2部リーグか3部リーグで力をつけてきている地域のクラブに本当の興味をもっていたりもする。また、パリ市にクラブが一つしかないこと、PSGはいまだパリ市西部とメディア界のアイデンティティーを残していること、クラブがパリ郊外のクラブ出身の選手たちという、地域の人的資源をあまり当てにしていないことを残念に思っているサポーターたちもいる。もし、レッドスター（レッドスター93）その他の郊外のクラブがPSGと張りあえたら、これらのクラブのサポーターたちの目には、「多民族的なフランス」社会《ソシエテ・フランシリエンヌ》【訳注12】の現実をよりよく表象しているという利点《メリット》があると映るだろう。それはサッカーをするもう一つの方法であり、いつだってあったほうがよい地域の小さな対抗関係であるからだ。やはりイングランドやスペインやイタリアのサッカーに魅惑を感じているのだ。そして、この文脈のなかで浮上してきたのが、スタッド・ドゥ・フランス（国立競技場）の建設である。いま目のまえに立ち現れている問題は、パリ地域でもっとも重要なクラブがあるとして、もしそのようなクラブがスタッド・ドゥ・フランスにパリ市全体とパリ郊外という確定された地域のアイデンティティーをもった八万人の観客を容易に集められるとしたら、パルク・デ・プランスに残され、一つのアイデンティティーをもって集まる五万人の観客は、観衆の大いなる多様性を別にして、パリ市西部にしっかりと根をおろしていることを望むのか望まないのか、ということである【訳注13】。「パルク・デ・プランスに残る」か、「スタッド・ドゥ・フランスに行く」か、この判断材料の基を成すのは経済である。しかし、クラブで働く人々にとって賭けられているもの一切、とりわけこのような移転がサッカークラブがもつアイデンティティーの創出作用との関係の断絶、クラブとその観衆とのあいだに確立された関係とチーム名との断絶として表われてくるという事実もまた見てとれる。それゆえ、いざ引っ越しとなれば、パリ首都圏《ル・グラン・パリ》に住む人々の多様性に形象を与えることが、どのような条件下で可能なのかを見極めることは実に興味深いものとなろう。この問題に関しては、とりわけ、もっとも熱心なサポーターたちが、あるいは熱っぽく語り、あるいはためらい口ごもるのも、そこに本能的なものを感じとっているからなのだ。

終章　ワールドカップ・フランス98――そして、その後

ワールドカップ・フランス大会は一九九八年六月十日から七月十二日にかけてくり広げられる。これまでの大会がそうであったように、フランス大会も今日のサッカーがどのようなものであるか、サッカーの現状証明書を詳《つまび》らかにしてくれるだろう。まず第一に、ゲーム面においてである。わたしたちはすばらしい戦術転換や、ゲーム展開の革新に目を見張ることだろう。現代のスターたちの価値を知ったり、思いがけぬ新事実に出くわしたりもする。監督・コーチがどのようにして、さまざまなサッカー文化に育まれた各国のクラブから参集した選手たちの混成部隊を形成し、代表チームという有用性と選手たちが所属するクラブの有用性とで強固に仕上がった敵の挑戦に応じるかを見届けられよう。だが結局は、スポーツ競技であるから、正義とチャンスが結びあえば、ルールを尊重し、技術をもって常に勝利を手にできるものなのかどうかを明らかにしてくれよう。この観点から、競技には大当たりもあれば、はずれもあるのだ。人間の条件を規定しているさまざまな不確かさについて議論できるというサッカーのあの基本的な任務は、競技が実際におこなわれることによって果たされる。

サッカー観戦を兼ねた観光客から闇市場のチケットを求める頑強なサポーター、果ては冒険《アヴァンチュール》を試みるフーリガンまで、さらにはフランスや世界中でテレビの周りに集まる若者たちまで、サッカーのあらゆる愛好家が待ちに待った一大イベントである。あるいはまた、あるべきものが欠けている様を見ることだろう。クラブのウルトラ・サポーターたちのなかでも、とりわけイタリアやスペインのウルトラは、自国の代表チームを応援しに来たがらないからだ。多種多様なカラー、移動時の服装やその様子、特別に激しく感情移入される場、あてもなく歩くグループのどこか家族的な雰囲気など、各国それぞれのスタイルをした演出もまた見ものである。自国チームを応援することとは別に、チームを熱心に応援するさまざまな参加行動に敏感になったりもする。自国の代表チームがプレイしないとき、第二のチームとしてどこを選ぶのか。つまり、どんなチームに向かいあわせて自分を定義するのだろうか。どんな小さなチームが観客たちのお気に入りとなるのだろうか。今回のワールドカップはヨーロッパで、一九九四年アメリカ大会と違ってサッカーがずっと以前から定着している地で開催されるのであるから、サッカーの普遍的な文化がどのようにして、集団の、国家の、文化のアイデンティティーの表現と連節しているかを見せてくれるにちがいない。なかでもフランスチームに対する応援の仕方は注目に値しよう。どんな選手（たち）を起用して成功しようとするのか、という条件次第で参加行動は大いに変わるからだ。サッカーの普遍的な性格に相応しい一大イベントの枠のなかでこそ、それが見極められよう。

だが、ワールドカップのその後は？　大きな問題の一つは、サッカーをスペクタクル産業の一分野へと変形させている傾向をどのように規制するかということである。この動きは後戻りが効かないようにみえるが、ますます強くなる経済の支配力に対する調整の効力を改めて見直している時期でもあるので、この議論の行方は興味深い。ワールドカップ開始の数日前に、FIFAはジョアン・アヴェランジェに替わる新会長を選出し、今後サッカーのさまざまな機構が希求しようとする方向性、つまりどのようにして、ゲームとその社会的、文化的意義という至上命令と、国際的なサッカーの組織とその競技大会のための資源の動員との均衡を計ってゆくかを明らかにするだろう。

しかし、ワールドカップ98はフランスの大会という特殊な側面を見せるだろう。フランスは今世紀最後の大会を組織したかったのだ。それゆえに、フランスはたっぷり一か月は国際的なメディアの視線を浴びる。各チームのパフォーマンスにも開催国のパフォーマンスにも目を光らすメディアの視線をである。大規模な行事を組織する能力とスタッド・ドゥ・フランスのような競技場の建設や輸送・通信システムにおけるノウ・ハウを世界に示すことができ、さまざまなタイプのフランス企業にとっては経済波及効果が、国庫には観光業から零細小売業までの税収入が期待できる。およそ、国という国が望むものが、ごく自然にもたらされるのだ。

イングランドは自国開催のユーロ96（一九九六年ヨーロッパ選手権）を終えるが早いか、二〇〇六年ワールドカップの開催国に立候補した。経済波及効果の他に、イングランドが立候補する理由があるだろうか。前章で触れた「フィール・グッド・ファクター（気分がいいもの）」という、当時のジョン・メージャー首相によれば、選挙にも勝て、景気回復策ともなるあの精神的ドーピングとも言えるものに言及した。シュートははずれ、メージャーは敗れた。しかし、ユーロ96をほぼ完璧に組織することに成功し、一つのチームが見えてきたという満足感によって発しられたセロトニン（神経伝達物質）

のインパルスは、おそらく新政権によってまったく満足できるものと考えられたのだろう。一国家の精神状態を計る物差しとしてのサッカーがあるとすればであるが。ともかく、サッカーがあれほどまでに深く根づいている国においては言うまでもないことである。もともとの出発点は、イングランド社会はフーリガニズム（フーリガン稼業）を禁圧できること、あるいは少なくとも周縁へと追いやることができることを示し、イングランドサッカーを再構築（スタジアムの近代化こそ、その象徴である）し、このような様相を通して、アイデンティティーをともなった平和な社会という観念の構成に努めることであった。そして、サッカーの動員形態や社会環境とサッカーの関連づけをともなった、どちらかと言えば経済的にはリベラルでモラリストの方法によったことも見たとおりである。例えば、つい最近では、政府が設置したタスク・フォース、サッカープロジェクト推進機関は、サッカーの場面における人種差別主義と闘うプログラムを打ち出した。ここではプロジェクトの基底にあるもの、あるいはその限界については論じない。単にサッカーが欧州社会の重大問題の責任を誰彼かに割り振っていることだけに触れるにとどめよう。これに対して、ワールドカップ・フランス大会のなかから、ある出来事を、この出来事の後は物事がこれまでと同じではありえない、そんな出来事を生み出してくれる（サッカーの局面で、あるいはサッカーを拠り所として）賭けられているものとは、どんなものだろうか。

フーリガニズムの、フランスにおけるその流行《はや》らない性格は、フーリガニズムを社会的動員や国家の士気高揚の一要因とすることを明らかに困難にしている。それにもかかわらず今日、人は、社会が排除や自己閉鎖という主張をもった政治的党派に無視し得ない地位を与えてしまうほどに、社会は社会自体を信じられなくなっているとくり返し言われている社会のなかで暮らしているようにみえる。このような文脈のなかで、ジダン、カランブー、テュラム、バなどと称する選手たちをもってフランス・ワールドカップを制するとしたら【訳注1】、フランス版「フィール・グッド・ファクター」として、まんざらでもないのではなかろうか！　同様に、フランス人がスタジアムにくり返し足を運ぶとしたら、社会に対する認識におけるこのわずかな変化は大きな意味があろう。スタジアムにはまだ多くの座席があり、価格も手が届く程度だ。スタジアムへ行くとは、要するに都市生活に参加することであり、このことはこの都市空間への適合と信頼、すなわち今日危険な都市に暮らしている人々が実際に抱いている感覚のなかで欠けているように思えるすべてのものを表わしているからだ。ミシェル・プラティニとワールドカップ・フランス組織委員会は、ワールドカップ大会を共生の印《シーニュ》の下に置くことを選択した。それはまた、サッカーの世界で観客の受け入れと安全、スタジアムの雰囲気の改善策について熟考を重ねてきた人々が心をこめて強調したテーマでもある。この安全と共生の結合は内務大臣の言葉にも見いだせる。にっこり笑うもいい、それをナイーヴ（無邪気）だと言うもいい、この催しの財政や警備の面での重苦しさを隠すための美しいマスクだと考えるのもよかろう。サッカーがこのようなさまざまな容貌をおびていることはよくわかっている。問題は、それがサッカーと社会との関係（サッカーはサッカー自体が、さらにはサッカーが対象としている人々によってどのようなイメージを与えるのか）に、あるいは警察と社会との関係（治安を第一とすることなく安全への要求にどのように応えるのか）に、どんな新しい関係を拓くかを知ることである。サッカーの最近の進化は特に、金銭の問題、それゆえ意味の喪失の問題、さらには興味深いことにゲームや現実社会の問題、つまり暴力の問題にみられる安全の問題を際立たせている。だからこそ、なぜ共生ではいけないのか？　共生は受け入れの能力、共有の意味、あるいは単に公共の空間で他者とともにいるという事実を想い起こさせるので、決して悪くはない。そのうえ、都市の再評価という視点からすれば、共生は無視し得ない。この原則によってこそ、ワールドカップの安全対策の確立の基となる、すなわちスタジアムを、すべてのサポーターを潜在的なフーリガンと見なす攻囲された要塞と化すのではない、明確な実施要綱の策定が可能となるのである。採用されるモデルはユーロ96に際してイングランドで実施されたモデルから想を得ており、それは試合というもの、すなわちサッカーの観客という普通の人々が集う普通のイベントという、より落ち着いた定義を思わせる。サッカーに採用されるこれらの原則が、都市の中心部での警察と若者との関係と同じように敏感な領域へどのような反響をもたらすかは興味がもたれるところであろう。

これらの進化は、共生の強調や現実に配備される警察官の削減を根底にもっている体制の側の論理を反映している。事実、フランスにはパスクワ法がある。パスクワ法はスペクタクルを組織する団体、つまりサッカークラブが自らの行事の安全性に責任をもつこと、それゆえ独自の保安係、ステュワード（場内整理員）を配置せねばならないと規定している。パスクワ法はまた、一九九九年にはプロクラブは自治体の助成金を受け取れなくなるとも規定している。そこには警察の人員を再編成したい、サッカーのプロクラブと都市とのときに邪《よこし》まなつながりを断ち切りたいとの思いがある。重要なのは、グラウンドを取りまく鉄柵《フェンス》の撤去と同様に新たな責任の共有がどのように取り決められるかであり、ワールドカップの組織化に適用されるこの二点は、ワールドカップ98以降も機能するのである。このことは間違いなく、観客とその受け入れを心配していることを表わしている。クラブは入場料収入を増やさねばならなくなり、投資家たちの目には観衆の量こそが論拠たるものだ。それでも、クラブには、スタジアム内に醸し出される雰囲気についてはクラブ側の責任が大きいという限りでは、クラブがサポーターと築こうとしている関係について熟慮する必要があろう。ワールドカップ後には、非営利団体としてのフランスのクラブが、企業へと少しずつ変化してゆく様（株式市場への上場）が見られるだろう。管理問題についての調整機関（全国管理統制局）や、例えば職業倫理に係わる諸問題について、あるいはサッカーの特殊な性格を知らしめるためのヨーロッパレベルの若干の交渉をするための調整機関を置くことによって、この変化はクラブの財政的責任の明確化（より長期にわたる、単に企てに成功したいだけではない計画化という方向での）と、観客やサポーター、さらにはクラブの経済的安定性の条件のようなクラブ環境への注意に関するクラブのより大きな関与という利点を生むだろう。

それゆえ、サッカーに特有のいくつかの問題は、社会的なつながり、安全性の欠如、公的空間の意味、責任の分担など、都市と都市経験に関する議論に譲らねばならない。かくて、あらゆる郊外型犯罪を想起させ、それでいて郊外がすべてそうであるように住民がサッカーを愛し、サッカーボールを現に蹴っているパリ北東部セーヌ＝サン＝ドニ県の真ん中に、八万席を有するスタジアム（スタッド・ドゥ・フランス）を建設する案が浮上するのである。現在、どのクラブがこのスタジアムを専有するか、クラブに生育力をもたせるためにはどうすることが最良であるかという議論が急ピッチで進められている。実のところ、国家が損失の穴埋めをするのを避けたいのであれば、またこのスタジアムが周囲の環境のなかでも、より一般的にはパリ空間のなかでも意味をもってほしいのであれば、成功の見込みがあるクラブを見いだすことには、何某かの重要性がある。しかし、このスタジアムの位置決定の選択は困難であったこと、意思によったというよりは偶然に左右されたということもわかっている。その決定過程が、この地域の再開発がもたらすあらゆる問題を検討してなされはしなかったことも周知のとおりである。もし、常に問題がサッカーを愛することではないのなら、問題はせめて、サッカーがさまざまに賭けるものを理解すること、サッカーのあらゆる構成要因を知ることなのである。

原注

序章　土曜社会

1　A. Ehrenberg, «Les hooligans ou la passion d'être égal», *Esprit*, août-septembre 1985, p.7-19.

2　C. Bromberger *et al.*, *Le Match de football : ethnologie d'une passion partisane à Marseille, Naples et Turin*, Éditions des sciences de l'homme, 1995.

3　*La Société du samedi : supporters, ultras et hooligans*, 1954 および *Les Politiques de lutte contre le hooliganisme. Comparaisons européennes*, 1956.

第一部　サッカーの情念

第一章　感動と認識

1　マリオ・ベルガス・リョサは一九八二年のワールドカップに際して *La Vanguardia* にサッカーについての時評を寄せたが、それは T. Mason, *in Passion of the people? Football in South-America*, Verso, 1995, p.158 に引用されている。

2　N. Elias, E. Dunning, *Sport et civilisation : la violence maîtrisée*, Fayard, 1994.

3 A. Ehrenberg (éd.), *Aimez-vous les stades? Les origines des politiques sportives en France (1870-1930),* Recherches, avril 1980.

4 N. Elias, *La Civilisation des mœurs,* Calmann-Lévy, 1973.

5 C. Pociello, «Quelques indications sur les déterminants historiques de la naissance du sport en Angleterre, 1780-1860», *in Sports et société : approche socio-culturelle des pratiques,* Vigot, 1983.

6 E. P. Thompson, «Modes de domination et révolutions en Angleterre», *Actes de la Recherche en Sciences Sociales,* n° 2-3, juin 1976.

7 R. Caillois, *Des Jeux et des Hommes,* Gallimard, 1985 (rééd.).

8 C. Bromberger, *Le Match de football : ethnologie d'une passion partisane,* Éditions de la Maison des Sciences de l'homme, 1995. また、ラグビーの形式的な諸特性については、C. Pociello, *Le Rugby ou la guerre des styles,* A.-M. Métailié, 1983 を参照。

9 C. Bromberger, «Sur les gardins, on vit... aussi parfois. Facétie et moquerie dans les stades de football», *La moquerie. Dires et pratiques, Le Monde alpin et rhodanien,* n° 3-4, 1988.

10 C. Geertz, *Bali, interprétation d'une culture,* Gallimard, 1973, p.212 からの引用。

11 A. Ehrenberg, *Le Culte de la performance,* Calmann-Lévy, 1991, p.30-45.

12 R. Da Matta, «Notes sur le futebol brésilien», *Le Débat,* 19, p.68-76.

13 C. Bromberger, *Le Match..., op. cit.,* p.199-204.

14 A. Ehrenberg, *Le Culte..., op. cit.,* p.39-43.

15 *Le Monde diplomatique,* juin 1992.

16 イタリアに関する例の多くは、C. Bromberger, *Le Match..., op. cit.* からの引用である。

17 Mignon, «Et le kop va disparaître», *Esprit,* juin 1994, p.45-65 を参照。

18 N. Elias, *La Dynamique de l'Occident,* Calmann-Lévy, coll. «Presse Pocket», 1975, p.197.

19 A. Portelli, «The rich and the poor in the culture of football» *Le Football et l'Europe,* Institut Universitaire de Florence, 1990.

第二章　サッカー社会におけるサッカー

1 B. Anderson, *Imagined communities,* Verso, 1983.（ベネディクト・アンダーソン著、白石さや・白石隆訳『想像の共同体』、NTT出版刊、一九九七年）

2 Eric Hobsbawm et T. Ranger, *The Invention of tradition,* Canto, 1983, p.1-14 et 287-290.

3 R. Horak, «Austrification as modernization : changes in Viennese football culture», *in* R. Giulianotti, J. Williams (éds.) *Game without frontiers : football, identity and modernity,* Arena, 1994.

4 P. Lanfranhci dans «Exporting football : notes on the development of football in Europe», *in* R. Giulianotti et J. Williams, *op. cit.,* p.23-46 et A. Wahl, *La Ball au pied : histoire du football,* Gallimard, Découvertes, 1990 を参照。

5 L. Boltanski, *Les Cadres,* Éditions de Minuit, 1982, p.382.

6 P. Fridenson, «Les ouvriers de l'automobile et le sport», *Actes de la Recherche en Sciences Sociales,* septembre 1989, p.50-62.

7 T. Mason, *Association football and English society,* Harvester Press, 1980 および R. Holt, *Sport and the British,* Oxford University Press, 1989.

8 S. Gehrmann, «Football and identity in the Ruhr : the case of Schlke 04», *in* R. Giulianotti et J. Williams,

op. cit., p.185-206.

9 «The motion picture experience as modified by social background and personnaity», *American Sociological Review*, 1938 に紹介された、アメリカのある社会学者の映画に関する言葉に想を得たもの。

10 アルゼンチンについては、E. Archetti, «Argentina and the World Cup : in search of national identity», *in* J. Sugden et A. Tomlinson (éds.), *Hosts and champions. Soccer cultures, national identities and the World Cup in the USA*, Arena,1994;«Masculinity and football : the formation of national identity in Argentina», *in* R. Giulianotti et J. Williams, *op. cit.*; «Nationalisme, football et polo», *in Terrain*, Des Sports, n° 25, septembre 1995 が参考になる。

11 P. Milza, «Le football italien : une histoire à l'éhcelle du siècle», *in Vingtième Siècle*, n° 26, avril-juin 1990 を参照。

12 P. Lanfranchi, «The importance of difference : football identities in Italy», *in* G. Armstrong et R. Giulianotti (éds.), *Entering the field : new perspectives on world football*, Berg, 1997.

13 E. Archetti, «Argentina and the World Cup...», *in Hosts and champions..., op. cit.*.

14 V. Duke, L. Crolley, «Don't shoot me, I am the presidente» *in Football, nationality and the state*, Longman, 1996.

15 トポフィリーについては、J. Bale, *Sport, space and the city*, Routledge, 1993 を参照。

16 バルセロナ市とFCバルセロナについては、G. Colomé, «FC Barcelona and Europe», *in Le Football et l'Europe*, Université européenne de Florence, 1990。バスク地方については、J. Mingolarra, «Deporte e identidad cultural : el caso vasco» *in Le Football et l'Europe*, Université européenne de Florence, 1990。スペイン一般については、V. Duke et L. Crolley, «Stormimg the Castille : Footballing nations in Spain», *in football, nationality and*

the state, op. cit. を参照。

17　A. Portelli, «The rich and the poor...», *op. cit.*.

18　J.-M. Faure, «Le sport dans la culture populaire», *Cahiers du Lersco,* 12, 1990 および J.-P. Augustin, «La percée du football en terre de rugby : l'exemple du Sud-Ouest français et de l'agglomération bordelaise», *in Vingtième Siècle,* n° 26, avril-juin 1990 を参照。

19　Andrei S. Markovits, «Pourquoi n'y a-t-il pas de football aux États-Unis? L'autre "exceptionnalisme" américain», *in Vingtième Siècle,* n° 26, avril-juin 1990 を参照。

20　A.S. Markovits, *op. cit.* および A. Guttmann, *From Ritual to record : the nature of modern sports,* Columbia University Press, 1978, p.117-137 を参照。

21　D. Waldstein et S. Wagg, «An-american activity? Football in US and Canadian society», *in* S. Wagg (éd.), *Giving the game away,* Leicester University Press, 1995. J. Sugden, «USA and the World Cup : American nativism and the rejection of the people's game», *in* J. Sugden et A. Tomlinson (éd.), *Hosts and Champions, op. cit.* を参照。

22　D. L. Andrews et alii, «Soccer's racial frontier : sport and the suburbanization of contemporary America» *in* G. Armstrong et R. Giulianotti (éd.), *Entering..., op. cit.* を参照。

23　これらの仮説のいくつかは、S. Beaud et G. Noiriel, «L'immigration dans le football», *in Vingtième Siècle,* n° 26, avril-juin 1990 に展開されている。

24　ブラジルについては、J. S. Leite Lopes, «Successes and contradictions in " multiracial " brazilian football», in G. Armstrong et R. Giulianotti (éd.), *Entering..., op. cit.* および J. S. Leite Lopes et J.-P. Faguer, «L'invention du style brésilien : sport, journalisme et politique au Brésil», *in Actes de la Recherche en Sciences Sociales,* n°

103, juin 1994 を参照。

25 E. Archetti, «Argentinian football : a ritual of violence», *The International Journal of the History of Sport*, vol. 9, n° 2, 1992.

26 E. Archetti, *ibidem*.

27 イギリスサッカーにおける男らしさの価値については、R. Holt, *Sport and the British, op. cit.* および J. Williams et R. Taylor, «Boys keep swinging : masculinity and football culture in England», *in* T. Newburn et E. Stanko (éd.), *Just bays doing business?*, Routledge, 1994 を参照。

28 In Bromberger, *Le Match..., op. cit.*, p.291.

29 これらの問題については、例えば A. Davisse et C. Louveau, *Sports, École, Société : la part des femmes*, Éd. Actio, 1991 および J. Heargraves, *Sporting Females, Routledge*, 1994 および M.-A. Mesner, *Power at play. Sports and the problem of masculinity*, Beacon Press, 1992 を参照。

30 J. Williams et J. Woodhouse, «Can play, will play? Women and Football in Britain», *in* J. Williams et S. Wagg (éd.), *British football and social change. Getting into Europe*, Leicester University Press, 1991 および L. Crolley, «Women can't play, it's a male ball : her story in football», *in* V. Duke et L. Crolley, *op. cit.* および A. Coddington, *One of the lads. Women who follow football*, Harper and Collins, 1997 を参照。

31 J.-C. Passeron, «Figures et contestations de la culture», *in Le Raisonnement sciologique*, Nathan, 1991, p.323.

32 C. Bromberger, *Le Match..., op. cit.*, p.313-319 および A. Ehrenberg, *Le Culte..., op. cit.*, p.30-45.

33 やはり Bromberger, *Le Match..., op. cit.*, p.165-176.

34 例えば、マルセイユについては、C. Bromberger, *Le Match..., op. cit.* サンテティエンヌについては、P.

Charroin, «Il pubblico del Geoffroy-Guichard di Saint-Étienne», *in* P.Lanfranchi (éd.), *Il calcio e suo pubblico,* Edizioni Scientifische Italiane, 1992 を参照。ヨーロッパのさまざまなスタジアムでおこなわれる調査結果が待たれるところである。

35　レスター大学 Sir Norman Chester Center for football research の紀要による。

36　イタリアについては、P. Lanfranchi, «Cathedrals in concrete : football in Southern European societies», *in* S. Wagg (éd.), *Giving the game away, op. cit.* によってまとめられた数値による。

37　A. Dal Lago, *Descrizione di una battaglia : i rituali del calcio,* Il Mulino, 1990.

第三章　サッカー文化と経済的変質

1　Dans D. Conn, *The Football business. Fair game in the 90's?* Mainstream Publishing, 1997, p.156 より。

2　他の団体競技、あるいは個人競技についても同様の問題を提起できよう。最近の研究成果については、P. Duret, «Comment symboliser la justice dans le sport après les affaires de corruption et de dopage?», automne 1998, *Esprit* の記事を参照することができる。

3　例えば J.-M. Faure et C. Suaud, «Un professionnalisme inachevé. Deux étapes du champ du football professionnel en France, 1963-1993», in *Actes de la Recherche en Sciences Sociales,* n° 103, juin 1994 を参照。

4　数字は *La Vie Française,* «Le foot coté en Bourse?», 29 décembre 1997 による。

5　サッカーの経済的アプローチについては、フランスにおいては J.-F. Bourg, *Football Business,* Olivier Orban, 1986 および *L'Argent fou du foot,* La Table Ronde, 1994 さらにはリモージュ大学 Centre de droit et d'économie du sport がおこなった研究を参照。

6　前掲の *La Vie Française* 同号のサッカーの財政分析の言葉。

7　このことは、サッカーの教育的イメージの面において、とりわけ集団的規範の習得手段としてのサッカーへの動員、さらにはチーム経営の分野において非常に興味深い結果を招いている。サッカーもまた大衆心理主義化時代に入ったのである。

第二部　イギリスモデル

第一章　イギリスにおけるサッカー問題

1　D. Hobbs et D. Robbins, «The boy done good : football violence, changes and continuities», *Sociological Review,* 30, 1991 の評価による。

2　J. Williams, «Having an away day : English football spectators and the hooligan debate», *in* J. Williams et S. Wagg, *British football and social change..., op. cit.*.

3　サッカーの社会史については、S. Wagg, *The Football world. A contemporary social history,* Harvester, 1984 および J. Walvin, *The People's game. A social history of British football,* Allen Lane. 1975 を参照。

4　S. Inglis, *The Football grounds of Great-Britain,* Collins, 1985.

5　T. Mason, *Association football and the English society,* Harvester, 1980.

6　Richard Holt, *Sport and the British,* Oxford University Press, 1989.

7　Asa Briggs, *Victorian cities,* Harmonds worth, 1968.

8　これらの言葉はイングランドの各地域それぞれの住民を指している。コクニーとはロンドンのイースト・エンドに住む人々のことであり、スカウサーとはリヴァプール住民、ジョーディはイングランド北部、とくにニューキャッスルの住民、マンキュニアンあるいはマンクスはマンチェスター住民を言う。

9　S. Humpries, *Hooligans and rebels : an oral history of working class childhood and youth, 1889-1939,* Blackwell, 1981.

10 I. Taylor, «Spectator violence around soccer : the decline of the working-class week-end», *Research Paper in Physical Education,* août 1976.

11 R. Holt, «Working-class football and the city», *British Journal of Sports History,* mai 1986.

12 J. Goldthorpe *et alii, Social mobility and the class structure in modern Britain,* Oxford University Press, 1980.

13 J. Taylor, «Putting the boot into a working-class sport : British soccer after Bradford and Brussel», *Sociology of Sport Journal,* 4, 1987.

14 J. Seabrook, *What went wrong? Working people and the ideal of the labour movement,* Victor Galloway, 1978. D. Widgery, *Healths in danger,* Macmillan, 1979.

15 E. Dunning, P. Murphy, J. Williams, *The Roots of football hooliganism,* Routledge, 1988.

16 G. Pearson, *Hooligans. A history of respestable fear,* Macmillan, 1983.

17 R. Holt, *Sport and the British, op. cit.,* p.252-262.

18 B. Murray, *The Old firm. Spectarianism, sport and society in Scotland,* John Donald, 1984.

19 R. Holt, *Sport and the British, op. cit.,* p.262-279.

20 N. Fishwick, *English football and society, 1910-1950,* Manchester University Press, 1989.

21 P. Willis, *Learning to labour. How working-class kids get working-class jobs,* Gower, 1977 を参照。

第二章 フーリガニズムとサッカーの近代化

1 J. Clarke, «Football and working-class : tradition and change», in R. Ingham (éd.), *Football hooliganism,*

Inter-action In print, 1978. I. Taylor, «Class, violence and sport. The case of soccer hooliganism in Britain», *in* H. Canelon et R. Grenneau (éd.), *Sport, culture and the modern state,* Toronto University Press, 1982.

2 E. Dunning *et alii, The Roots of football hooliganism, op. cit.,* 1988.

3 D. Robins, *We hate humans,* Penguin, 1984.

4 J. Williams, E. Dunning, P. Murphy, *Hooligans abroad,* Routledge, 1989.

5 P.Marsh,《Life and careers on the soccer terraces》*in* R.Ingham (éd.) *Football hooliganism, op. cit.,* p.63.

6 G. Armstrong, R. Harris, «Football hooligans : theory and evidence», The Cultural aspects of football, *The Sociological Review,* 1991.

7 「相互作用」を重視するという意味では、H. Becker, *Outsiders,* A.-M. Metailé, 1985 を参照。

8 P. Marsh *et alii, The Rules of disorder,* Routledge, 1978 を参照。

9 歌の実例については、D. Robins, *We hate humans, op. cit.* あるいは S. Redhead, *Sing when you're winning,* Pluto, 1987 を参照。

10 サブカルチャーとその解釈については、M. Brake, *The Sociology of youthand* youth subcultures, Routledge, 1980 あるいは P. Cohen, «Subcultural conflict and working-class community», *in* E. Butterworth et D. Weir (éd.), *The New sociology of modern Britain,* Fontaine, 1984 を参照。

11 カジュアルについては、S. Redhead, *Sing when you're winning, op. cit.* および *Football with attitude,* Wordsmith, 1991 を参照。

12 R. Holt, *Sport and the British,* Oxford University Press, *op. cit.,* 1989.

13 P. Willis, *Learning to labour, op. cit.*.

14 G. Armstrong, *Football hooligans : knowing the score,* Berg, 1998.

15 P. Cohen, «We hate humans», Violence et politique, *Lignes*, n° 25, mai 1995 を参照。

16 I. Taylor, «Putting the boot...», *op. cit.* J. Goldthorpe *et alii*, *Social mobility...*, *op. cit.* を参照。

17 P. Cohen, «Subcultural conflict...», *op. cit.*

18 G. Armstrong et R. Harris, «Football hooligans...», *op. cit.* D. Hobbs et D. Robins, «The boy done good. Football violence, changes and discontituities», in Cultural aspects of football, *Sociological Review*, *op. cit.*.

19 D. Hobbs, *Doing the business*, Oxford University Press, 1989.

20 J. Williams, A. Goldberg, *England and Italia 90 : a report on the behaviour and control of English fans at the World cups finals*, University of Leicester, 1991.

21 E. Dunning *et alii*, *The Roots of football hooliganism*, *op. cit.*, 1988.

22 S. Frith, «Frankie said : but what did they mean?», *in* Alan Tomlison, *Consumption, identity and style*, Routledge, 1990.

23 J. Allan, *Bloody casuals : diary of a football hooligans*, Northern Books, 1989 あるいは C. Ward, *Steaming in : Journal of a football fan*, Sport Pages, 1989.

第三章　フーリガニズム——社会問題と道徳的パニック

1 Yves Michaud, *Violence et Politique*, Gallimard, 1978, p.101.

2 J. Kitsuse, M. Spector, *Constructing social problems*, Aldine de Gruytes, 1987, p.5.

3 すなわち社会の害悪の責任は、その告発過程で創り出される一つのグループ、フォーク・デビル（社会を毒するもの）に、ここではフーリガンにあるとするこのような動きの一つである。S. Cohen, *Folk devils and moral panics*, Blackwell, 1972 を参照。

4　H. Becker, *Outsiders, op. cit.*

5　Bill Bufford, *Parmi les fooligans*, Christian Bourgois, 1994.（ビル・ビュフォード著、北代美和子訳『フーリガン戦記』白水社刊、一九九四年）

6　B. Moorhouse, «Scotland against England. Football and popular culture», *International Journal of History of Sport*, 4, 1987.

7　これらの言説については、G. Pearson, *Hooligans..., op. cit.* を参照。

8　とりわけ S. Hall *et alii, Policing the crisis*, Macmillan, 1978 を参照。

9　A. Waugh, «Time for the survivals of Merseyside to be put in uniform», *The Spectator*, juin 1985.

10　I. Taylor *in* «Putting the boots...», *op. cit.* による *The Spectator*, 1982 からの引用。

11　R. West, «From great part to piggery», *The Spectator*, juin 1985.

12　ヘイゼル後の一九八五年六月に *Le Nouvel Observateur* 誌は、アントニー・バージェスへのインタビューをおこなっているが、このような分析は同氏の分析のような、より古典的なエリート主義者の反応に見いだせる。「起きたことは、たんにサッカーが大群衆を集めたというだけのことです。ただ大群衆とは下層民です。下層民は本性からして暴力に溺れるもので」、「考えるなんてことは、まったくできません」。しかし、『時計じかけのオレンジ』の作者としてのアントニー・バージェスとその読者は、フーリガンのなかに、あのウルトラ・ヴァイオレンスの信奉者たちの具象化を見るのも事実である。

13　全英犯罪情報部（ＮＣＩＳ）フットボール対策室による数値によれば、88／89シーズンに六一八五人だった逮捕者は五千人にまで減少している。

14　もっともよく知られた公式報告書 J. Harrington, *A Preliminary report on soccer hooliganism to Mr Denis Howell, Minister of Sport*, 1968 および Sir J. Lang, *Report of the working party on crowd behaviour at football match-*

es, HMSO, 1969 で証言されている。

15 規制の進化については、A. Tsoukala, *Sport et violence : l'évolution de la politique criminelle à l'égard du holiganisme, en Angleterre et en Italie, depuis 1970*, thèse de Doctorat en droit, université Paris Ⅰ, 1993 を参照。

16 E. Trivizas, «Offences and offenders in football crowd disorders», *British Journal of Criminology*, 20, 1980. E. Trivizas, «Sentencing and the football hooligan», *British Journal of Criminology*, 21, 1981. E. Trivizas et D. Waddington, «The behaviour of football supporters, cultural attitudes and cultural responses», *Le Football et l'Europe*, European University Institute, Florence, 1990.

17 Criminal Justice Act de 1982.

18 Police and Criminal Evidence Act, 1984.

19 わたしはここで R. Castel et A. Coppel, *in* «Les contrôles de la toxicomanie», *Individus sous influence ; drogues, alcool et médicaments psychotropes*, Éditions Esprit, 1991 によって提案された異質統制、社会的統制、自己統制の間の区別を再び取り上げているのである。

20 Lord Justice Taylor, *The Hillsborough stadium disaster, 15 april 1989, Final Report*, HMSO, 1990.

21 *Op. cit.*, p.5 à 8.

22 フーリガニズムを一方では健康な社会構成体を蝕むガンのように言いなし、他方ではイングランドサポーターの態度が改善されてきた、あるいは永続的な戦闘の危険性があることを示したいが、自分たちは有能であると言いたい人々の二枚舌として、さらにはサッカーとの闘争においてとことんやり抜く用意ができている人々とサッカーを守りたい人々との政府内での緊張として肯定する、相矛盾する言説をここに読み取ることができる。

23 同じサポーター同士の人種差別廃止を唱える Homme Affair Committee の *Policing Football Hooliganism*

のような報告と時を同じくして Home Affairs Select Committee, *Policing football hooliganism : memoranda of evidence*, HMSO, 1990 および *Policing football hooliganism : second report*, HMSO, 1991 が出ている。

24　R. Taylor, *Football and its fans : supporters and their relations with the game, 1885-1985*, Leicester University Press, 1992.

25　I. Taylor, «*Putting the boot...*», *op. cit.* および «Hillsborough : 15 april 1989. Some personnal contemplations», *New Left Review*, 177, 1989 を参照。

26　G. Armstrong, D. Hobbs, «Tackled from behind», *in Football, violence and social identity*, R. Giulianotti, N. Bonney et M. Hepworth (éd.) Routledge, 1994, p.196-228.

27　フーリガニズムとの闘いでもっともスペクタクルな形態は、警官隊の能力を測るための統計結果の利用の一般化や、ある種の警察機能の民営化の予告のように受け取られた。

28　*In Police Review*, 3 janvier 1992. Cité par N. Middleham, *op. cit.*, p.29.

29　それゆえ前掲テーラー報告（五七―八頁）に、「サポーター団体と地方警察の責任者の定期的な連絡システムが存在していることを警察の全責任者が確認するよう勧告する」と記されているのである。Home Affair Committee はこの方向を目指している。

30　よって、問題は例えば、イングランド全域における規制と法の同一の適用の問題なのである。

31　数字は Neil Middleham, *Football : policing the suppoters*, Police Research Group, Home Office Police Department, p.111, 1993 による。

第四章　サッカーの近代化――市場とスタイル

1　V. Duke, «The drive to modernization and the supermarket imperative : who needs a new stadium?», *in*

Game without frontiers : football, identity and modernity, R. Giulianotti, J. Williams (éd.), Arena, 1994, p.129-152.

2　これらのプログラムは、参加する各都市がプロジェクトを提示し、基金運営部の審査を経て助成金を獲得するコンクール・システム、シティ・チャレンジに統合されている。

3　『共同体におけるサッカー』プログラムの後ろ盾を得て実施されているこれらの活動は九十二のプロクラブで取り組まれているが、現実に機能しているのは下位のディビジョンのクラブである。

4　D. Musto, *The Americain Disease. Origins of noncotic control,* Oxford University Press, 1987.

5　M. Gilman, «Football and drugs : two cultures clash», *International Journal of Drugs Policy,* vol. 5, n° 2, 1994.

6　R. Giulianotti, «Casuals as cultural intermediaires» *in The Passion and the fashion : football fandom in the new Europe,* S. Redhead (éd.), Arena, 1993.

7　D. Downes, P. Rock, *Understanding Deviance,* Clarendon Press, 1988.

8　ファンジンについては、D. Jary *et alii,* «Football fanzines and football culture : a case of successful cultural invention», *in* Cultural aspects of football, *Sociological Review, op. cit.* および R. Haynes, *The Football imagination : the rise of football fanzine culture,* Arena, 1995 を参照、その問題点については、S. Redhead, *Football with attitude, op. cit.* も参照。

9　全英犯罪情報部（NCIS）にファイルされている「フーリガン」六千人のうち、四千人は、麻薬の使用やチケットの闇販売のような暴力をともなわない犯罪である。数字は G. Armstrong et D. Hobbs, *op. cit.,* p.222 による。また、N. Middleham, *op. cit.,* p.13 には、その犯罪を問われた者たちの性格を討議するための諸要因が挙げられている。

10　*A New framework for football : labour's charter for football,* Labour, 1995.

11 レディ・ダイアナの葬儀の翌日の *Observer* 特別号を参照。

12 映画『フル・モンティ』はまた、舞踊が理解できるのは「アーセナルのようにオフサイドをかける」とはどういう意味かがわかっているからである、などとサッカーに関する知識のほども同時に示している。(アーセン・ヴェンゲルが指揮する以前のアーセナルは「退屈なアーセナル」とも言われたが、堅いディフェンス力をたよりに黄金期を築いたアーセナルでもある＝訳者)。

13 この転換については、B. Campbell, *Goliath : Britain's dangerous places*, Methuen, 1993 および J. Wiliams, R. Taylor, «Boys keep swinging : masculinity and football culture in England», *in* T. Newburn et E. Stanko (éd.), *Just boys doing business*, Routledge,1994, p.214-233 および J. Williams, «Football, hooliganisme et comportement du public en Angleterre», *in* «Foot : quels supporters pour l'an 2000?», *Sport*, n° 153, 1996, p.4-29 を参照。

14 抑圧的な政策との違いは、代替刑制度の追求と規制機関としての地域社会への依拠において際立っている。例えば、隔離と社会復帰の儀式についての「共和主義的」諸説については、J. Braithwaite, *Crime, shame and reintegration*, Cambridge University Press, 1989 を参照。

第三部　フランスのサッカー文化

第一章　サッカーの情念の間歇性

1 R. Holt, *Sport and society in modern France*, Macmillan, 1981.

2 R. Hubscher (éd.), *L'Histoire en mouvement. Le sport dans la société française*, Armand Colin, 1992, p.50 所収。

3 P. Irlinger, C. Louveau et M. Mettoudi, *Les Pratiques sportives des Français*, INSEE, 1987.

4 フランス社会におけるスポーツの価値については、A. Ehrenberg, *Le Culte de la performance*, *op. cit.* を参

照。

5 例えば Jacques Marseille, «Une histoire économique du football en France est-elle possible?», *in* Le Football, sport du siècle, *Vingtième Siècle, op. cit.* を参照。

6 J. Marseille, *op. cit.* を参照。

7 P. Friedenson, «Les ouvriers de l'automobile et le sport», *op. cit.*.

8 G. Noiriel, *Les Ouvriers dans la société française,* Seuil, 1986.

9 フランス社会の大きな変化については、H. Mendras, *La Seconde révolution française, 1965-1984,* Gallimard, 1988 を参照。

10 A. Wahl, *Les Archives de football. Sport et société en France (1880-1980),* Coll. Archives, Gallimard-Julliard, 1989 および A. Wahl et P. Lanfranchi, *Les Footballeurs professionels des années trente à nos jours,* La vie Quotidiennne-Hachette, 1995 を参照。

11 さらに A. Wahl et P. Lanfranchi を参照。

12 S. Beaud, G. Noiriel, «L'immigration dans le football», *in* Le Football, sport du siècle, *Vingtième Siècle, op. cit.*.

13 J.-M. Faure, «Les "footeux" de Voutré», *in* L'*Espace des sports, Actes de la Recherche en Sciences Sociales,* n° 80, novembre 1989.

14 A. Wahl, *Les Archives de football..., op. cit.* p.131-138.

15 D. Schnapper, *La Communauté des citoyens. Sur l'idée moderne de nation,* Gallimard, 1994.

16 A. Ehrenberg, *Le Culte..., op. cit.,* p.27-29 を参照。

17 H. Mendras (ed.), *La Sagesse et le désordre. France 1980,* Gallimard 1980 および H. Mendras, *La Seconde*

révolution française, op. cit.

18 *La Seconde révolution française, op. cit.*, p.20.

19 A. Wahl, *Les Archives..., op. cit.*, p.270.

20 プロサッカー選手の社会的地位の進化については、A. Wahl et P. Lanfranchi, *Les Footballeurs..., op. cit.* を参照。

21 A. Wahl, *Les Archives..., op. cit.*, p.230-233 を参照。

第二章　もうひとつのサポーター活動へ

1 RCランスについては«Le Peuple des tribunes», *Document d'ethnographie régionale*, n° 10, 1998 を参照されたい。

2 サンテティエンヌについてはパスカル・シャノワンの研究が、また、ボルドーについてはニコラス・オルカドの、ランスとリールについてはウィリアム・ニュイタンスの、ナントについてはセバスティアン・フルーリアルの近々刊行される研究書が参考になる。

3 パリ・サンジェルマンについての数字は、一九九六年の冬におこなわれた世論調査による。

第三章　サポーターの新たな意味——パリの場合

1 これらの数値はクラブがおこなったさまざまな調査を基にしている。

2 本テーマについては、O. Galland, *Sociologie de la Jeunesse*, Armand Colin, 1991 を参照。

3 G. Lipovetsky, *L'Ère du vide*, Gallimard, 1983.

4 A. Ehrenberg, «La Rage de paraître» *in* L'Amour foot, *Autrement*, mai 1986.

5　D. Riches, *Anthropology of violence*, Basil Blackwell, 1986, introduction による。

6　例えば F. Dubet, D. Lapeyronnie, *Quartiers d'exil*, Seuil, 1992 を参照。

7　裁判でおこなわれた鑑定によって、フーリガンと判定された人々の一部にこれらの特徴が認められる。

8　補完的な分析については、C. Bromberger, *ibidem* とりわけ p.264-265 および Jean-Marc Mariottini, «Football, racism and xenophobia in France», *in Racism and xenophobia in European football*, U. Merkel et W. Tokarski éd., Meyer & Meyer Verlag, 1996 を参照していただきたい。

9　イタリアについては、A. Dal Lago, *Descrizione di una battaglia. I rituali de calcio*, Il Mulino, 1990 および A. Roversi, «The birth of the ultras : the rise of football hooliganism in Italy», in R. Giulianotti et J. Williams (éd.), *Game without frontier*, *op. cit.* および R. Di Biasi, «Ultra-political : football culture in Italy», *in* V. Crolley (éd.), *Football, nationality*..., *op. cit.* を参照。

10　M. Diani, «Berlusconi, l'élu des jeunes», *Libération*, 25 avril 1994.

11　R. Sennett, *The Uses of disorder : personnal identity and city life*, Faber and Faber, 1996, p.31-35.

12　この表現は J. Williams, «The "New football" in England and Sir John Hall's new "Geordie nation"», *in Conference on Football and regionalism*, Universite d'Essen 1996 および J. Bale, «Playing at home : British football and a sense of place», *in* J. Williams et S. Wagg (éd.), *British football and social change*..., *op. cit.* のなかに見られる。

参考文献目録

ARCHETTI Eduardo, «Nationalisme, football et polo», Des Sports, Terrain, n° 25, 1995.

AUGE Marc, «Football. De l'histoire sociale à l'anthropologie religieuse», Le Débat, n° 19, 1982.

BOURG Jean-François, Football-business, Olivier Orban, 1986.

BOURG Jean-François, L'Argent fou du foot, La Table Ronde, 1994.

BREDEKAMP Horst, La Naissance du football. Une histoire du calcio, Diderot Editeur, 1998.

BROHM Jean-Marie, «Football-connection», Quel Corps?, n° 40, juillet 1990.

BROMBERGER Christian, «Sur les gradins, on rit... aussi parfois. Facétie et moquerie dans les stades de football», La Moquerie. Dires et pratiques, Le Monde alpin et rhodanien, n° 3-4, 1988.

BROMBERGER Christian (avec A. Hayot et J.-M. Mariottini), Le Match de football: ethnologie d'une passion partisane à Marseille, Naples et Turin, Éditions de la Maison des sciences de l'Homme, 1995.

BROUSSARD Philippe, Génération supporter, Robert Laffont, 1990.

BUFFORD Bill, Parmi les hooligans, Christian Bourgois, 1994.

BUREAU Jérôme (éd.), «L'Amour-foot. Une passion planétaire», Autrement, n° 80, mai 1986.

COMERON Manuel (éd.), Quels supporters pour l'an 2000? Sport, foot et violence : comment gérer le phénomène?, Labour, 1997.

DUMONS B., Pollet G., Berjat M., Naissance du sport moderne, La Manufacture, 1987.

EHRENBERG Alain, Le Culte de la performance, Calmann-Lévy, 1991.

ELIAS Norbert et Dunning Eric, Sport et Civilisation : la violence maîtrisée, Fayard, 1994.

ENJEUX (Les) du football, Actes de la Recherche en Sciences Sociales, n° 103, juin 1994.

FAURE Jean-Michel, «Les "footeux" de Voutre», L'Espace des sports, Actes de la Recherche en Sciences Sociales, n° 80, novembre 1989.

FAURE Jean-Michel, «Le Sport et la culture populaire», Cahiers du Lersco, Université de Nantes, n° 12, 1990.

FOOT (Le) et la fureur, Esprit, août-septembre 1985.

FOOTBALL (Le), ombre au spectable, Cahiers de la Sécurité Intérieure, n° 26, 1996.

FOOTBALL (Le), sport du siècle, Vingtième Siècle, n° 26, avril-juin 1990.

FRIDENSON Patrick, «Les ouvriers de l'automobile et le sport», L'Espace du sport, Actes de la Recherche en Sciences Sociales, n° 79, septembre 1989.

GALEANO Eduardo, Le Football, ombre et lumière, Climats, 1998.

HALDAS Georges, La Légende du football, L'Âge d'homme, 1981.

HORNBY Nick, Fiver Pitch, Plon, 1998.

HUBSCHER Ronald (éd.), L'Histoire en mouvement. Le sport dans la société française (XIXe-XXe siècle), Armand Colin, 1992.

KORR Charles, «Angleterre : le foot, l'ouvrier et le bourgeois», L'Histoire, n° 38, 1981.

LEITE LOPES Sergio, MARESCA Sylvain, «La disparition de “la joie du people”», L'Espace du sport, Actes de la Recherche en Sciences Sociales, n° 79, septembre 1989.

MIGNON Patrick, «Liverpool ou “le Kop va disparaître”», Esprit, juin 1994.

PIVATO Stefano, Les Enjeux du sport, Casterman, 1994.

VIGARELLO Georges, «Un show quasi universel, les métamorphoses du spectacle sportif», Le Nouvel âge du sport, Esprit, avril 1987.

WAHL Alfred, Les Archives du football. Sport et société en France, 1880-1980, coll. Archives, Gallimard-Julliard, 1989.

WAHl Alfred, La Balle au pied, coll. Découverte, Gallimard, 1990.

WAHL Alfred et LANFRANCHI Pierre, Les Footballeurs professionnels des années trente à nos jours, coll. La Vie quotidienne, Hachette, 1995.

謝辞

本書を内容豊かなものにしている諸研究は、ヨーロッパのフーリガニズムとフーリガニズム統制政策に関する十二の研究に財政的な支援を惜しまなかった国内安全保障高等研究院（ＩＨＥＳＩ）のおかげで可能になったものであります。本書のかなりの部分はすでに「フーリガニズム――イギリスからフランスへ」（『カイエ・ドゥ・ラ・セキュリテ・アンテリユール』一九九三年十一月号）と「ヨーロッパにおける対フーリガニズム戦闘政策」（一九九六年第二十六号）に発表されたものであります。

ここに、「〝サポーター〟という信条表明」（『エスプリ』誌一九八五年八―九月号）と「一八七八年以降のイギリスにおけるサポーターとフーリガン」（『ヴァンティエム・シエークル』誌一九九〇年四―六月号）のわたしの初期の分析を本書に活用することを快諾してくださった両誌に謝意を表わしておきます。

また、イギリスとドイツの研究者やサポーターたちに会い、意見を交換する機会を作ってくださった独仏青少年協会にも感謝致します。

訳注

序章　土曜社会

①　本書においてイギリス（英国）とは、「グレート・ブリテン及び北部アイルランド連合王国」をいう。イングランド、スコットランド、ウェールズ、北アイルランドの四つの地方から成り、イングランドを除く三つの地方は一九九九年以来、それぞれ地方政府と議会をもっている。

第一部　サッカーの情念

第一章　感動と認識

①　「動物がサッカーをするようになったのは、人間に教えられる前からだ」とホイジンガ（『ホモ・ルーデンス』）が語るように、ボール（球体）を蹴るゲームの歴史は驚くほど古く、遠く古代にまでさかのぼる。スールの語源はケルト語かラテン語で、ともに太陽を意味するが、小麦をついた糟、ふすまを詰めた革のボールのことで、これがサッカーの原型と言われている（R・トマ、J=L・シェノー、G・デュレ著、山下雅之訳『フランスのサッカー』）。また、パリの北方にあるトリコという村には、馬の革で作った三角錐のボール（スール）を奪いあう行事が今日まで伝えられており、毎年、復活祭に「村中総出で」おこなわれている。

② 歴史の社会学的研究で知られるノルベルト・エリアスは一八九七年生まれのドイツの社会学者。イギリス、レスター大学で研究生活を送った。人間の長期にわたってくり返される相互関係と依存関係に注目し、特にその教え子、同大学社会学部教授エリック・ダニングとの共同研究を通して、スポーツ社会学の新分野を開拓した。『スポーツと文明化——興奮の探求』、『文明化の過程』（ともに法政大学出版局刊）などの邦訳がある。

③ ご存じ、マラドーナの「神の手」は一九八六年のワールドカップ・メキシコ大会準々決勝、アルゼンチン対イングランド戦。ゴール前でキーパーと競ったマラドーナがヘディングするような格好で、実際は手でボールをたたいて、ゴール。後日、マラドーナは「あれは、神の手」と語った。そしてヴァータのハンドは、一九九〇年のヨーロッパ・チャンピオンズカップ（UEFAチャンピオンズリーグ）準決勝のこと。オリンピック・マルセイユと対戦したベンフィカ（ポルトガル）のヴァータがペナルティエリアでハンドを犯したが、レフェリーはPKをとらなかった。結果はオリンピック・マルセイユが敗退した。

④ ブラジルの天才ドリブラー、ガリンシャは右ウィングをまかされ、すばらしいテクニックでペレのシュートシーンをアシストした。一九五八年、一九六二年のワールドカップ、ブラジル二連覇の立役者である。子どものころに患った小児マヒのため膝は湾曲していたが、そんなハンディを乗り越えた栄誉だった。しかし、引退後はサッカーで得た富をすべて失い、スラムに戻り、失意のうちに四十九年の生涯を閉じた。本名はマノエル・フランシスコ・ドス・サントス、ガリンシャとは小鳥という意味の愛称である。

第二章　サッカー社会におけるサッカー

① ジャズの先駆け、ヨーロッパの音楽を吸収してアメリカの黒人が作曲した。

② カセクシスはフロイトの精神分析学「欲動論」で使われる用語で、充当、備給などの訳語が当てられている。心的エネルギー（リビドー）がある特定の対象に強く結びつくこと、あるいは付着せしめることを言う。

耳慣れない言葉ではあるが、本書の重要なキーワードの一つであるので、あえて、充当《カセクシス》（入れ込み）として使用したり、激しく感情移入する、感情を注ぎ込む、あるいは（物事に）大いに入れ込む、などとした。

③　一九七〇年代のアムステルダム、アヤックスのヨハン・クライフは、布陣にとらわれず攻守のポジションチェンジを素早くするスペクタクルなサッカー、「トータル・フットボール」でサッカー界に革命をもたらした。また、オランダ代表チームはワールドカップ一九七四年の西ドイツ大会と一九七八年のアルゼンチン大会では決勝まで進んだ。

④　南米の大草原で牛や羊を追って暮らす牧童。ヨーロッパ人と先住民との混血のカウボーイ。

⑤　「インテリジェンスに満ちた攻撃的サッカーこそ、本来のアルゼンチンサッカー」と言うセザール・ルイス・メノッティは、一九七八年の地元開催のワールドカップで創造的でスピードを生かしたサッカーで優勝を果たした。メノッティの後を継いだ代表監督カルロス・ビラルドは一九八六年メキシコ・ワールドカップで体力を活かした（「暴力的」とも言われた）守備的なサッカーでアルゼンチンを優勝に導いた。マラドーナがその華麗なプレイを（例のハンドとともに）世界にアピールしたのがこの大会である。

⑥　ファン・ドミンゴ・ペロン（一八九五―一九七四）。軍事クーデターのつづいたアルゼンチンで、一九四六年に大統領に就任。急激な工業化、銀行、鉄道などの国有化を推し進めた。大規模な公共土木事業を興し、労働者の歓心を買う一方、陸軍と警察を掌握した独裁者として自由を圧殺することも忘れなかった。

⑦　ホルヘ・ラファエル・ヴィデラは、一九七六年の軍事クーデターによって、独裁者ペロンの後を継いだイサベラ・ペロン大統領の政権を倒した。軍事政権（一九七六～八三年）はペロニスタ（反対派）や左翼を激しく弾圧、この「汚い戦争」による行方不明者は二万人とも三万人とも言われる。

⑧　トポフィリィ（場所恋着）とは、ある特定の場所に病的なまでに執着することである。

⑨　一九八九年四月十五日、FAカップ準決勝リヴァプール対ノッティンガム・フォレスト戦、シェフィー

ルド市ヒルズボロ・スタジアムのレッピングス・レーンと呼ばれる立ち見席（リヴァプール側）で、入場しきれなかった三、四千人のファンが殺到し、将棋倒しになった観客がスタンドとフィールドを区切るフェンスに圧しつけられ、リヴァプールサポーター九十六人が死亡、負傷者は二百人を越えた。ゲートの開け方など警備側の手落ちが指摘された。

⑩ 赤は司祭の祭服の色、白はフランス王家の旗の色、王党派。

⑪ フレデリック・ウィンスロー・テーラー（一八五六—一九一五）が考案した生産の科学的管理システム。時間測定や動作改善によって各労働者の標準作業量を定め、生産を計画的に進めようとするもの。

⑫ 「公明正大」という意味をもつクリケットは、イギリス人の生活にもっとも密着したスポーツである。十四世紀の初めにはイングランド南部にかなり普及していた。十九世紀にはパブリックスクールに取り入れられ、一八四六年にはプロチームが生まれている。

⑬ アメリカは、一九九一年十一月に中国で開催された第一回女子サッカー・ワールドカップ大会の初代チャンピオンである。また、女子プロサッカーリーグ（ＷＵＳＡ）も二〇〇一年四月に開幕し、その第一戦、ワシントン対ベイ・エリアは二万五千人の観客を集めた。

⑭ アフリカ起源のブラジルの護身術と踊りを兼ねた男性の舞踊。

⑮ フランス北西部の炭鉱の町。サッカークラブ、ＲＣランスがある。

第三章　サッカー文化と経済的変質

① クリケットから四十年遅れて、一八八五年ＦＡはプロ化を容認した。一八八二年にはプレイヤーへの報酬支払いを禁じる規則を作ったばかりのＦＡであったが、こうしてサッカーの「アマチュアリズムの英雄時代」はプロ化の波に洗われ、一八八八年にはフットボール・リーグが始まる。

② 一八八八年のリーグ創立当時からのイングランドの強豪クラブ。一八八三年には、FA創立当初から優位を保っていた南部のイートン校OBチーム（オールド・エトニアンズ）からFAカップを奪ったのが、このブラックバーン・ローヴァーズ（当時はブラックバーンオリンピック）である。
③ オセールは一九九六年にはフランス・リーグで優勝している。
④ イングランドの人気クラブ、ニューキャッスルは九〇年代前半は2部に低迷した。
⑤ ニュートン・ヒース・ランカシャー・アンド・ヨークシャー・クリケット・アンド・サッカー・クラブという名で一八七八年に創設された。
⑥ 九〇年代の半ばにACミランのオーナー、ベルルスコーニが提唱し、その後「スーパーリーグ」として固まりつつある構想は、ヨーロッパの強豪十六チーム（ユヴェントス、ミラン、ローマ、インテル（以上イタリア）、バルセロナ、レアル・マドリー（スペイン）、ドルトムント、バイエルン（ドイツ）、リヴァプール、マンチェスター・ユナイテッド（イングランド）、パリ・サンジェルマン、モナコ（フランス）、アヤックス、PSV（オランダ）、スポルティング、ベンフィカ（ポルトガル）、レンジャーズ（スコットランド）などの十八チームが取り沙汰されている）での開催が検討されていると報道されている。UEFA主催の三大カップはどうなるのか、「人気」国を除いた各国の国内リーグは「2部リーグ」並みとなるのかなど大きな問題が立ちはだかるが、これが実現すれば、「人気」チームばかり揃えたリーグであるだけに、テレビ放映権料による参加クラブへの見返りは巨額にのぼることが確実視されている。
⑦ 『エキップ』紙が一九五四年に提唱した「ヨーロッパ・クラブチャンピオンカップ」は、FIFA、UEFAのいろいろな動きがあって、結局はUEFAが組織することになり、ヨーロッパ・チャンピオンズカップとして一九五六年に第一回が開催された。現UEFAチャンピオンズリーグである。

第二部　イギリスモデル

第一章　イギリスにおけるサッカー問題

① フランス、ヴォージュ山地のエピナルで売られた版画。日常生活や歴史上の人物を描いた、大衆向けの通俗的で感動的な美しい版画。

② 従来共同利用されていた土地を生け垣や柵で囲って私有地としたエンクロージャー（囲い込み）は、イギリス史上二回おこなわれている。ここに言うものは第二次エンクロージャーで、十八世紀初めから十九世紀中頃までつづいた大地主による新農法（四種輪作法）のための土地の収奪である。こうして土地を追われた膨大な数の農民が都市に流入し、イギリス産業革命を担うとともに、工業労働者を形成していった。マルクスの言う「資本の原始的蓄積過程」である。

③ 一九八五年五月十一日、イングランド北部ブラッドフォード、3部リーグ最終戦、この試合でブラッドフォード・シティーが勝てば3部リーグ優勝、2部昇格が決まる。ファンが捨てた煙草の吸い殻が木造のスタンドに引火、五十六人の死者、二百人以上の重傷者を出した。

④ アレクシス・シャルル・アンリ・モーリス・クレレル・ド・トクヴィル（一八〇五―一八五九）はフランスの政治家、歴史家。アメリカ合衆国に派遣されて民主制の分析、研究をおこない、帰国後『アメリカの民主政治』を著した。

⑤ 一九八九年、両クラブの緊張緩和をはかって、レンジャーズがセルティックの中心選手だったモーリス・ジョンストンと契約、獲得したもの。

第二章　フーリガニズムとサッカーの近代化

① ロバート・クロス「若者文化と戦後イギリス社会」（小野修編著『現代イギリスの基礎知識』所収、明

石書店刊）によれば、イギリスには若者文化は一九五〇年代の半ばまで存在しなかった。戦後の配給制（服の素材まで）がつづき、「ティーンエイジャー」という言葉も概念も存在しなかった。五〇年代の中頃にロンドンの南部や東部の労働者階級の住む地域に出現した暴力志向の強い若者集団、それがテディ・ボーイである。彼らはロングコートに細身のズボンで身を包んだ。テディとはその名の由来の「エドワード」の短縮形である。

② 一九五〇年のブラジル・ワールドカップ。優勝候補と自他ともに認めるイングランドは、一次リーグの第二戦でアメリカと対戦し、0―1で敗れてしまう。その後、スペインにも敗れ、決勝リーグにすら進出できなかった。そして、一九五三年十一月、FA創立九〇周年を記念するハンガリーとの「聖地」ウェンブリーでの国際試合で、プスカシュ率いる「マジック・マジャール」に3―6で敗れた。

③ 一九八五年五月二十九日、ヨーロッパ・チャンピオンズカップ決勝戦、ブリュッセルのヘイゼル・スタジアム。試合開始前、リヴァプールサポーターの一群の突進により、ユヴェントスのサポーターが将棋倒しになった。スタンドの前列にいたユヴェントスのサポーター三十九人がフェンスに押し潰されて圧死、負傷者は四五〇人に上った。試合は決行された。この事件により、イングランドのクラブは五年間ヨーロッパの大会から締め出された。スタジアムは現在、ボードワン・スタジアムと呼ばれている。

④ 栄光のアンフィールド・スタジアムに流れるリヴァプールのサポーターソング「ユール・ネバー・ウォーク・アロン」は、ジェリー・アンド・ザ・ペースメーカーズのヒット曲として有名であるが、もともとは映画化もされたミュージカル『回転木馬』（一九五五年）の中の曲である。

⑤ イギリスの民謡「リヴァプールのわが家で（In my Liverpool home）」の替え歌。ビザンティウムはビザンティン帝国の首都コンスタンティノポリスのこと。現イスタンブール。

⑥ ロバート・クロス（前掲書）によれば、労働者階級初の若者ファッションをさげて登場したテディ・ボーイの後を継いだのが、下位の中産階級と労働者階級出身のモダニスト、その第二世代がモッズである。モッズ

はカーナビー・ストリートの洒落たブティックの、もちろん安価な品々で最新のモードを装った。「生まれはイングランド、好みはイタリアン」、「ソーホーのカフェでフランスたばこゴロワーズを吸い、読めもしないフランスの雑誌のページを繰る」。モッズは「覚醒剤アンフェタミンを常用し、宿敵ロッカーズとの抗争に明け暮れた」。なかでも一九六四年夏のブライトンでの抗争事件が有名である。やがて暴力指向を一層強めたハード・モッズをへて、モッズ文化は、けばけばしく派手な服装のサイケデリックや政治指向の強いヒッピー、そのカウンター・カルチャーとしての、男らしさ、労働者階級の清貧さや「百合のように白い」イングランド的なものを守ることを自任するスキンヘッズへと進化してゆく。

⑦ ホップのきいた苦味の強いビールがビター。低温で長く発酵させる弱いビールがラガーである。

⑧ ベンジャミン・ディズレイリ（一八〇四―一八八一）はイギリスの政治家。グラッドストーンと並ぶ十九世紀イギリス最大の保守党政治家で、蔵相、首相を務めた。「富める者と貧しい者との二つの国民に分かれている」現実を指摘し、大衆民主政治、イギリス帝国の統合を掲げ、労働者住宅法、工場法、労働組合法などを成立させた。外交面ではスエズ運河の領有（一八七五年）、ビクトリア女王をインド皇帝とするインド帝国の成立（一八七七年）などイギリスの歴史に大きな足跡を残した。

⑨ アーサー・スカーギルは「内戦」とまで言われた鉱山ストのリーダー「レッド・アーサー」、全国鉱山労組（NUM）全国委員長である。一九八四年三月の国営炭鉱「二十か所の炭坑閉鎖、人員削減」提案に抗して、三百六十三日間の長期ストで闘ったが、八五年三月労働側の敗北に終わった。「自助努力」や勤労の徳目、競争の原理を説くサッチャー政権の目の敵にされた炭鉱労組の敗北により、雇われると同時に労働者が組合員登録される「ユニオン・ショップ制」が廃止されるなど、イギリスの労働側は大きく後退を余儀なくされた。

⑩ サッチャーは一九七九年五月の総選挙で保守党が勝利したのにともない、イギリス首相に就任。一連の緊縮政策（財政赤字の縮小など）を推し進め、失業者は三百万人を突破した。「不人気」のはずが、八三年六

月の総選挙ではインフレ抑制とフォークランドの戦勝にのって圧勝した。市場原理の重視、国有企業の民営化、労働組合活動の制限（同情ストの禁止）などで「英国病」を克服したとされるが、他方「揺り籠から墓場まで」と言われた世界有数のイギリス社会保障を大きく後退させるなど、相互扶助、他者への憐憫といったイギリス人が長い年月をかけて培ってきた価値観を破壊することによって社会を大きく分断化し、より厳しい現実に直面させられているアンダークラスを生み出したのも事実である。

⑪ 化学合成によって作られる合成麻薬、覚醒剤の一種。

第三章　フーリガニズム――社会問題と道徳的パニック

① 現代イギリス社会を語るには欠かせない社会学用語、アンダークラス（underclass）とは下層階級をいうのではない。下層階級（lower class）の、その下に位置づけられる最下層階級の人々、個々ばらばらの存在で階級構成の外側に置かれている人々をいう。失業をくり返し余儀なくされる者、短期雇用の低賃金労働者、少額給付受給者、ホームレスなどを指す。

② 英国、北アイルランドの分離、アイルランド共和国との統合を目指すカトリック系政党「シン・フェイン党」の武装組織。

③ 北アイルランドの英国残留を求めるプロテスタント系の武装組織。

④ 一九四六年三月九日、ＦＡカップ、ボルトン・ワンダラーズとストーク・シティの試合で、ボルトンのバーデン・パークの壁が倒れ、死者三十三名、負傷者四百人以上を出した。

第四章　サッカーの近代化――市場とスタイル

① 一九六四年に労働党政府がスポーツの振興のために設置した。

② 例えば、一九五九年からFCリヴァプールを率い、「全員がパスサッカーをする」ゲームスタイルで黄金期を築いた名将ビル・シャンクリー監督はスコットランド人。このときのチームのストライカーはスコットランド代表選手イアン・セント・ジョンだった。またマンチェスター・ユナイテッドのスコットランド人監督とは、一九八六年以来チームを率いているアレックス・ファーガソンである。

③『サッカー・マルチ・大事典』(ベースボール・マガジン社刊)などによれば、スタンリー・マシューズはドリブルの名手。ジェントルマンとして名高い。一九五六年にはじまった『フランス・フットボール』誌の欧州年間最優秀選手賞(バロンドール)の第一回受賞者である。ボビー・チャールトンはマンチェスター・ユナイテッドの中心選手、穏やかで思慮深い人間性でも尊敬を集めた人物。FA創立百周年を記念してイングランドがホスト国となったワールドカップ一九六六年大会では、メキシコ戦で驚異のロングシュート(「キャノン・シュート」)を決めるなど、ボビー・ムーアらとともに活躍し、ジュール・リメ杯をイングランドにもたらした。また、一九五八年二月六日、ミュンヘン空港を離陸直後に飛行機が墜落、乗っていたマン・Uのレギュラー選手の大半が死亡するという「ミュンヘンの悲劇」の生存者の一人でもある。ボビー・ムーアはつづく一九七〇年メキシコ・ワールドカップでも代表チームのキャプテンを務めた。常に冷静さを失わない態度で尊敬を集めたスイーパー。ボビー・ロブスンは一九五八年ワールドカップ・スウェーデン大会のイングランドチームのスターである。ともに白人である。

④ ボビー・チャールトンの左サイドを受けついだのが若きアイルランド人ジョージ・ベスト、元祖「アイドル」フットボーラーである。その人気とヘアースタイルゆえに五人目のビートルズと言われた。

⑤ ポール・ガスコインはミッドフィルダーとして、鋭いドリブルと巧みなキープ、絶妙のスルーパスで人気を集めた。

⑥「ワンダーボーイ」マイケル・オーエンはリヴァプールの若きストライカー、スピードのあるドリブル

と一瞬の飛び出し、今やイングランドを代表するゴールゲッターで、現在スペインリーグ、レアル・マドリーに在籍し左サイドハーフをこなすスティーヴ・マクマナマンとともに、二〇〇二年ワールドカップのイングランド代表選手である。

⑦　ポール・スコールズ、ニッキー・バットはガリー・ネビルらとともにマンチェスター・ユナイテッドのユース育ちで「黄金の世代」と呼ばれている。

⑧　マルウィン（マルビナス）諸島は南アメリカ大陸南部、パタゴニア沖の群島。英語名フォークランド諸島。イギリスとアルゼンチンの間に領有問題があり、アルゼンチンが一九八二年四月に同諸島を軍事「占領」。サッチャー政権のイギリスは二か月の海・陸戦で奪回。六月には勝利宣言をした。

⑨　オズワルド・アルディレスはインテリジェンスと攻撃的なドリブルでトッテナム・ホットスパー躍進の原動力となった。Ｊリーグで清水エスパルス、横浜Ｆ・マリノスの監督も務めている。

⑩　マルセイユ生まれのフランス人エリック・カントナはアレックス・ファーガソン監督率いるマンチェスター・ユナイテッドに一九九二年から引退する九七年まで在籍、ＦＷとして四度のリーグ優勝を果たし、九四年と九六年の二度はＦＡカップ優勝との二冠をもたらすなど、九〇年代のマン・Ｕの黄金時代を築いた。ダヴィッド・ジノーラはトッテナム・ホットスパーのミッドフィルダー。一九九九年の年間最優秀選手に選ばれている。

⑪　ユーロ96後に、イングランド代表監督の座に着いたグレン・ホドルは七〇、八〇年代トッテナム・ホットスパーで選手としての才能を披露している。ホドルは九九年二月に辞任させられたが、その後継監督がケビン・キーガン、スピードとテクニックを活かしたドリブルでリヴァプールの右ウィングとして活躍し、「マイティ・マウス」とのあだ名で親しまれた。そして賛否が真っ二つに割れるなか、二〇〇一年一月に就任したスヴェン・ゴラン・エリクソンはスウェーデン人。サッカーの母国イングランド史上初の外国人代表監督である。

⑫ 例えばマンチェスター・ユナイテッドのスター選手、デイヴィッド・ベッカムはベスト、カントナがつけたマン・U栄光の背番号7を引きつぐ選手で、アイドルばりの容姿。人気女性バンド、スパイスガールズのビクトリアと結婚している。

⑬ 派手な衣装とメーキャップで演ずるロックンロール。七〇年代に活躍したイギリスのグラム・ロックシンガー、ゲリー・グリッターなら、ぴっちりしたキラキラの服とかかとの高いごついロンドンブーツといったところ。

⑭ クラブのオフィシャル・マガジンとは別の、同好の士が出している雑誌、アマチュアのミニコミ誌。クラブのとっておきの情報と熱い記事にあふれているのがファンジンの特色である。

⑮ アーヴィン・ウェルシュの『トレインスポッティング』はダニー・ボイル監督によって映画化されている。映画では観光地で有名なエディンバラを舞台に、サッチャーの十年を経て、職もなく麻薬とセックスに明け暮れるアンダークラスの若者たちの日々を描いている。未来はまるで明るくないが、それでも「それぞれの明日」に向かって歩む若者たちを力強く映像化している。

⑯ 「ゼロトレランス（一切容赦しない）戦略」は主に学校などの公共施設の安全対策として、クリントン政権時代に打ち出された。各州で立法化されているが、危機管理の一環として武器（銃やナイフ）の持ち込みなどを徹底的にチェックするもので、例えば学校では入口に金属探知機を設置、校内には監視カメラを置き、「スクールポリス」が巡回する。スポーツ施設も同様の対策が取られている。

⑰ 一九八五年のヘイゼルの悲劇では、リヴァプールサポーターの突進により、ユヴェントスサポーター三十九人が死亡し、一九八九年のシェフィールド市ヒルズボロ・スタジアムではリヴァプールサポーター九十六人が将棋倒しとなって圧死した。この悲劇の後、アンフィールド・スタジアムはマフラーと花束でおおわれた。ユヴェントスからも花のリースが贈られた。

⑱　映画『フル・モンティ』（監督ピーター・カッタネオ）の舞台はイングランド北部、工業の中心都市シェフィールド。かつては鉄鋼業で栄えたが、今は不況のどん底、工場を閉鎖され、解雇された鉄鋼労働者たちが、生活費や子どもの養育費を稼ぐため、「ホットメタル」という名の男性ストリップグループを結成し、興業をうつまでの物語。

第三部　フランスのサッカー文化

第一章　サッカーの情念の間歇性

①　フランスは一九九八年フランス・ワールドカップにつづきユーロ二〇〇〇（二〇〇〇年ヨーロッパ選手権）でも優勝を果たした。今やフランスのサッカーはかつてない盛り上がりを見せている。フランスサッカーリーグのオフィシャルサイト（http://www.lnf.fr）によれば、トップリーグ（D1、十八クラブ、三十四試合）の平均入場者数は、99／00シーズンで二万二三二四人（総数六八三万一〇二三人）、00／01シーズンで二万二九六〇人（総数七〇二万五九一〇人）である。また、連盟への登録選手数は99／00シーズン、本土で二〇六万七五一三人、海外県を併せて二一五万四四三人である。

②　一九九三年のヨーロッパ・チャンピオンズカップ決勝戦、オリンピック・マルセイユはACミランを1－0で下して優勝する。しかし、オリンピック・マルセイユの会長ベルナール・タピによるフランスリーグでの八百長が発覚するのは、この翌日である。

③　一九〇三年に創設され、毎年六、七月におこなわれる自転車によるフランス全土四〇〇〇キロレース。

④　全仏オープンテニス。

⑤　オセールはヨンヌ県、ヨンヌ川沿いにある都市。ソショーはブザンソンの北東にあり、プジョーの自動車工場がある。サンテティエンヌは中央山地《マシーフ・サントラル》の東麓、ロワール峡谷にある工業都市。ランス（Reims）はパ

リ北東マルヌ県にある都市。スダンはフランス北東部、ベルギー国境に近い都市。アレスは南部フランス、ラングドック地方の都市。セートは南フランス、地中海に面した港湾都市。

⑥ リールは北部フランスにあるフランス最大の工業地帯の中心都市。ルーベ、トゥルコアンはともにリールの北方に位置する繊維、織物産業が盛んな都市。

⑦ レッドスター（レッドスター93）は一八九七にジュール・リメによって創立されたフランスでももっとも古いクラブ。レーシング・クラブは一九六六年に解散。その後、ピエール・リトバルスキーらの協力で再生したのがマトラ・レーシングであるが、これも消滅の憂き目にあい、レーシング92というクラブとなっている。

⑧ フランスの首都パリ市の市長は、現在の第五共和政でも市議会議長が市長職を代行していたが、一九七五年十二月三十一日の法律で選挙によるパリ市長が復活した。初代市長は一九七七年三月からで、ジャック・シラク（現大統領）である。パリ市は同時に県であって（県知事がいる）、セーヌ＝サン＝ドニ、オー＝ドゥ＝セーヌ、ヴァル＝ドワーズなどの県とともにイル＝ド＝フランス地域圏を構成している。

⑨ パルク・デ・プランスはパリ・サンジェルマンのホームスタジアム、パリ十六区にある。パリ市民の憩いの場、ブーローニュの森の南端に位置し、建築家ロジェ・タイイベールの設計により、一九七二年に建設された。

⑩ 最初のガソリンエンジンを市場に出したパンアール・ルヴァソール社。一九六五年にシトロエン社に吸収された。

⑪ ランス（Lens）は北西フランスの炭鉱地帯にある工業都市。一九〇六年創立のＲＣランス（レーシングクラブ・ランス）がある。ワールドカップ・フランス大会が開催された一九九八年には初のリーグ優勝を果たしている。

⑫ フォルバックはフランス北東部にある、ロレーヌ炭田地帯の中心地。

⑬「マグレブ」とはアラブ語で「日没」の意。聖地メッカから見て、太陽の沈む土地のこと。マグレブ人とは、かつてのフランス植民地のアフリカ大陸北西部（モロッコ、アルジェリア、チュニジア＝マグレブ三国）の人を言う。

⑭ フランスでプラティニと並び称されるコパは、サンテティエンヌに在籍したMFレイモン・コパ（本名はコパシェフスキー）、ポーランド系フランス人である。一九五八年のワールドカップ・スウェーデン大会では、ジュスト・フォンテーヌと組んでフランスを三位に導いた。ヨーロッパ・チャンピオンズカップ（現チャンピオンズリーグ）で五連勝を飾ったレアル・マドリーでは、プスカシュらとともに活躍した。

⑮ イエ・イエは日本では、一九六七年から明るく軽快なポップミュージック、「フィーリング時代」の先駆けとして、レナウンのTVコマーシャル（カラーだった）にも採用された。

⑯ ウッドストックはニューヨーク州南東部キングストンの北西にある村。一九六九年八月のロック・フェスティバル Woodstock Music and Arts Festival には、三〇～五〇万人のファンが集まった。六〇年代のロックミュージックおよび若者によるカウンター・カルチャーのうねりと時代への反抗心を象徴する出来事と言える。

⑰ パリ西郊（オー＝ドゥ＝セーヌ県）にあるパリ大学ナンテール校の学生反乱に端を発し、その後ベトナム反戦運動に結びつくことによって、全世界の学生運動に影響を与えた一九六八年五月のパリ五月革命。

⑱ パリ北東の都市ランス（Reims）のクラブ、スタッドゥ・ドゥ・ランスは一九五六年と一九五九年、二度にわたってヨーロッパ・チャンピオンズカップで決勝をレアル・マドリーと闘い、二度とも敗れはしたものの、また一地方クラブでありながら、その名をヨーロッパに轟かせた。

⑲ 一九五八年のワールドカップ・スウェーデン大会では、フランスは三位を獲得、コパとともに活躍したスタッドゥ・ドゥ・ランスのジュスト・フォンテーヌが一大会十三得点し、歴史に残る活躍を見せた。

⑳　プラティニが在籍した、レ・ヴェール（緑）の愛称をもつサンテティエンヌは一九七〇年代後半のヨーロッパ・チャンピオンズカップで決勝戦や準々決勝まで進むというすばらしい成績を残した。また国内リーグにおいても六七年から七六年のあいだに七回の優勝を果たした。

㉑　ヨーロッパ・ラジオ・テレビ放送連合。西ヨーロッパ諸国にテレビ・ラジオの国際放送をしているネットワーク。

㉒　南フランス、ローヌ河口の県。県庁所在地はマルセイユ。

㉓　地域圏は一九七二年七月五日の法律で誕生した二～八県からなる広域行政区。フランスでもっとも大きな地方公共団体で、本土に二十二、海外に四ある。地域圏には地域圏議会が置かれ、地域圏知事は中心となる県の知事が兼任する。一九八二年三月二日の地方分権法により、権限が強化された。例えば、南フランスのブーシュ＝デュ＝ローヌ、アルプ＝ドゥ＝オート＝プロヴァンス、オート＝ザルプ、アルプ＝マリティーム、ヴァール、ヴォークリューズの六県からなるプロヴァンサルプ・コートダジュール地域圏はニース、トゥーロン、アヴィニョンを抱えるが、地域圏中心都市は、あのタピの、マルセイユである。

第三章　サポーターの新たな意味――パリの場合

①　少年のころ父親に連れられて、たまたま見に行ったのがハイベリーで「その後女の人たちと恋に落ちたのと同じやりかたで、ぼくはフットボールと恋に落ち」て、一発でアーセナルファンになった情景を、サッカーの魅力とともに、ホーンビィはこう書いている。「しかしながら、ぼくを心から感心させたのは観客の数ではなかった。大のオトナが「クソッタレ！」なんて言葉を叫んでも許され、周囲の注目を浴びることもないという事実でもなかった。ぼくが何より感心したのは、まわりにいた人たちの多くが、そこにいることをほんとうに、心の底から憎んでいたということだ。」（森田義信訳、新潮文庫、二〇〇〇年）

② 言語学で、語の明示的意味（つまり外示《デノテーション》）に対して、その語が内にもっている感情的、社会的、文化的意味を共示《コノテーション》という。

③ パリの「人気」チーム、パリ・サンジェルマンは、首都パリにサッカーのビッグクラブを、とパリ市民二万人が寄付金を集め、俳優ジャン・ポール・ベルモンドやデザイナーのダニエル・エシュテル、ワールドカップ一大会十三得点の記録をもつジュスト・フォンテーヌらが発起人となり、ラジオ放送局PTLをスポンサーに、一九七〇年にパリFCとして設立された。この後、サンジェルマン・アン・レイと結合してパリ・サンジェルマンが発足した。八〇年代末には降格の危機にあったが、九一年にカナル・プリュスとパリ市（シラク市長）が提携して莫大な資金を投入、ブラジル代表のリカルド・ゴメスやヴァウドなどを獲得した。九六年にはカップウィナーズカップを獲得、クラブのPR作戦もあって、パリ郊外の若いファンを増やした。その一方で本当の意味のサポーターがいない、「人工的だ」、「アイデンティティーが定かでない」との批判がいまだついてまわっている。

④ フランスカップ第一回から六連覇を達成した、伝統あるレーシング・クラブのホームスタジアム。一九三八年ワールドカップ・フランス大会の決勝戦がおこなわれた、フランスでは由緒あるサッカースタジアム。

⑤ リューテスはパリの古名ルテチア。ガヴゥローシュは『レ・ミゼラブル』に登場するパリの浮浪児。ティティはいたずらっ子、悪ガキの意味。

⑥ アサスが「職業上」とは、アササン（人殺し、暗殺者）なのだろうか。

⑦ ブール（beur）とは arabe の「逆読み」である。マグレブ移民二世（とくに若者）を言う。蔑称ではない。

⑧ 一九四六年十二月に旧ファシスト党員を組織化して創設されたイタリアのファシスト運動。相互扶助を目的とするとしているものの、ナチスばりの人種主義、反ユダヤ主義を主張している。

⑨　北アフリカ出身のアラブ人、とくにマグレブ人に対する暴力的迫害。「子ネズミ《ラトン》」はマグレブ人に対する蔑称。八〇年代中頃にはフランス各地で多数のマグレブ系移民が殺害された。

⑩　『時計じかけのオレンジ』はスタンリー・キューブリック監督の一九七一年製作作品。若者の暴力が横行し、その取り締り（と常習犯の治療処分）が政治の焦点となっている近未来の都市を描いている。「ウルトラ・ヴァイオレンス」を求めて主人公アレックスは夜ごと組《バンド》（若者仲間）四人で街に繰り出し、車を暴走させては田園部の一軒家を襲う。

⑪　「レ・ヴェール（緑）」の愛称をもつサンテティエンヌはフランスで最初のサポーターをもったクラブ。一九七七年のヨーロッパ・チャンピオンズカップの準々決勝は3―1と敗れはしたが、敵地リヴァプールでの大健闘であった。

⑫　「多民族的なフランス」社会とは、フランス・ワールドカップで明らかになった移民二世や外国出身の選手の多いフランス・ナショナルチームのような現実をいう。フランスを愛する、フランスに居る、生粋のフランス人ではない人々の社会という意味である。

⑬　九八年ワールドカップ・フランス大会に向けて、パリ郊外（セーヌ＝サン＝ドニ県）のサン・ドニ市に建設された八万人収容の新スタジアム、スタッド・ドゥ・フランスはどのクラブがホームとするのか。九七年にはPSGのファンはパルク・デ・プランス残留を求めて署名運動をおこした。スタッド・ドゥ・フランスに近いスタッド・ドゥ・マルヴィルにホームを置くレッドスター93の移転や、サン・ドニなど2、3部リーグのクラブの合併など、さまざまな案が浮上しては消えたが、スタッド・ドゥ・フランスのホームチームは未だ決まっていない。首都パリにダービー・マッチはない。

終章　ワールドカップ・フランス98——そして、その後

① 一九九八年フランス・ワールドカップで開催国フランスを優勝に導いたジネディーヌ・ジダンはアルジェリア移民二世、クリスチャン・カランブーはニューカレドニアの出身、リリアン・テュラムはグァダループ、ポワンタピートル生まれ、イブラヒム・バはセネガル出身である。さらにユーロ二〇〇〇との連覇の立役者に目をやれば、チェルシーに所属するディフェンダー、マルセル・デサイーはガーナ、アクラ生まれ、パトリック・ヴィエイラはセネガルの出身である。実に、気分がいい。「その両親がラ・マルセイエーズ（国歌）も満足に歌えない奴らのチームが、果たしてナショナルチームと言えるのか」という極右政党『国民戦線』への、ワールドカップ98直前のパトリック・ミニョンの回答でもあろう。

訳者あとがき

イングランドのフーリガニズム（フーリガン稼業）はいまや下火になったのだろうか。ヨーロッパ各国のフーリガンは、サッカーを楽しもうとする人々にとってもはや脅威ではなくなったのだろうか。

確かに、一九九八年ワールドカップ・フランス大会では、開会直前にランスで国家警察隊員一名がドイツ人フーリガン取締中に襲撃を受けて重体に陥った（奇跡的に回復した）とか、決勝トーナメントでイングランドがアルゼンチンに敗れるや、サンテティエンヌでサポーターが未明まで暴れた「程度」である。その後ユーロ二〇〇〇（オランダ、ベルギー共催）でも、イングランド対ドイツ戦がおこなわれたシャルルロワ（ベルギー）で警官隊との二日間にわたる「市街戦」が発生し、イングランドサポーター数千人を乗せたブリュッセル行き列車を港町に誘導、フェリーでそのままイギリスに送り返したとか、二〇〇〇年UEFAカップでは、トルコのイスタンブールでリーズのサポーター二人が刺殺されたといった「程度」である。フーリガンの一群が繁華街を襲って「街区を制圧」したり、列車を停車させ、途中下車して村を略奪したりといった暴動まがいの騒動や、ブラッドフォード、ヘイゼル、ヒルズボロとつづいた大惨事と言えるものは発生していない。では、イギリスは、一部に言われているような徹底した「対フーリガン戦争」をやり遂げることでフーリガンを警察力で押さえ込んだのだろうか。それは違う。

一九八〇年代のイングランドのサッカーシーンを、例えばマンチェスター・ユナイテッドなどのビッグクラブの活躍やカントナらのゴールシーンをビデオで見ると、グラウンドの四方が三メートルを越える鉄製のフェンスで囲まれているのがわかる。ドリブルでサイドを駆け上がる選手の背後を横一文字に走る金属のラインが目に入る。ピッチへの乱入を防ぐためのこのフェンスの最上部は観客席側に忍び返しのように曲げてあったり、ずらりと矢を向けていたりする。ところが、九〇年代半ば以降フェンスは消えている。あるのは一メートルもない簡単な柵のみである。イングランドはフーリガニズムを消滅に追い込んだからフェンスを撤去したのではない。その逆である。法制の整備も含めた警察活動の強化（「対フーリガニズム戦争」）、ヒルズボロの悲劇を受けて作成された一九八九年のテーラー報告によるサポーター活動の積極的な評価、サポーターのサッカーのパートナーとしての社会的動員、警官隊に替わるステュワード（場内整理員）の導入、スタジアムの近代化などを推し進めるなかで、つまり新たなサッカー文化の創出を模索するなかで、「今日からみれば、イングランドサッカーに生まれた新たな精神のもっとも強力で、もっとも象徴的な措置」（本文一七〇ページ）、クラブの判断としてのフェンスの撤去を通して、フーリガンをスタジアムから排除し、安全性を確保してゆくのである。これが本書の第二部であり、イングランド各地に熱病のように吹き荒れたフーリガニズムを、テディ・ボーイからモッズ、サイケデリック、スキンヘッドへと連なる若者文化との関連の下に整理、分析している。それゆえ、本書に指摘されているようにフーリガンがあらゆる形態のアイデンティティーの喪失（あるいはその危機感）から発しているとしたら、フーリガニズムの根は決して途絶えることはない。なぜなら、「サッカーが生み出す感動は、社会生活全体の構造的に不確かな特徴の表現であり、この不確かさを支配しようとする試みから生じている」からである。

＊　＊　＊

二〇〇一年五月二十六日スタッド・ドゥ・フランス、フランスカップ決勝を制し、シラク大統領夫妻から祝福を受けたのは、RCストラスブールだったが、0―0の善戦虚しくPK戦で惜敗したのは、D3（3部）に所属するアミアンである。翌シーズンともに2部でプレイする二チームによるカップファイナルは一九三二年のプロ化以来初の出来事として、フランス中の注目を集めた。アミアン市はフランス北部ソム県の県庁所在地とはいえ、一地方都市にすぎない。しかも、アミアン（アミアン・スポーティングクラブ）はこの年、クラブ創立一〇〇年を祝ったばかり、戦いの前日、クラブの会長は「アミアン・フットボール一〇〇年の最後の年の出来事は後世に残るだろう。歴史は伝説になる」と誇らしげに語った。

著者の言う「サッカー民主主義」がここにある。

二通りの対戦方式で争われるチャンピオンシップ、つまりカップ戦のアマ・プロ直接対決と国内リーグの昇格―降格システムに象徴されるサッカー民主主義である。アミアンはアマではないが、3部リーグのクラブ、01／02シーズンには2部昇格が、そしてRCストラスブールは1部リーグ最下位、2部降格が決まっている。サッカーに確実なものは何もないのだ。第一部では、十九世紀、エンクロージャー（囲い込み）運動につづいて激烈に生み出されたイギリス労働者階級と、産業革命の最中に生まれた土曜午後の余暇時間の産物、サッカーの歴史とその魅力を探る。

第三部では、情念《パッション》の過多をその特徴とするイングランドのサッカーとは一味も二味も違う、フランス（およびイタリア）のサッカーとサポーター運動を分析する。「（フランスの農民が）フランス語とサッカーを第一次世界大戦中の塹壕で学んだ」サッカー、一つの社会階級あるいは一つのテリトリーへの所属の象徴であると同時に共和主義のフランス（国家）という、共同体への統合の象徴であるサッカーを読み解く。そして本当の意味のビッグクラブが一つとして根づかないパリと、いつまでもチームのアイデンティティーを確立できないでいる「人気クラブ」パリ・サンジェルマンの問題、スタッド・ドゥ・フランスのホームチーム問題を分析する。こうして、フランスとイタリアのサポーター活動が表わす新しいサッカー文化の可能性を探る。

*　　*　　*

本書は、Patrick Mignon : La Passion du football (Odile Jacob, Paris, 1998)（『サッカーの情念』、オディル・ジャコブ社、パリ、一九九八年）の全訳である。

著者のパトリック・ミニョン氏は『エスプリ』誌の編集委員。国立体育スポーツ学院（ＩＮＳＥＰ）社会学研究所研究員。パリ第Ⅳ大学でも教鞭をとっている。

ミニョン氏は、ロック、サッカー、麻薬（ドラッグ）などの若者「文化」を切り口とした、新しい社会の切開に努めている社会学者である。その著書には、ロックを作る者、歌う者、語る者それぞれが映しだす時代と社会を描いた『ロック——歴史から神話へ』（一九九一年）、フランス社会における麻薬問題の特殊性を他の国々との比較から浮き彫りにし、麻薬に対するステレオタイプな捉え方や恐怖心に修正を迫った『麻薬、政策、社会』（アラン・エランブールとの共著、一九九二年）、麻薬と麻薬常用者に対する認識を深めることによって、麻薬常用者への支援問題に潜む難題を明らかにし、覚醒剤、麻薬類の消費抑制プロジェクトが孕む矛盾と難点を分析した『麻薬の社会的需要』（一九九四年）などがある。

フィリップ・トルシエ日本代表監督は一九八五年、三十歳のとき、パリ郊外ヴァンセンヌにある国立体育スポーツ学院に「自由聴講生として」通っている。ヴィシーの国立サッカー研修所（ＩＮＦ）でＵ―15のフランス代表監督を務めた後に、アランソン（フランス4部リーグ）の監督をしていたときのことである。キャリアのステップアップを計るためと言うトルシエ氏は、自著『情熱』（ＮＨＫ出版）のなかで「ケーキの上のサクランボのように、自分の教養に彩りを添えられると思った」と語っている。

＊　＊　＊

実は、かく言う訳者は、いわゆるJリーグおじさんである。よって、本書の翻訳で、「コパにとっては《プール・コパ》、ポーランド人に対する偏見のためになかなか就けなかった電気技師の職をプロサッカーの職が」となると、プール・コパ（英語でいえば、フォー・コパ）はまさか「コパ（南米選手権）のために」で、ブラジルかアルゼンチン社会のことを述べているのではないなと、あのコパがポーランド系移民であることを『ラフガイド――欧州サッカー・ハンドブック』（ダイナゲイト社）などで確かめて、ようやく訳文を確定するといった具合であった。そもそもサッカーのゲームを初めから終わりまで見通した（もちろんテレビで）のは、一九九二年の天皇杯全日本選手権決勝、日産対読売クラブ、Ｊリーグ開幕の前年、四十四歳の正月であったが、このときは本当に45分プラス45分を「まばたき一つせずに」見た！（と、今でも仲間に自慢している）。開始9分、日産エバートンのゴールはわたしの胸の奥の奥の情念の住処に突き刺さったようだった。それは感動を覚えたというよりは、知らないものを初めて知らされたといった感じだった。サッカーだ！　それからはＪリーグの開幕、ジーコの神業、アルシンドの突破、あの頭《ヘッド》……。初めてスタジアムで観戦したのは国立競技場、鹿島アントラーズ対横浜フリューゲルス、ようやく一九九六年（五月十八日）になってのことである。レオとジョルがいて、前園が野獣のように駆け、ＰＫ戦で勝利したフリューゲルスがリーグ前半戦を首位で折り返した試合だった。アントラーズエンド（いや、国立だからヴィラージュか）は深紅の大津波に逆巻いていた。

そしてやはり、サッカーの魅力はいったいどこから来るのだろうと、いつも思う。このようにサッカー観戦歴の浅い訳者でも、超特上の一蹴りは、と問われれば、新装なったイングランド流本格スタジアムとして霊気に満ちたような鹿島アントラーズスタジアム、二〇〇一年九月十五日、対ジェフ市原戦、左ＣＫからのビスマルクの長いボールに走り込んだ名良橋のボレーシュートだろうか。バックスタンドの急勾配からは手を伸ばしさえすれば届くような近さを思わせた、あの輝くボールは名良橋に蹴られるよりも早くゴールに突き刺さった。それから、名良橋は、と見ると、ようやく気持ちよさそうにボレーを蹴っていた。

サッカーの魅力の一つは、あのボールの大きさから来ているのだろうか。ボールを自由に操っているようでいて、肝心のときにサッカーを支配するのはボールであるようにも思える。それでもこのボールの支配を食い破る真実の瞬間がある。それを見たくて、誰よりも早くそれを見たくて、まばたき一つせずにひたすら視線をピッチに注ぐのだろうか。それとも、希望を予感させながらも、いつしか一人、常に漠とした不安を醸成すると感じるからだろうか、ミニョン流に言えば、「サッカーこそ、人間の運命の不確かな性格を表現している」（本文八十一ページ）と感じるからだろうか。

彼の地では、イングランドにおけるその誕生以来「たいていいつも社会問題という存在様式をとってきた」スポーツ、サッカー、「地域の表象たるサッカー」、そんなサッカーが日本でまた新たな成長を遂げてくれれば、と願っている。「地域と密着したサッカーの発展」がJリーグの理念である。日本のサッカーが、サッカーに賭けられるものとともにさまざまな進化を見せるのは、これからの十年、二十年、百年である。その第一歩としての二〇〇二年日韓共催ワールドカップの開催を前にして、サッカーの進化に訳者もこうしてわずかながらも関わってゆけるとしたら、幸せである。

最後に、本書の翻訳のチャンスを与えて下さったフランス著作権事務所のコリーヌ・カンタンさん、社会評論社の松田健二社長、フリー編集者の福島啓子さんに感謝申し上げます。

堀田一陽

二〇〇二年二月三日

パトリック・ミニョン（Patrick Mignon）
『エスプリ』誌編集委員、国立体育スポーツ学院（INSEP）社会学研究所研究員。パリ第Ⅳ大学教授。社会学者。
著書に『ロック——歴史から神話へ』（1991年）、『麻薬、政策、社会』（1992年、アラン・エランブールとの共著）、『麻薬の社会的需要』（1994年）。

[訳者紹介]
堀田一陽（ほった・いちよう）
1947年、愛知県生まれ、三重大学農学部農業機械学科卒。
ミニコミ紙『銀杏（いちょう）通信』(Courrier de GINGO) 主宰。
訳書に『毒殺罪で告発されるエイズ』（社会批評社・刊）、『子どものねだん——バンコク児童売春地獄の四年間』『子どもを貧り食う世界』『働く子どもたちへのまなざし 現代世界における子どもの就労——そのと分析と事例研究』（社会評論社・刊）がある。

サッカーの情念《パッション》——サポーターとフーリガン

2002年3月31日　初版第1刷発行

著　者——パトリック・ミニョン
訳　者——堀田一陽
装　幀——桑谷速人
発行人——松田健二
発行所——株式会社社会評論社
東京都文京区本郷2-3-10
☎03(3814)3861　FAX.03(3818)2808
http://www.shahyo.com

印　刷——スマイル企画＋P&P
製　本——東和製本

Printed in Japan　ISBN4-7845-0398-6